Jack Canfield · Mark Victor Hansen
Mark & Chrissy Donnelly · Jim Tunney

Hühnersuppe für die Seele für Sportler

bombus

„Hühnersuppe“

„Hühnersuppe“ steht im Englischen für alles, was dem Menschen gut tut und ihm hilft – gegen Husten, Schnupfen, Heiserkeit ebenso wie gegen Seelenschmerz und Bauchweh. Ein unschätzbares Heilmittel, also. Zu Risiken und Nebenwirkungen weiß Ihr Arzt oder Apotheker nur Positives zu sagen.
Wohl bekomm's!

NUMMER 1 BESTSELLER DER NEW YORK TIMES

Jack Canfield · Mark Victor Hansen
Mark & Chrissy Donnelly · Jim Tunney

Hühnersuppe für die Seele für Sportler

Diese Geschichten aus der Welt des Sports
geben Einblicke und Inspiration
und lassen Sie schmunzeln

bombus

Woher stammt der Name **„Bombus“**: Physiker und Wissenschaftler sprachen der gemeinen Erdhummel [**bombus** terrestris] die Fähigkeit zum Fliegen ab. Zu schlecht sei bei ihr das Verhältnis von Gewicht zur Spannweite. Daß sie es trotzdem könne, schrieben die Forscher dem sonnigen Naturell der Hummel zu – sie kümmert sich nicht um Aerodynamik und hebt stattdessen einfach ab. Aus genau diesem Stoff sind die Geschichten, die uns sowohl im Leben als auch in Büchern fesseln: Menschen, die sich über Widerstände hinwegsetzen, aus eigener Kraft, mit starkem Willen und mit einem ungebrochenen Glauben an ihre Fähigkeiten.
Wir nehmen's sportlich: www.bombus-verlag.de

Bibliografische Information Der Deutschen Bibliothek
Die Deutsche Bibliothek verzeichnet diese Publikation
in der Deutschen Nationalbibliografie; detaillierte bibliografische Daten
sind im Internet über ‹http://dnb.ddb.de› abrufbar

Die Originalausgabe erschien unter dem Titel Chicken Soup for the Sports Fan's Soul bei Health Communications Inc., Deerfield Beach, Florida, U.S.A.

Übersetzung: Jürgen Spiegel
Lektorat: Walter Henke, tippteufel.de
Cover-Gestaltung: Birgit Kohlhaas
Satz und Layout Hain-Team, Weimar
Druck und Bindung: Ebner und Spiegel, Ulm

ISBN-10: 3-936261-59-8
ISBN-13: 978-3-936261-59-2

www.bombus-verlag.de

„*Hühnersuppe für die Seele für Sportler*“ ist ein wunderbares Buch voller Einsichten. Die Geschichte zeigen, wie sich Hingabe und Beharrlichkeit auszahlen. Sie werden verstehen, weshalb so viele Menschen aus allen Schichten der Gesellschaft aus so vielen verschiedenen Gründen den Sport lieben. Es ist faszinierend zu beobachten, wie ein wenig Wettbewerb, vor allem mit der eigenen Person, Großartiges zu Stande bringt.“
Ahmad Rashad, Sportmoderator

„*Hühnersuppe für die Seele für Sportler*“ ist eine wunderbare Geschichtensammlung über Lachen, Kummer, Triumph und Inspiration.
Peter V. Ueberroth

„Eine herrliche Sammlung von Geschichten, bei denen ich schmunzeln konnte und mir oft auch die Tränen in die Augen traten.“
Howard Katz, Präsident von ABC Sports

Hereinspaziert ins Spiel. Stoßen Sie geradewegs zum Kern des Sports vor

Diese jüngsten Ausgabe von Hühnersuppe… hat den Sport zum gefeierten Mittelpunkt. Die Geschichten reichen von der Major League bis zur Little League, vom Eishockey zum Eiskunstlauf, vom Pferderennen zum Schlittenhunderennen und sie zeigen, wie positiv der Sport ist und welche Veränderungen er bewirken kann. Während Sie *Hühnersuppe für die Seele für Sportler* lesen, lernen Sie den Sport als einen unserer wichtigsten und überzeugungskräftigsten Lehrer kennen. Er lehrt uns, im Sieg bescheiden zu sein und Niederlagen mit Fassung hinzunehmen. Er lehrt uns die Bedeutung der Teamarbeit und die Notwendigkeit, es immer wieder zu versuchen. Im besten Falle wächst eine Persönlichkeit am Sport und wir lernen, Feindseligkeiten zu überwinden. Ob Sie Berufssportler oder ein Sonntagssportler sind, eine Fußballmutti oder ein in der Wolle durchgefärbter Sportsfreund, ob Sie den Marathon oder nur die Straßen in Ihrer Nachbarschaft laufen – diese Geschichten geben Ihnen wertvolle Einblicke in das Spiel des Lebens.

Jack Canfield und **Mark Victor Hansen,** die Nr. 1 unter den Bestsellerautoren von New York Times und USA Today sind Koautoren der Serie Hühnersuppe für die Seele des … Sie haben ihr Leben in den Dienst der persönlichen und beruflichen Entwicklung anderer Menschen gestellt. **Jim Tunney** gilt als der „Altvater der NFL-Schiedsrichter". In 31 Jahren als NFL-Offizieller wurde Jim rekordverdächtige 29 mal nach der Saison verpflichtet. Er richtete unter anderem zehn Meisterschaften, drei Super Bowls und sechs Pro Bowls. Er wurde als Sporting News Best NFL Official geehrt und erhielt die höchste Auszeichnung der National Association of Sports Officials, die Goldene Trillerpfeife (1992). Jim wurde als erster Offizieller ins „All-Madden"-Team aufgenommen und hat einen Platz in der Pro Football Hall of Fame. **Mark** und **Chrissy Donnelly** sind Koautoren der New York Times-Bestseller *Hühnersuppe für die Seele eines Paares* und *Hühnersuppe für die Seele des Golfers.*

Inhaltsverzeichnis

Danksagung

Es hat mehr als drei Jahre gedauert, bis die Beiträge für *Hühnersuppe für die Seele für Sportler* geschrieben, zusammengestellt und herausgegeben waren. Manchmal war es ein Marathon, manchmal ein Sprint, aber immer eine unvergessliche Reise. Wie immer bei Projekten diesen Ausmaßes, haben uns viele Menschen tatkräftig geholfen. Ihnen schulden wir besonderen Dank:

Unseren Familien: Ihr wart unser Heimteam. Danke für Eure Liebe und Euren Rückhalt!

Patty Aubery: Dank für Deine Begeisterung und Anleitung und dass Du immer für uns da warst.

Patty Hansen: Du bist ein Leuchtturm an Freundschaft, Zuneigung und Ermutigung. Danke für deine Vorbildfunktion bei der *Hühnersuppe*. Dank auch an Elisabeth und Melanie für ihre Freundschaft und Gastlichkeit.

Inga Mahoney: Dank für Deine herzliche Gastfreundschaft und Unterstützung.

Christopher Canfield: Dein unbeschwerter, freier Umgang mit dem Leben war uns eine Inspiration. Dafür unseren Dank.

Linda Tunney: Dank für Deine Herzenswärme und Dein tiefes Verständnis für die Bedeutung dieses Buches für Sportfreunde überall.

Hilda Markstaller: 92 Jahre bist Du jung und ein echter Sportfan. Du warst eine Quelle der Weisheit und hast uns Deine Liebe zum Sport vermittelt. Dafür danken wir Dir.

Kelly Garman: Danke für alles! Deine Mitwirkung hat dieses Buch besser gemacht! Debbie Merkle und Paul Van Dyke: Danke für Eure Hilfe und Euren Ansporn auf dem langen Weg.

Heather McNamara und D'ette Corona: Danke für Eure vorzügliche Arbeit als Lektorinnen. Euer Beitrag war unschätzbar.

Nancy Autio: Danke für Deine Unterstützung im Zusammenhang mit den Lizenzen und für Deine Freundschaft.

Leslie Riskin, Veronica Romero, Teresa Esparza, Robin Yerian, Joy Pieterse, Kristi Knoppe, Dee Dee Romanello, Shanna Vieyra, Dave Coleman, Tanya Jones und Cindy Holland: Danke für die tägliche Schützenhilfe, die es uns ermöglichte, uns auf solch ein Projekt zu konzentrieren

Deborah Hatchell: Danke, dass Du an allen entscheidenden Stellen zugegen warst.

Lisa Williams und Michelle Adams: Danke, dass Ihr Euch um Mark und seinen schauerlichen Stundenplan gekümmert habt, der es ihm erlaubt, durch die Welt zu reisen und *Hühnersuppe für die Seele* bekannt zu machen.

Laurie Hartman, Maria Nickless und Tracy Smith: Danke für Euren Beitrag, damit die Botschaft von *Hühnersuppe ...* noch weitere Kreise erreicht.

Peter Vesgo: Wir haben es schon gesagt, und es stimmt nach wie vor – Wir danken Dir und schätzen Dich für Dein von Herzen kommendes Bedürfnis, in dieser Welt der positive Unterschied zu sein.

Terry Burke: Die Beiträge Deines Teams und Deine persönliche Begeisterung für den Sport haben dies Projekt besonderes erfreulich gemacht. Gleichzeitig bedanken wir uns beim gesamten Verkaufs- und Marketingteam für seine Einsatzfreude.

Christine Belleris, Lisa Drucker, Allison Janse und Susan Tobias: Es ist immer ein Vergnügen, mit Euch zusammenzuarbeiten.

Kim Weiss: Dank für die Unterstützung, sodass alles auf Papier kam und die Sportfreunde in aller Welt inspirieren kann.

Das gesamte Team von Health Communications: Eure Professionalität, Eure Hingabe an die Arbeit und Eure Teamfähigkeit haben uns inspiriert.

Ein besonderes Dankeschön möchten wir an die vielen Menschen richten, die sich Stunden Zeit nahmen und unsere Artikel lasen und einstuften. Euer Rat und Eure Rückmeldungen waren unendlich wertvoll: Fred Angelis, Jeff Aubery, Patty Aubery, Nancy Autio, Frank Bennett, Ken Blanchard, Ty Boyd, Leonard Broughton, Timi Brown, Jim Cathcart. Mike Chamberlin, Dan Clark, D'ette Corona, Charlotte Daniels, Clancy Dixon, Ken Flowers, Mike Frank, Baud Gardner, Chris

Garman, Kelly Garman, Dennis Garrison, Jay Gentry, Marilyn Gustafson, Shari Hastey, Jim Heffernan, Robert Hentry, Darrel Imhoff, Karen Johnson, Mike Johnson, Nell Jones, Tom Krause, Stanley Kwan, Elaine Langlois, Barbara LoMonaco, Jack Lowe, Tor Matheson, Margaret McCall, Roger McGarrigle, Art McNally, Heather McNamara, Vera Merkle, Linda Mitchell, Shiela Murray-Bethal, Bob Neale, Jeanne Neale, Byron and Gloria Nelso, Jack Niro, John Oldach, Ducky O'Toole, Janet Tunney Peck, Carolyn Phillips, Vickie Rayson, Cynthia Renfro, Mark Sanborn, Ed Scanell, Shelly Scott, Tom Seamon, Gordon Paul Smith, Tery Stratton, Herb True, Marilyn Van Dyke, Al Walker, Warren Welse und Brent Wilder.

Bedanken möchten wir uns außerdem bei allen, die uns Tausende von Geschichten, Briefen, Gedichten und Zitaten schickten, und die wir sichteten, um sie möglicherweise in dieses Buch aufzunehmen. Es war nicht in allen Fällen möglich, aber alle haben wir mit großem Engagement gelesen. Ihre Geschichten gaben uns immer wieder Ansporn und bestärkten uns in der Gewissheit, auf dem richtigen Weg zu sein. Unser Dank gilt Ihnen allen!

Einführung

Wenn es darum geht, das Beste in einem Menschen zum Vorschein zu bringen, eignet sich nichts so gut wie der Sport. Jede im Sport gewonnene Erfahrung ist in einer Weise intensiv und inhaltsvoll, die unsere Gefühlswelt und unsere Beziehung zum Augenblick und nicht zuletzt zu uns selbst erweitert und vertieft. Plötzlich sind wir *gegenwärtiger*, als befänden wir uns mit einem Male in einem Universum, wo die Farben strahlender, die Töne reiner und vibrierender, die Gefühle stärker und bewegender sind. Auf einer ganz ursprünglichen Ebene, über die wir uns selten Gedanken machen, ist es das, was wir gern immer erleben würden. Es ist diese transzendierende Qualität des Sports, die uns veranlasste, Geschichten zu sammeln, die zu *Hühnersuppe für die Seele für Sportler* passen.

Wir möchten mit den Geschichten in diesem Buch alles feiern, was im Sport gut ist. Das reicht von der Major League bis zur Little League, vom Eishockey bis zum Eiskunstlauf und vom Pferderennen bis zum Iditarod. Die Texte in diesem Buch beleuchten die positive und Veränderung bewirkende Seite des Sports. Diese Geschichten werden Sie anregen, Ihnen Einsichten in das Spiel des Lebens vermitteln und Sie den Sport im Allgemeinen mit mehr Wertschätzung sehen lassen. Dies Buch ist für jeden Menschen gedacht, der einmal ein sportliches Ereignis beobachtet oder selbst daran teilgenommen hat. Das schließt den Berufssportler ebenso ein wie den Sonntagssportler, die Fußballmutti wie den in der Wolle durchgefärbten Sportfan, der in der Zeitung die Sportseiten immer zuerst liest.

Diese Geschichten wurden von Menschen geschrieben, die durch ihre Erlebnisse mit dem Sport verwandelt wurden. Sie zeigen Sport als eine Metapher für das Leben, wie es in einem einzigartigen Kaleidoskop von Erfahrungen entsteht. So kann ein vollblütiges Rennpferd, das die Triple Crown gewinnt, mehr darüber sagen, was „aus vollem Herzen" bedeutet als ein Zimmer voller Coaches. Ein „Großer", der im richtigen

Augenblick und in angemessener Weise Bescheidenheit zeigt, kann einem alten Mann ein Fest bereiten. Eine vom Krebs heimgesuchte Eiskunstläuferin kann die Macht von Leidenschaft und Entschlossenheit beweisen, auch die extremsten Hürden zu nehmen. Und einer der erfolgreichsten Coaches aller Zeiten erinnert uns daran, dass Offenheit und Aufmerksamkeit für die kleinen Dinge den wahren Champion ausmachen. Wir sehen auch, wie die Kontinuität, hergestellt durch ein stets verlängertes Jahresabonnement, Großvater, Sohn und Enkelsohn in einer lebenslangen Beziehung vereint.

Der rote Faden in diesen und anderen Geschichten in diesem Buch ist der Sport als einer unserer bedeutendsten und überzeugungskräftigsten Lehrer. Wenn wir uns ihm öffnen, lehrt uns der Sport, uns zu konzentrieren und in der Spur zu bleiben, oder aber eine neue Strategie zu entwickeln und uns einem Ziel zuzuwenden. Er lehrt uns, wie wichtig Teamarbeit ist und erinnert uns daran, dass wir unser persönlich Bestes geben müssen. Er lehrt uns, im Sieg bescheiden zu sein und Niederlagen mit Fassung hinzunehmen. Im besten Falle baut uns der Sport auf, und er braucht uns auf. Er formt unsere Persönlichkeit und lehrt uns, Feindseligkeiten zu überwinden.

Vor allem aber ist der Sport da wie ein alter Freund, wenn wir das andere Universum brauchen, wo die Farben strahlender sind, die Töne klarer, und wo jeder Augenblick in seiner ganzen Fülle gelebt wird.

Was meinen Sie?

Wir würden uns über Ihre Reaktion auf die Geschichten in diesem Buch freuen. Sagen Sie uns, welche Ihnen am besten gefielen und was sie in Ihnen auslösten.

Wir laden Sie ein, uns Geschichten zuzusenden, die Sie gern in weiteren Auflagen von *Hühnersuppe für die Seele für Sportler* lesen würden. Bitte wenden Sie sich an:

Chicken Soup for the Sports Fan's Soul

P. O. Box 30880-SF
Santa Barbara, CA 93130
FAX: (805) 563-2945

Besuchen sie uns auch auf unserer Website www.chickensoup.com oder senden Sie uns eine E-Mail unter AOL und dem Kennwort: chickensoup.

Wir hoffen, diese Geschichten machen Ihnen so viel Spaß wie uns, während wir sie schrieben, zusammenstellten und herausgaben.

1

AUS LIEBE ZUM SPIEL

Sport ist Leben mit voller Drehzahl.

Barry Mano

Roger Maris und ich

ICH WUCHS IM SCHATTEN DES YANKEE-STADIONS AUF, UND MEIN Herz gehörte dem Baseball.

Als Roger Maris 1960 von den Kansas City Athletics zu den New York Yankees wechselte, war ich elf Jahre alt. Ich hatte mir im August Verbrennungen zugezogen und war daher eine Weile außer Gefecht gesetzt. Deshalb verfolgte ich die Baseballspiele am Radio noch aufmerksamer als sonst. Ich erinnere mich an eine Schlagzeile, die lautete, Roger Maris sei wie ein „Jungbrunnen" für die Yankees. Diesen Ausdruck hatte ich noch nie zuvor gehört, und seither war ich sicher, dieser Roger Maris müsse etwas Besonderes sein.

Ich fand, er schwang den Baseballschläger auf eine besondere Art, spielte rechtes Außenfeld irgendwie besonders und sah auch besonders aus. Er war mein Held. 1961 fieberte das gesamte Land mit beim Homerun-Wettstreit zwischen Maris und Mickey Mantle gegen den Rekord, den Babe Ruth aufgestellt hatte. Ich schnitt alle Artikel über Roger aus der Zeitung aus und schwor mir, sobald ich älter sei und es mir leisten könne, würde ich diese Ausschnitte fachgerecht binden lassen. (Vor acht Jahren habe ich diesen Vorsatz verwirklicht. Es wurden elf Bände.)

Normalerweise saß ich im Yankee-Stadion in Block 31, Reihe 162-A, Sitz 1. Rechtes Feld. Ich kaufte mir immer eine Stehplatzkarte, aber da ich den Polizisten kannte, der dort seinen Posten hatte, konnte ich mich in die Sektion mit den nummerierten Plätzen schummeln, und dieser Platz war eben häufig frei.

Zwei Stunden bevor das Stadion geöffnet wurde, war ich schon da. Ich beobachtete, wie Roger sein Auto parkte, ich begrüßte ihn und erzählte ihm, wie toll ich ihn fand. Irgendwann erkannte er mich wieder. Einmal warf er mir einen Baseball zu, während er sich einschlug. Ich war so verblüfft, dass ich die Arme nicht heben konnte. Jemand anderer fing mir den Ball weg. Roger wechselte einige Worte mit Phil Linz, einem Ersatzspieler im Innenfeld. Der kam zu mir herüber, nahm einen Ball aus der Tasche und sagte: „Streck mal deine Hand aus. Der hier ist von Roger Maris."

Nach diesem Vorfall ließen meine Freunde nicht locker: „Frag ihn doch, ob er dir einen Homerun-Schläger schenkt", drängten sie. Schließlich, als Roger einmal nahe am Zaun stand, nahm ich allen Mut zusammen und brachte meine Bitte vor. „Klar", sagte er. „Du bekommst den nächsten, den ich knacke."

Das war 1965. Die Yankees reisten an die Westküste. Abends verfolgte ich das Spiel gegen die Los Angeles Angels am Radio. Es war spät, ich lag im Bett und hatte das Licht schon gelöscht. Und da knackte Roger seinen Schläger. Am nächsten Morgen bestürmten mich meine Schulfreunde: „Hast du's gehört? Roger hat seinen Schläger geknackt. Der gehört jetzt dir."

„Mal sehen", erwiderte ich.

Als die Mannschaft zurückgekommen war, gingen mein Freund und ich ins Stadion, während die Spieler ihr Schlagtraining absolvierten. Roger kam sofort zu mir herüber. „Ich hab' dir den Schläger mitgebracht", sagte er.

„Oh Mann, ich weiß gar nicht, was ich sagen soll", stammelte ich.

Bevor das Spiel begann, drängte ich mich bis an den Eingang zu den Katakomben vor. Ich schob mich an den großen, breiten Polizisten heran, der dort postiert war, und flehte ihn an:

„Hören Sie, Sir, bitte! Roger Maris hat mir gesagt, ich soll hier warten. Ich soll einen Schläger abholen. Das ist unheimlich wichtig. Ich mache Ihnen nichts vor. Kein Trick, Sir, ich sag' die Wahrheit. Bitte, Sie müssen mich ..." – „Alles klar, warte hier." Er wusste, dass ich ihm nichts vormachte. Ich wartete neben den Logen, links vom Eingang zu den Katakomben, und konnte vor Aufregung meine Füße nicht still halten. Dann, kurz vor Spielbeginn, hielt ich es nicht mehr aus. Ich kletterte halbwegs über die Absperrung und spähte über Kopf in den schwach beleuchteten Gang in der Hoffnung, Roger zu entdecken. Als er endlich kam und den Schläger in der Hand hielt, wäre ich vor Aufregung fast über das Geländer gekippt. Ich habe keine Ahnung, was er sich dachte, als er da einen Jungen kopfüber über das Geländer hängen sah. Für mich jedenfalls war es der überwältigendste Augenblick in meinem jungen Leben, als er mir den Schläger reichte.

Ich brachte den Schläger nach Hause, und meine Freunde sagten, „Frag ihn doch, ob er dir einen Homerun-Ball schenkt."

Also bat ich Roger auch darum. „Den musst du dir fangen", antwortete er. „Ich habe keinen."

Am 8. Dezember 1966 wurde Maris an die St. Louis Cardinals verkauft – ein schwarzer Tag für mich.

Im gleichen Jahr schrieb ich mich im College der Universität von Akron, Ohio, ein. Mein Zimmergenosse hatte ein Foto von Rachel Welsh an die Wand geheftet. Bei mir hing ein Foto von Roger Maris.

Alle wussten, dass ich ein großer Maris-Fan war. Meine Freunde stichelten: „Du sagst, du kennst Roger Maris. Das wollen wir doch mal prüfen." Also fuhren wir zu sechst zweieinhalb Stunden nach Pittsburgh, Pennsylvania, wo die Cardinals gegen die Pirates spielten. Es war der 9. Mai 1967. Zwei Stunden vor Spielbeginn kamen wir bei Forbes Field an, und da war auch die Nummer 9. Zum ersten Mal begegnete ich Roger Maris außerhalb des Yankee-Stadions. Ich glaubte, in dieser Umgebung würde er mich nicht erkennen. Ich war nervös, sehr nervös sogar, denn immerhin begleiteten mich fünf skeptische junge Männer. Ich trat an den Zaun und rief mit schwankender Stimme: „Äh, Rog … Roger …"

Er drehte sich um. „Andy Strasberg! Was zum Teufel machst du in Pittsburgh?"

Erst in diesem Augenblick wurde mir klar, dass er meinen Namen kannte.

„Meine Kumpels hier vom College, Rog, die möchten dich gern kennenlernen, und ich – na, ich wollte dir einfach ‚Guten Tag' sagen." Die anderen traten heran, schüttelten ihm die Hand und konnten es nicht fassen. Ich wünschte Roger viel Glück. Er antwortete: „Warte mal, ich gebe dir ein Autogramm auf einen Ball der National League." Er ging in die Spielergarderobe zurück, holte einen Ball und signierte ihn. Ich steckte ihn ein und fühlte mich, als hätte ich eine Million Dollar in der Hosentasche.

1968 flog ich nach St. Louis, Missouri, um dabei zu sein, als Roger das letzte Spiel seiner professionellen Karriere spielte. Die anschließende Zeremonie bewegte mich tief. Ich saß hinter der Spielerbank. Rog musste mich gesehen haben, denn irgendwann drehte er sich um und winkte mir zu. Ich war gerührt. Später interviewte mich ein Reporter der *Sporting News*. Er hatte herausgefunden, dass ich ganz von New York City angereist war, um dabei zu sein, wenn Roger sich aus dem professionellen Sport verabschiedete. Der Reporter fragte Maris später nach mir, und Roger antwortete: „Andy Strasberg war wahrscheinlich mein treuester Fan."

Seit damals schickten wir uns regelmäßig zu Weihnachten Grußkarten, und die Beziehung wurde enger. Ich machte meinen College-Abschluss und reiste auf der Suche nach einer Arbeitsmöglichkeit im Baseball quer durch das Land. Als die San Diego Padres mich anstellten, schickte Roger mir einen aufrichtigen Glückwunsch.

1976 heiratete ich. Wir feierten im Clubhaus beim Jack-Murphy-Stadion in San Diego, Kalifornien. Rog und seine Frau Pat schickten uns ein Hochzeitsgeschenk, und ein- oder zweimal im Jahr telefonierten wir miteinander. 1980 kamen Roger und Pat aus Anlass des All-Star-Spiels nach Los Angeles. An jenem Abend gingen wir – meine Frau Patty und ich, mein Vater, Roger und Pat – gemeinsam essen.

Als Roger im Dezember 1985 an Lymphdrüsenkrebs starb, flog ich zu seiner Beerdigung nach Fargo, Norddakota. Nach der Trauerfeier ging ich zu Pat und sprach ihr mein Beileid aus. Sie umarmte mich und wandte sich dann an ihre sechs Kinder: „Ich möchte euch jemand ganz Besonderen vorstellen. Kinder, dies ist Andy Strasberg." Und Roger Maris junior setzte hinzu: „Du bist Dads größter Fan."

Die Beziehung zwischen Fans – vor allem wenn es junge Menschen sind – und ihren Helden ist etwas Besonderes. Sie kann geradezu mystische Züge annehmen. So etwa wie damals, als ich mit meinen fünf College-Freunden nach Pittsburgh fuhr, um Roger zu treffen. Selbst heute habe ich noch jeden einzelnen Augenblick jener Begegnung klar vor Augen. Damals fühlte ich mich wie in einem Traum.

Wenn es um Baseball geht, bin ich abergläubisch. Einmal saß ich in Reihe 9, Platz 9, rechtes Feld. Im sechsten Inning kam Roger zum Schlag und traf den Ball punktgenau.

Wir alle – meine Freunde und ich – reagierten spontan, als wir hörten, wie der Schläger knackte. Der volle, satte Ton verriet, dass es ein Homerun werden würde. Wir sahen, wie der Ball in die Luft stieg und wie aus der Kanone geschossen in einem weit ansteigenden Bogen davonflog. Und plötzlich begriffen alle, dass er auf uns zu flog. Wir sprangen auf, jubelten und drängten uns in eine Stellung zum Fang. Vor meinen Augen lief alles wie in Zeitlupe ab. Der Ball kam auf mich zu wie ein Vogel, der sich auf einem bestimmten Ast niederlassen will. Ich streckte die rechte Hand aus, und der Ball landete dort.

Etwas Erstaunlicheres ist mir in meinem ganzen Leben nicht passiert. Es war der erste Homerun, den Roger in der National League geschlagen hatte, und ich fing den Ball! Tränen strömten mir über das Gesicht. Am Ende des Innings kam Roger zu mir herüber. Er sagte nur: „Ich kann es nicht fassen."

„Du?", antwortete ich. „ICH kann es nicht fassen."

Die Chancen, dass der Spieler mit der Nummer 9 am 9. Mai einen Homerun-Ball in die 9. Reihe, Platz 9, rechtes Feld schlagen würde, am einzigen Tag, an dem ich je dieses Stadion besuchte, sind verschwindend gering. Ich habe dafür nur eine Erklärung: Es war eine besondere Magie im Spiel – wie es oft zwischen einem Fan und seinem Helden passiert, etwas ganz Wunderbares.

Andy Strasberg

Nachwort: Am 3. August 1990 erhielt ich einen Anruf von Rogers Sohn Randy und seiner Frau Fran. Sie telefonierten aus einer Klinik in Gainsville, Florida. Fran hatte gerade ihren ersten Sohn geboren. Sie wollten mir mitteilen, dass sie den Jungen Andrew genannt hatten, und fragten, ob ich sein Pate sein würde. Bis heute kann ich es kaum fassen, dass der Enkel des Helden meiner Jugendtage, Roger Maris, mein Namensvetter und obendrein mein Patensohn ist.

Abends im Stadion

Wenn du das Beste aus einem Mann herausholen willst, musst du das Beste in ihm ansprechen.
Daniel Considine

IN MEINEM BERUF ALS REPORTER HABE ICH BEEINDRUCKENDE, BEwegende und anrührende Dinge erlebt. Doch was ich in den Jahren 1990 und 1991 in Gesellschaft von Michael Jordan erlebte, stellt all das in den Schatten. Über seine sportlichen Verdienste ist oft geschrieben worden, aber vor dem anderen verblassen die sportlichen Heldentaten.

Eines Abends nach dem Spiel ging Jordan zu seinem Auto, das der Wachdienst schon bereitgestellt hatte. Viele Leute standen herum und es war ziemlich laut. Knapp zehn Meter entfernt saß ein kleiner Junge im Rollstuhl. Jordan war offensichtlich in Eile, und er hatte seinen eigenen Sohn bei sich. Er öffnete die Autotür. Dabei fiel sein Blick auf den Jungen. Er ging zu ihm hinüber, hockte sich neben ihn und sprach ihn an. Er sprach freundlich und langsam mit dem Kind. Das war keine Team-Taktik. Der Vater des Jungen hatte das Kind hier hergebracht, damit er Jordan einmal aus der Nähe sehen konnte. Es war bitterkalt. Trotzdem blieb Jordan neben dem Jungen hocken, bis dessen Vater ein Foto gemacht hatte. Erst dann ging er zu seinem Auto zurück. So etwas kann man nicht lernen oder sich vornehmen. Niemand kann einem sagen oder einen beraten, wie man so etwas macht. Es kommt von tief innen. Selbst wenn diesem kleinen Jungen in seinem Leben nichts Gutes mehr begegnen sollte, wird er nie vergessen, dass er an diesem einen Abend ein Teil von Michael Jordans Welt sein durfte.

Bei einem anderen Spiel lernte ich Carmen Villafane kennen. Sie war so schwer behindert und körperlich so beeinträchtigt, dass Fremde meist den Blick abwandten. Ich fragte mich, wie es ihr gelang, bei allen Spielen ihren Rollstuhl direkt hinter die Spielerbank der Bulls zu stellen.

Ihre Familie muss ziemlich einflussreich sein, dachte ich.

Ziemlich weit gefehlt, wie sich herausstellte.

Im Gespräch mit ihr erfuhr ich, dass sie Jordan ein Jahr zuvor eine Karte zum Valentinstag überreicht hatte. Sie hatte eine Eintrittskarte für eines seiner Spiele gekauft und ihm bei dieser Gelegenheit die Karte in die Hand gedrückt. Er öffnete sie sofort, las sie und bedankte sich.

Monate später trafen sie sich bei einer Automobilausstellung wieder. Er fragte, wieso sie nicht mehr zu den Spielen komme? Sie gestand ihm, dass sie nur ein einziges Mal eine Eintrittskarte gehabt hatte. Jordan bat sie, sein Büro anzurufen. Sie tat das ohne große Erwartungen, aber die Mitarbeiter wussten schon Bescheid. Sie schickten ihr Karten für alle Spiele der verbleibenden Spielzeit. Auch für die folgende Spielzeit sandte Jordan Karten. Im Begleitbrief schrieb er: „Viel Spaß in der kommenden Saison. Ich freue mich darauf, dich bei allen Spiel zu sehen. Michael."

Carmens herzerwärmende Begegnung mit Jordan war kein Einzelfall. Einmal kam ich sehr früh ins Stadion. Jordan war schon auf dem Spielfeld, obgleich es bis zum Spielbeginn noch Stunden dauerte. Er nahm sich einen Basketball und signalisierte den beiden Teenagern, die seine Balljungen waren, sie sollten decken. Die beiden wechselten einen Blick: Das war neu. Normalerweise warfen sie ihm Bälle zu, diesmal lud er sie ein, mit ihm zu spielen. Ich sah zu, wie die beiden den Ball dribbelten und Michael passierten. Jordan jagte sie bis in eine Spielfeldecke, angelte nach dem Ball, schlug ihn ihnen aus der Hand und lachte mit ihnen. Seine unausgesprochene, unendlich wertvolle Botschaft war: Ihr seid als Basketballer gut genug für dieses Spielchen – gut genug, mit Michael Jordan herumzualbern.

Ein anderes Mal hatte ich einen kurzen Artikel über eine zufällige freundliche Geste geschrieben, mit der Jordan einem Kind außerhalb der Sporthalle begegnet war. Damals war das alles neu für mich, ich wusste noch nicht, wie oft so etwas vorkam.

Ein Leser rief mich daraufhin an und erzählte mir, was er und seine Frau nach einem Spiel der Bulls erlebt hatten. Auf dem Rückweg hatten sie eine Autopanne.

„Wir waren vier Blocks vom Stadion entfernt, in einer heruntergekommenen Gegend. An der Ecke unter einer Straßenlaterne stand Jordans Auto. Er war ausgestiegen und unterhielt sich mit einigen Jungen aus der Nachbarschaft. Es war schon spät, aber sie standen einfach da und unterhielten sich."

Später fragte ich Jordan nach diesen Jungen. Ein Jahr zuvor, so erzählte er, hatte er sie gesehen, wie sei bei scheußlichem Wetter vor dem Stadion standen und nur einen Blick auf die Bulls werfen wollten. Er hatte ihnen Eintrittskarten verschafft. „Jetzt erwarten sie mich jeden Abend an dieser Straßenecke ... Es sind doch Kids ... Ich glaube, sie brauchen einfach jemanden, mit dem sie reden können", sagte er. Jordans Frau erzählte mir später, dass er sich die Zeugnisse der Jungen zeigen lässt. So sporne er sie an, die Schule nicht zu vernachlässigen.

Jordan hat nie vergessen, dass auch er einmal ein Junge war und lernen musste, einen Basketball zu werfen, dass ihm einmal gesagt wurde, er sei nicht gut genug. Er erinnert sich in allen Einzelheiten, wie es war, als er in der ersten Klasse der Senior High School nicht ins Basketballteam aufgenommen wurde. „Wir standen am Schwarzen Brett und suchten auf der Liste nach unserem Namen", erzählte Jordan mir. „Ich stand nicht auf der Liste. Es war, als ob ich meinen Namen auf dieses Blatt Papier zaubern könnte, wenn ich nur lange genug darauf starrte."

Irgendwann an diesem Vormittag begriff er, dass er nicht ins Team aufgenommen worden war. Den Rest des Tages lief er wie betäubt herum. „Schließlich kam ich nach Hause. Ich lief in mein Zimmer, schloss die Tür, und dann weinte ich bitterlich. Mitglied in diesem Team zu sein, das war doch mein größter Wunsch gewesen."

Am Ende dieser Highschool-Spielzeit nahm Jordan allen Mut zusammen und bat den Coach, ihn mitzunehmen, als das Team zu einem Auswärtsspiel fuhr. „Der Coach sagte nein. Ich bat ihn immer wieder, und irgendwann gab er nach. Als wir ankamen, teilte er mir mit, ich müsste den Spielern schon die Kleidung tragen, sonst käme ich nicht ins Stadion. Also habe ich das getan."

Er sei froh über diese Erfahrung, erzählte er. Damals habe er gelernt, wie sich Enttäuschung anfühlt, und das wolle er nie wieder erleben.

In den Jahren in Jordans Gesellschaft wurde die Welt, über die ich schrieb, um nichts freundlicher oder angenehmer. Sie blieb, wie sie gewesen war, als ich das Stadion zum ersten Mal betreten hatte. Das wird sich auch nicht ändern. Aller Wahrscheinlichkeit nach wird unsere Welt ein immer bedrückenderes, grausameres Gesicht bekommen. Aber man kann diese Welt aus unterschiedlichen Blickwinkeln betrachten. Ich habe an den Abenden im Stadion viel gelernt. Das Wichtigste war vielleicht diese Einsicht: Wenn du bei all dem Unerfreulichen und Bitteren nur genau genug hinsiehst, dann findest du vielleicht doch noch irgendwo Trost und den Funken Hoffnung auf etwas Gutes.

Bob Greene

Danke, Mom!

OFT HAT MAN MIR GESAGT, ICH SEI EIN QUARTERBACK, DER WIE EIN Runningback spielt. Also eigentlich etwas zu beweglich und trickreich und weniger bullig. Oft haben die Leute darüber geredet, wie ich ausweichen kann. Das war nicht immer so. Alle Berufssportler erinnern sich lebhaft an Ereignisse, die sie zu dem machten, was sie heute sind. Die Geschichte, die ich jetzt erzählen will, zeigt, wie ich zu meiner Ausweich-Technik kam.

Ich war neun Jahre alt und spielte in einem Pop-Warner-Football-Spiel. Ich war Runningback für die North Mianus Indians gegen die Belle Haven Buzzards. Unser Quarterback hatte mir den Ball zugeworfen. Ich zögerte noch und überlegte, wohin ich laufen sollte, als ich getackled wurde, und zwar mit einem verbotenen Hals-Tackle. Er warf mich auf den Rücken und nahm mir die Puste.

Während ich noch nach Atem rang, sah ich, wie meine Eltern über das Spielfeld rannten. Ich dachte nur, oh Mann, bitte Mom, geh' vom Feld! Es war ja in Ordnung, dass mein Vater aufs Spielfeld gelaufen kam. Er trägt den Spitznamen „Grit" und war an der Brigham Young University selbst Runningback. Aber dass auch meine Mutter Sherry aufs Spielfeld kam, war überhaupt nicht in Ordnung. Endlich hatten sie mich erreicht. Was dann passierte, hätte ich nie erwartet. Mein Vater beugte sich besorgt über mich. Meine Mutter dagegen sprang uber mich hinweg, rannte weiter und packte den Jungen, der mich getackled hatte. Sie riss ihn am Trikot vom Boden hoch, schüttelte ihn und schrie ihn an: „Kein Hals-Tackle! Klar?"

Ich brauche nicht zu erwähnen, dass mir nichts fehlte, aber ich bezweifle, dass mein Gegner seinen Schock je überwunden hat.

Damals lernte ich auszuweichen, und das auch noch schnell. Ich hatte panische Angst vor einem Tackle, denn mir stand vor Augen, wie meine Mutter über das Spielfeld stürmen würde, um den Angreifer zurechtzuweisen. Jahrelang hat man mich mit diesem Vorfall aufgezogen.

Noch in der Highschool johlten meine Freunde bei einem groben Tackle: „Schnapp ihn dir, Sherry!“ So brachte mir meine Mutter ganz unabsichtlich bei, wie vorteilhaft es ist, rechtzeitig abzutauchen und Angreifern auszuweichen.

Steve Young

Wenn's ihn glücklich macht ...

Ohne Bescheidenheit keine Menschlichkeit.
Don Buchan

VOR EINIGEN JAHREN TRAT TOM HAUSER, DER MIT MUHAMMAD ALI an dessen Biographie gearbeitet hatte, als Stellvertreter für Ali in meiner Show „Nahaufnahme“ auf. Nach langem Zögern hatte Ali eingewilligt zu kommen. Ich war natürlich hell begeistert. Wegen der Parkinsonkrankheit spricht Ali schleppend und ist schwer zu verstehen. Ich wusste, dass die Zuschauer sich daran nicht stören würden, dass sie es zu schätzen wüssten, wie Ali von der Krankheit zwar überwältigt, aber nicht aus dem Spiel geworfen war, und dass er seinen unbesiegbaren Geist behalten hatte. In letzter Minute änderte er seine Entscheidung dann doch, weil er fühlte, dass er nicht er selbst sein würde. An seiner Stelle kam Hauser.

Damals erzählte er mir eine Geschichte, die zeigt, welch herzliche Zuneigung Ali entfacht, wo immer er auftaucht.

Ali hatte erfahren, dass ein Altenheim für jüdische Menschen in New York abgerissen werden sollte, wodurch die alten Menschen obdachlos werden würden. Stillschweigend finanzierte er ein neues Heim. Als es bezogen war, kam er zu Besuch.

In der Ecke eines Raumes saß ein sehr alter Mann ganz allein. Ali ging auf ihn zu und machte ein paar spielerische Boxbewegungen. Das Gesicht des alten Mannes hellte sich auf. Bundini Brown, Alis Trainer, fragte: „Wissen Sie, wer das ist?“

„Klar“, sagte der Alte. „Das ist der Champion.“

„Richtig“, bestätigte Brown.

Der alte Mann nickte: „Ich kenne ihn. Er ist der Größte. Er ist Joe Louis.“

Die Umstehenden kicherten. Brown wollte das Missverständnis aufklären, aber Ali hielt ihn zurück und flüsterte ihm zu: „Wenn's ihn glücklich macht, dass er Joe Louis getroffen hat, wenn das sein Held ist, dann lass es dabei.“

Ali hat den Respekt der Leute errungen. Aber alle, die ihn näher kennen, schenken ihm viel mehr als das – sie schenken ihm ihre Zuneigung, ihre Liebe.

Roy Firestone

Ein echter Champion

IN JIMS UND MEINEN AUGEN WAR UNSER ZWEITES KIND PERFEKT. Der Arzt allerdings bemerkte gleich nach der Geburt, dass ihre Füße einwärts gedreht waren. „Das muss man korrigieren, sonst gibt es später Probleme", mahnte er.

Wir schworen, alles nur Mögliche zu tun, um unserem Baby zu helfen. Sie war erst zwei Wochen alt, als ich mit ihr wieder in die Sprechstunde kam. Der Arzt legte ihre winzigen Füßchen in einen Gips, aus denen die niedlichen Babyzehen kaum hervorlugten. Sie wuchs natürlich, und deshalb musste ich alle zwei Wochen mit ihr in die Praxis, wo sie einen neuen Gips bekam.

Irgendwann war die Gipserei überstanden und es wurde Zeit für orthopädische Schuhe und Schienen. Voller Hoffnung und Sorgen beobachteten Jim und ich, wie sie das Laufen übte. Ihre ersten unbeholfenen Schritte machten uns stolz. Als sie ins Vorschulalter kam, ging sie schon recht normal. Ermutigt durch ihre Fortschritte, sahen wir uns nach anderen Möglichkeiten um, ihre untere Körperhälfte zu kräftigen.

Wie sich zeigte, liebte sie das Eis.

Als sie sechs Jahre alt geworden war, meldeten wir sie in einer Eislaufschule an, und bald glitt sie wie ein Schwan über das Eis. Erstaunt und bewundernd beobachteten wir sie. Sie war nicht die schnellste und am besten koordinierte Schlittschuhläuferin. Sie musste sich jede neue Bewegung hart erarbeiten, aber sie liebte das Eislaufen, und ihre Leidenschaft zahlte sich aus. Mit fünfzehn Jahren nahm sie bei den Jugendweltmeisterschaften in Australien am Paarlauf wie auch am Einzel der Damen teil und gewann beide Wettbewerbe. Bei den regulären Weltmeisterschaften 1991 gewann sie das Dameneinzel. Und dann standen wir voller Liebe und Bewunderung 1992 bei den Olympischen Winterspielen in Frankreich, als unsere Tochter Kristi Yamaguchi die Goldmedaille gewann.

Ich dachte an die ersten Jahre zurück, die für Kristi voller Mühen gewesen waren – Jahre der Sorge für uns, ihre Eltern, und Jahre der Frustration für sie als Kind, das einfach nur laufen wollte. Ich dachte an die endlosen Arztbesuche, an die mühevollen ersten Schritte des Kleinkindes mit Beinschienen und orthopädischen Schuhen. In all jenen Jahren hätten wir nicht im Traum an Goldmedaillen und eine atemberaubende professionelle Karriere gedacht. Wir waren voller Hochachtung für Kristi selbst. Wir bewunderten ihre Kraft und ihre Hingebung und wie weit sie auf zwei kleinen Füßen gekommen war, die einmal in schweren Gipsschienen gesteckt hatten. In unseren Augen hatten Kristis Schritte immer die Grazie eines echten Champions gezeigt.

Carol Yamaguchi
im Gespräch mit *Anita Gogno*

Mr. D und seine Jungen

EINE KURZE NOTIZ IN DER LOKALZEITUNG UNTERRICHTETE DIE LESER über den Tod von James Dudley, der im Alter von sechsundsiebzig Jahren gestorben war. Das erinnerte mich an unsere letzte Begegnung. In der Nähe seiner Wohnung war er den Bürgersteig entlang geschlurft. Sein Hund war ihm voraus gesprungen, den Kopf hoch erhoben, mit flatternden Ohren, und sich immer wieder nach seinem Herrchen umsehend. Der alte Mann folgte ihm langsam und schwerfällig.

In den vorangegangenen Jahren war ich häufiger an Mr. Dudley vorbeigefahren. An diesem Tag jedoch beschloss ich anzuhalten. Zumindest konnte ich ihm „Danke“ für alle jene Sommer sagen. Ich wusste nicht, ob er sich überhaupt an mich erinnern würde, aber vielleicht würde es ihm Freude machen.

In der Todesanzeige wurde erwähnt, dass James Dudley Highschool-Lehrer gewesen war. Er hatte an der Boston University den Titel eines Masters erworben, war „Aktiver“ in Tennis und Squash gewesen. Er hatte in einer halbprofessionellen Mannschaft Baseball gespielt. Das alles war mir neu. Zum Schluss hieß es, Mr. Dudley sei „dreißig Jahre lang Aufsichtsperson im Sommerprogramm auf den städtischen Sportplätzen“ gewesen – das war mir bekannt.

Mr. Dudleys Sommerprogramm, das war Baseball. Für ihn gab es weder Mal- noch Bastelkurse, kein Kickball oder Dodgeball. Sieben Stunden pro Tag, fünf Tage die Woche, zwölf Wochen in jedem Sommer, und das dreißig Jahre lang spielte fast jeder Junge in unserer Stadt mit Mr. Dudley Baseball.

Das war nicht die Little League. Wir hatten keine Trikots, keine festen Teams, keine Altersbeschränkung, wir mussten keine spielerischen Voraussetzungen erfüllen, und wir hatten keine festen Spielpositionen. Wir kamen auf den Sportplatz, wann immer es möglich war, stellten unsere Fahrräder hinter dem Backstop ab und spielten Baseball. Mr. Dudley war immer da. Er war nie krank, er kam nie zu spät. Für Tausende von uns war er eine Konstante im Sommer – eine der wenigen Konstanten im Chaos unserer Jugend.

Er nannte mich „Cat". Vielleicht hatte er es missverstanden, wenn die anderen Jungen mich „Tap" riefen. Ich bildete mir ein, er würde damit auf meine pantherartige Gewandtheit anspielen, mit der ich die Grounders abfing.

Mr. Dudley war ein großer, massiver Mann mit weißem Haar und von der Sonne gegerbter Haut. Er konnte einen ganzen Vormittag lang die Bälle werfen – für die kleineren Jungen etwas weicher, für die älteren mit, wie er sagte, etwas mehr „Pfeffer". Am Nachmittag dann, im heißesten, stickigsten August, begann alles von vorn.

Wir spielten zwar den ganzen Sommer hindurch Baseball und Mr. Dudley gab gelegentlich auch hilfreiche Tipps („Das Schlagholz muss nach unten zeigen" oder „Du trittst über"), trotzdem hatte ich nie den Eindruck, dass er unbedingt gute Baseballspieler aus uns machen wollte. Im Grunde ging es ihm um Demokratie. Jeder musste irgendwann einmal auf jedem Platz spielen, und wenn einer von uns jemanden anbrüllte, der einen Pop-up verfehlt hatte, bezog er einen so tadelnden Blick, dass er schnell den Mund zuklappte.

Regelmäßiger Besucher auf Mr. Dudleys Baseballfeld war ein riesiger Junge, der uns andere in Furcht und Schrecken versetzte. Wir hatten begriffen, dass Joe irgendwie „anders" war. Er gab kaum mehr als sinnlose Wortfetzen von sich, die er, vor allem wenn er frustriert war, mit großer Wucht herausstieß. Manchmal packte er einen von uns am Arm und schüttelte ihn. Mr. Dudley sagte dann sanft: „Lass das Joe und geh auf den Schlagplatz. Zeig mal, dass du treffen kannst."

Trotz seiner Größe und Körperkraft war Joe als Baseballspieler ein hoffnungsloser Fall. Er wollte nicht im Feld spielen, aber er war gern Schlagmann. Also wurde einmal pro Tag das Spiel unterbrochen, und Joe trat auf den Schlagplatz. Mr. Dudley warf den Ball und Joe holte mit seinem Baseballschläger gewaltig aus. Das Gesetz der Wahrscheinlichkeit verlangt, dass er irgendwann treffen musste. Dann lief er um die Bases herum, während die Jungen im Feld schrien und jubelten und den Ball zwischen den Beinen durchrollen ließen. Joe schaffte immer einen Homerun. Danach zog er sich für den Rest des Tages ruhig und glücklich zurück.

Gelegentlich maulte ein Neuer: „Ach Mann, muss Joe mitspielen?" Mr. Dudley erwiderte dann ruhig: „Jeder spielt gern Baseball."

Ich hatte gehört, wie einige der älteren Jungen Mr. Dudley „Jim" nannten. Im fortgeschrittenen Alter von ungefähr elf Jahren versuchte ich es dann auch. Er antwortete nicht. Der Blick, mit dem er mich bedachte, war nicht vorwurfsvoll, sondern einfach enttäuscht. Ich fand dann schließlich zu der Anrede „Mr. D.", und damit waren wir beide zufrieden.

Wir waren „Mr. Ds Jungen", und wir kamen und gingen. Wir wuchsen heran, besuchten ein College irgendwo und zogen dann endgültig fort. Neue Jungen kamen und nahmen unseren Platz ein. Ich weiß nicht genau, wann Mr. Dudley seinen Arbeitsplatz auf dem Sportplatz aufgab. Ich nehme an, der Zeitpunkt fiel mit der Entwicklung des organisierten Sports in unserem Gebiet zusammen. Vermutlich fanden die Stadtväter, es bestehe kein Bedarf an einem Nachfolger für Mr. Dudley. Vielleicht aber gab es auch niemanden mehr, der bereit gewesen wäre, das zu tun, was er getan hatte.

Alle diese Dinge gingen mir an jenem Tag durch den Kopf, kurz bevor Mr. Dudley starb, als ich beschloss, den Wagen anzuhalten und „Hallo" zu sagen. Ich stieg aus und ging ihm nach.

„Mr. D.!", sagte ich.

Er blieb stehen und sah mich an. Er schien mich nicht zu erkennen. Das wunderte mich nicht, denn er hatte mich zuletzt vor annähernd dreißig Jahren gesehen.

„Ich habe früher jeden Sommer bei Ihnen Baseball gespielt", sagte ich zur Erklärung. „Sie konnten den ganzen Tag lang pitchen."

Er nickte, antwortete aber immer noch nicht.

„Na, wie geht's dem alten Wurfarm? Geben Sie bei Bedarf immer noch ein bisschen Pfeffer?"

Er schenkte mir ein kleines Lächeln – ein trauriges Lächeln, wie ich fand. Er pfiff leise nach seinem Hund und ging weiter. Ich ging neben ihm her.

„Na, jedenfalls", begann ich etwas lahm. „Ich wollte mich bei Ihnen bedanken. Durch Sie habe ich den Baseball lieben gelernt. Ich habe auch im College gespielt. Softball spiele ich immer noch. Ich habe sogar eine Mannschaft geleitet und mich bemüht, Ihrem Vorbild zu folgen: Jeder muss alle Positionen spielen. Es gibt keine Begünstigung. Baseball war für mich immer sehr wichtig, und das habe ich Ihnen zu verdanken."

Wieder blieb er stehen. Er legte eine Hand auf meinen Arm.

„Das weiß ich doch", sagte er leise. „Ich weiß, was meine Jungs so machen. Ich weiß das alles, Cat."

William G. Tapply

Worum geht es beim Sport?

MEIN SOHN IST MAL GERADE DREI JAHRE ALT, ABER ICH WEISS, ES kommt der Tag, da fragt er mich, was es mit den Bienen und den Blüten auf sich hat … Da werde ich dann bescheiden zurücktreten und die Antwort dankbar meiner Frau überlassen. Hingegen werden er und ich uns einigen anderen, für das Leben bedeutsamen Lektionen widmen.

Diese Unterhaltung könnte folgendermaßen ablaufen:

„Dad?"

„Ja, mein Junge?"

„Warum magst du Sport so gern? Ich meine, worum geht es eigentlich beim Sport?"

„Die Antwort ist leicht, mein Sohn. Es geht um blaue Augen, Kleister und Harz, vier Yards und Goal, erstes und wichtige Dinge. Es geht ums Einlochen am achtzehnten Loch aus sechs Meter Entfernung mit einem einzigen Schlag, nachdem man an den anderen siebzehn Löchern immer Triple-Bogeys geschlagen hat. Es geht um lose Rasenplacken, Schläge durch den Busch, Fan-Kappen, den Zauberer auf dem Eis, um Lions, Tigers und Bears (du meine Güte!)."

„Es geht um Goose Gossage, Bear Bryant und den Catfish Hunter, um durchgeschwitzte Sportsocken, die Boston Red Sox und die Strafbank, Freikarten fürs Stadion, karierte Fahnen und ‚Wer nicht einsteigt, kann auch nicht fahren'. Es geht um das Green Monster, um Wrigleys Efeu und die Nadelstreifen der Yankees."

„Es geht darum, Fliegenlarven und glitschige Würmer an den Haken zu bringen und die Angel auszuwerfen und um den Spaß, den man dabei hat, ob man nun einen Fisch fängt oder nicht."

„Es geht um … ‚die lange Seite entlang', ‚… und jetzt ran, Jungs!' Es geht um wilde Schlachtenbummler-Sprüche, riesige Popcorntüten und Ballspiele im Garten bis die Sonne untergeht und man den Ball nicht mehr sehen kann."

„Es geht um das Wunder von Music City (auch wenn die Bills verloren haben), die ‚Unbefleckte Empfängnis', den ‚Thrilla in Manila'. Es geht um *‚Jeden Sonntag'*, *‚Der Fisch, der Pittsburgh stahl'* und *Rocky* I bis V (obwohl V nicht besonders gut war), um Mundstücke, Baseball in der Little League, Pop Warner Football, Gesichtsmasken, Schienbeinschoner und Schienbeinpolster, den Slide im Stehen und richtiges Gras. Es geht um Sonnenblumenkerne, Kaugummi und Gatorade."

„Es geht darum, den Ball über das Grün zu treiben, freie Bahn zu finden und in die Endzone zu kommen. Es geht ums Pressebüro, um Aufenthaltsräume für die Spieler, Seitenlinien und diesen Typen mit den Erdnüssen, der dir eine Tüte von zwölf Reihen weiter oben zuwirft und das Wechselgeld parat hält, bevor du die Tüte geöffnet hast."

„Es geht darum, immer noch auf deinem Platz zu sitzen, obgleich das Spiel längst vorbei ist, weil wir uns so amüsiert haben, dass uns das gar nicht aufgefallen ist, um Grand Slams, den Schwitzkasten und das *Wuusch*, bevor der Summer ertönt. Es geht um Schläge aus der Hand und aus der Schulter, um Sandlöcher, Ping-Pong, Asse und Volltreffer."

„Es geht um dicht auffahren, Startblöcke, die Arbeit am Punchingball und Frühjahrstraining. Es geht um die Jungs vom Sommer, um Seilziehen, um ‚Wer ist als erster dran?', ‚Wer ist an der zweiten Base? – keine Ahnung – Und an der dritten?'"

Es geht um ‚Vorwärts, Army', ‚Schlagt die Navy' und wie die Kinder beim Straßenhockey ganz schnell ihre Netze wegräumen, wenn ein Auto kommt. Es geht darum, x-mal auf der Auffahrt euer Lieblingsspiel zu spielen, bis du endlich deinen Bruder besiegt hast."

„Es geht um Kämpfer, neben denen Frankensteins Monster wie ein Model aussieht, um Spieler an der ersten Base, die einen Ball aufklauben, auch wenn er durch den Matsch gerutscht kommt, und um Torwarte, die ihr Netz verteidigen wie Fort Knox. Es geht um totale Aussetzer, Glücks- und Pechsträhnen und um Ovationen der Zuschauer. Es geht um den Ice Bowl, den Super Bowl, Lord Stanley's Pokal."

„Es geht um den Geruch deines ersten Baseballhandschuhs, um den Ton, wenn dein Baseballschläger zum ersten Mal richtig trifft, und um den Jubel deiner Mutter bei deinem ersten Footballspiel."

„Kurz gesagt, mein Junge, es geht um den Kitzel beim Sieg und die Verzweiflung bei einer Niederlage und alle Gefühle dazwischen."

„Aber vor allem geht es darum, all dies deinem Sohn weiterzugeben, so wie mein Vater es an mich weitergegeben hat und ich jetzt an dich."

William Wilczewski

Du warst super, Dad!

Es gibt immer Raum für Verbesserungen –
es ist der größte Raum im Haus, musst du wissen.
Louise Heath Leber

ES FING ALS HARMLOSES BASKETBALL SPIELEN IN DER SCHULE MEINES Sohnes an. Ivans Sportlehrer hatte die glänzende Idee, die Väter seiner Schüler könnten einmal pro Woche zusammenkommen und „etwas für sich tun".

Daraus wurde ein regelmäßiger Termin am Donnerstag. Meistens waren unsere Jungs mit von der Partie, belagerten den Spielfeldrand und feuerten uns an. Genau gesagt, sie feuerten ihre Sportlehrer an.

„Sugg ist Spitze", verkündete mein Sohn eines Tages. Sugg war der Lehrer, der alles ins Rollen gebracht hatte. Er hatte trotz meiner ausgestreckten Hände 20 oder 30 Punkte gemacht. Dass wir uns nicht missverstehen: Mir ist wohl klar, dass ein Junge noch andere Helden braucht als seinen Vater. Damit kann ich umgehen.

„Kein Wunder, er spielt ja jeden Tag", entgegnete ich. „Warte mal, bis wir in Form sind."

„Psych", konterte mein Sohn. Ich weiß nicht genau, was das bedeutet, aber es muss etwas Zeitgenössisches mit der Bedeutung „Volltreffer" sein.

„Nach rechts geht er nie", entgegnete ich.

„Muss er auch nicht", lachte mein Neunjähriger. *Er lachte triumphierend!*

„Er ist fett", sagte ich.

„Er ist stark."

„Er hat eine Glatze."

Darüber musste Ivan einen Moment lang nachdenken.

„Er hat keine Glatze", entgegnete er dann gefasst. „Er hat einen coolen Haarschnitt."

Damit war ich geschafft. Meine Frau meinte, ich sei albern, Ivan trage über Sugg einen Wettstreit mit mir aus. Na schön, wenn der Junge Basketball spielen will, spielen wir Basketball. Gegen Ivan komme ich allemal an.

Irgendwann wurde mein Spiel besser. Zum Teil lag es daran, dass ich wieder in Form kam, hauptsächlich aber an meiner Entschlossenheit, die Anerkennung meines Sohnes zu erringen.

„Du hast deinen Gegner glatt ausgespielt", merkte er eines Abends an, als ich nach einem Spiel flach auf der Bank lag. Ich war begeistert.

„Ja. Zweimal hast du ihm den Ball abgenommen, du hattest zwei Rebounds und dein Verhältnis steht 5 : 8."

Ich schlug ihm auf die Schulter und schnürte dann meine Basketballschuhe mit Aplomb auf. Das ist albern, sagte ich mir, aber ich genoss es.

Sugg verkündete, er habe unsere Donnerstagsmannschaft in einer Betriebsliga angemeldet. Wir sollten gegen das Team eines großen Unternehmens spielen.

Am folgenden Tag kam ich mit einem grünen Trikot nach Hause.

„Anziehen, anziehen", quietschte meine Tochter Dani.

Ich warf meinem Sohn einen Blick zu. Er saß auf dem Sofa, hatte die Hände über den Mund gelegt und versteckte ein Grinsen. Ich sah meine Frau an. „Anziehen", bestätigte sie.

Also machte ich Modeschau.

„Warum hast du Nummer 12 genommen und nicht 33?", wollte Ivan wissen.

Der derzeitige Star-Centerspieler der New York Knicks, Patrick Ewing, trägt die Nummer 33.

„Ich glaube, es gibt keine Patrick-Ewing-Hemden in 38, untersetzte Größe", erklärte ich.

„Dürfen wir bei deinem ersten Spiel zusehen?", erkundigte sich Dani.

„Nein", entgegnete ich fest. Also sahen sie zu.

Die Turnhalle der Schule war gerammelt voll, und das Betriebsteam war schon auf dem Spielfeld, als wir in unseren nagelneuen grünen Trikots aufliefen.

„Locker bleiben, Leute", munterte Sugg uns auf. Er erhielt zehnmal ein angestrengtes Lächeln als Antwort.

„Vorwärts, großer Grüner", brüllte mein Sohn.

Der Schiedsrichter stieß in die Trillerpfeife, und das Spiel begann.

Ich saß auf der Spielerbank und bejubelte unseren ersten Korb. Ich war fest entschlossen, meinen Kindern zu beweisen, wie es mich kalt ließ, dass ich Ersatzspieler war, aber die Peinlichkeit trieb mir das Blut ins Gesicht. Innerhalb von fünf Minuten spielten wir drei Punkte Vorsprung heraus. Sugg gab mir ein Zeichen. „12 für 35", sagte ich zum Linienrichter und lief aufs Feld.

„Vorwärts, Dad", jubelte Dani.

Ich bekam einen Einwurf zugespielt und dribbelte durchs Mittelfeld. Die Spieler der Betriebsmannschaft kamen mir wie Bäume vor. Dazwischen leuchteten grüne Trikots und winkten mir mit den Händen. Ich hörte meine Tochter schreien, ich spürte den Blick meines Sohnes auf dem Ball, auf meinen Händen, in meinem Nacken. Ich warf unserem besten Spieler den Ball zu. Er täuschte rechts und warf über links einen Korb.

„Super, ein Assist", jubelte mein Sohn.

Mir fiel die Little League ein. Kein Treffer, zwei Strikes, und mein Vater rief: „Okay, mein Sohn, du musst nur einmal treffen." Jetzt erlebte ich die Sache andersherum. Nun feuerte mein Sohn mich an, und ich fühlte mich exakt so wie damals. Ich war wütend, dass mein Unterstützer meinen ganz privaten Kampf mit meinen Unzulänglichkeiten beobachtete. Gleichzeitig machte es mich überglücklich, dass ich vor den Menschen spielen durfte, die ich am meisten liebte. *Zum Teufel, Ivan, wenn das ein „Assist" sein soll, dann war's einer.*

Ich ließ mich in die Verteidigung zurückfallen und stellte mich dem massierten Angriff der Betriebsmannschaft. Sie spielten auf die Position zu, die ich verteidigte. Ich gab Körperdeckung. Pfiff.

„Behinderung! Gegen 12 grün", rief der Schiedsrichter.

Ich hob die Hand und winkte, wie es die Profis tun.

Die Betriebsmannschaft warf ein. Ich lenkte den Pass ab, und es kam zum Handgemenge. Jemand anderer warf und machte den Punkt. Jemand anderer. Ein Glück!

Wir rannten zurück. Ich war völlig ungedeckt und bekam den Ball an der Freiwurflinie. Mir fielen tausend Gründe ein, weshalb ich den Ball nicht annehmen sollte, aber keiner taugte. So nahm ich den Ball und – warf ein.

„Jawooohl!“, brüllte Ivan.

Sugg klatschte, als ich vom Spielfeld kam. Ich ließ mich auf die Bank fallen – mehr vor Aufregung als vor Erschöpfung. Ich sah zu Ivan und Dani hinüber und winkte. Der Schweiß lief mir die Nase herunter. Agonie des Besiegten.

Zur Halbzeit hatten wir einen Vorsprung von sieben Punkten, aber am Ende verloren wir mit vier Punkten. Mein Wurf aus sechs Metern Entfernung war mein einziger Treffer. Mein Sohn zitierte die Statistik, die er im Kopf geführt hatte, und resümierte:

„Du warst super, Dad.“

„Daddy, Daddy!“ Meine Tochter jubelte. Ich umarmte sie. „Iii, du schwitzt“, beschwerte sie sich.

Später, bei einem Eisbecher, schnatterten die Kinder aufgeregt über Sugg, das Spiel und mich.

„Wie geht es dir?“, erkundigte sich meine Frau. Sie meinte meine Knie und Sprunggelenke, ich dagegen dachte nur an Agonie und Begeisterung. Ich war froh, dass ich mich nicht blamiert hatte. Ich war stolz auf meine Familie. Was hatte ich gelernt?

Ich hatte gelernt, dass Daddy nicht die meisten Punkte zu machen braucht, um der große Held zu sein. Ich hatte gelernt, dass die eigenen Kinder, wenn es darauf ankommt, wahrscheinlich großzügiger über deine Unzulänglichkeiten hinwegsehen als du über die ihren. Ich hatte gelernt, dass ich öfter werfen sollte, wenn ich ungedeckt bin.

„Du musst öfter werfen, wenn du ungedeckt bist, Dad“, sagte Ivan.

„Du hast recht“, stimmte ich zu. „Wenn du dran bist, bis du dran.“

Barney Cohen

Eine hochkarätige Freundschaft

Nicht indem du mit einem anderen deinen Reichtum teilst,
tust du ihm Gutes, sondern indem du ihm
seinen eigenen Reichtum vor Augen führst.
Benjamin Disraeli

ES WAR ZIEMLICH SICHER, DASS JESSE OWENS BEI DEN OLYMPISCHEN Spielen 1936 den Weitsprung gewinnen würde. Im Jahr zuvor war er 8,12 Meter gesprungen – ein Rekord, der fünfundzwanzig Jahre Bestand haben sollte. Als er zur Sprunggrube ging, sah Owens einen großen, blonden Deutschen mit stahlblauen Augen, der Qualifikationssprünge im Bereich von 8 Meter absolvierte. Owens wurde nervös. Ihm war nur allzu klar, dass die Nazis „arische Überlegenheit" beweisen wollten, insbesondere einem Schwarzen gegenüber.

Beim ersten Sprung trat Owens um etliche Zentimeter über. Aus Verunsicherung darüber war auch der zweite Sprung ungültig. Er hatte jetzt nur noch einen Versuch. In diesem Augenblick stellte sich der große Deutsche als Lutz Long vor.

„Du müsstest deinen Qualifikationssprung im Schlaf schaffen", merkte er zu Owens Fehlversuchen an.

Während der nächsten Minuten plauderten der schwarze Sohn eines Kleinpächters und der hellhäutige Inbegriff des nationalsozialistischen Männlichkeitsideals ganz entspannt. Dann machte Long einen Vorschlag: Zur Qualifikation reichten 7,15 Meter. Um ganz sicher zu gehen, könnte man doch eine Stelle vor dem Absprungbrett markieren und von dort abspringen.

Owens folgte dem Vorschlag und qualifizierte sich problemlos. Im Finale stellte er einen neuen olympischen Rekord auf und gewann die zweite von vier Goldmedaillen. Lutz Long gratulierte ihm als Erster – unter den Augen von Adolf Hitler.

Owens traf Long nie wieder – der Deutsche starb im Zweiten Weltkrieg. Später schrieb Owens:

„Alle Medaillen und Pokale zusammen, die ich je gewonnen habe, sind nicht so viel wert wie die hochkarätige Freundschaft, die ich für Lutz Long empfunden habe."

David Wallechinsky

Greif nach den Sternen

Lass deine Seele fest und unerschütterlich
vor einer Million Welten stehen.
Walt Whitman

WER NACH DEM AUSSERORDENTLICHEN STREBT, DEN BEDENKT DAS leben oft mit Geschenken, die den Empfänger verwandeln. Solch ein unschätzbar wertvolles Geschenk erhielt ich am Ende der Spielzeit 1985.

Für die New England Patriots war das eine „Aschenbrödel"-Saison. Unser Auftakt war niederschmetternd schlecht gewesen: Wir verloren vier Spiele nacheinander und machten bei jedem Angriffsversuch weniger als ein Yard gut. Diese blamable Vorstellung brachte uns die wenig schmeichelhafte Bewertung als schlechteste Angriffsspieler in der NFL ein.

Aber wir rissen das Steuer doch noch herum – dank hinreißender Spielzüge erst von einem, dann von einem weiteren Mannschaftsmitglied, und dank der Unbeirrbarkeit unserer Angriffsspieler Steve Grogan und Tony Eason. Dank der Teamarbeit schafften wir ein 10 : 4, bevor wir in das vorletzte Spiel der Saison gegen Miami gingen. Wenn es uns gelang, die Dolphins zu schlagen, konnten wir uns einen Platz in den Play-offs sichern und in der fünfundzwanzigjährigen Geschichte der Patriots sogar zum ersten Mal das AFC-Championat anpeilen. Die Sportjournalisten und die Sportreporter im Radio gaben uns keine Chance.

Das Spiel war als *Montagabend-Football* angesetzt, und die Stimmung am Tag vor dem Spiel war so ausgelassen wie wir Spieler tatendurstig. Am Spieltag enttäuschten wir die Fans in den Rängen und zu Hause in ihrem Fernsehsessel nicht. Wir zeigten ein dramatisches, ereignisreiches Spiel, Läufe vor und zurück, gewürzt mit langen, mit dem Mut der Verzweiflung ausgeführten Kicks und, als es darauf ankam, zentimetergenauer Aktion durch Dan Marino von den Dolphins. Die Sportreporter behielten recht: Wir verloren.

Damit blieb uns in jener Spielzeit eine einzige Chance. Wir mussten alles in die Waagschale werfen und uns in einem kalten Winterspiel den Cincinatti Bengals stellen. Wenn wir dieses Spiel gewannen, konnten wir mit einer Wildcard immer noch bei den Play-offs mitmischen.

Dieses Spiel war geradezu surreal. Wir hatten das Gefühl, nichts und niemand könnte uns aufhalten. Jedermann hätte uns für verrückt erklärt, aber wir kannten Angriff und Verteidigung und wussten, wie die Teams ihre Punkte holten. Selbst wenn wir den Ball verloren, wussten wir intuitiv, dass unsere Verteidigungsspieler jetzt punkten konnten. Wir waren als Team wie abgehoben. Alles schien ohne Mühe zu geschehen und Zeit spielte keine Rolle. Das Außerordentliche geschah, und es geschah immer zu unseren Gunsten. Unsere Fans von zu Hause standen in den Rängen, feuerten uns an, brüllten während des ganzen Spiels aus vollem Hals. Man konnte förmlich spüren, wie den Bengals der Siegeswillen unter den Fingern zerrann. Wir gewannen das Spiel 34:23 und erlebten den größten Augenblick für unser Team.

Die Atmosphäre im Umkleideraum nach dem Spiel war schwindelerregend. Es hatte alle gepackt – die Spieler, die Coaches, die Trainer, die Medien: Umarmungen, Tränen, Lachen und knallende Champagnerkorken. Einige Spieler waren so überwältigt, dass sie nur noch auf der Bank sitzen und schweigend den Augenblick genießen konnten. John Hannah saß bei Pete Brock, Andre Tippet bei Don Blackmon. Der erste Coach, Raymond Berry, lächelte, aber ich wusste, er hatte dieses Spiel bereits abgehakt und bereitete sich im Geist auf die erste Runde der Play-offs vor. Wir mischten mit!

Und dann geschah es. Wie so oft nach Heimspielen verließ ich den Umkleideraum, ging die Treppen hinauf, vorbei an den geladenen Gästen und den Familienmitgliedern, die vom Sicherheitspersonal zurückgehalten wurden. Eine Frau streckte ihre Hand durch den Kordon der Wachleute. Der fröhliche Festlärm schien zu verstummen. Ruhig und doch mit hörbarem Enthusiasmus bat sie mich um ein Autogramm für ihre beiden Söhne. Ich sah sie an und erkannte Christa McAuliffe, die Frau, die als Amerikas „Lehrerin im Weltraum" demnächst mit der *Challenger* in den Orbit fliegen sollte.

„Selbstverständlich", sagte ich und bemerkte überrascht, wie meine Hand zitterte, als ich meinen Namen auf das Blatt schrieb, das sie mir hinhielt. Sie lächelte so strahlend, wie ich es von den Fernsehinterviews kannte. Ohne zu zögern fragte ich: „Würden Sie so nett sein und mir jetzt auch ein Autogramm geben?"

Ihr Lächeln vertiefte sich. Ihre Söhne sahen bewundernd zu ihr auf: „Mom", flüsterte einer. „Er möchte ein Autogramm von dir."

Ich griff nach einem Blatt Papier, das in der Nähe auf einem der Tische lag, und sie schrieb darauf.

Ohne Frage: Was wir als Team gerade geschafft hatten, war ein triumphaler Augenblick in unserem Leben. Wir waren im Rennen um die Super Bowl, und das ist für jeden professionellen Football-Spieler der höchste Preis. Aber in meinen Augen stellte eine Lehrerin mit dem strahlendsten Lächeln diesen Erfolg in den Schatten, eine Frau mit dem Mut, dem Engagement und dem unbeirrbaren Willen, Schulkinder, Lehrer, Politiker in ganz Amerika und im größten Teil der Welt zu inspirieren, indem sie ihren Traum lebte.

Ich nahm sie in die Arme, drückte sie und sagte: „Alles Gute für Ihren Flug. Ich bewundere Sie."

Einige Wochen später war ich aus Anlass der Pro Bowl Week auf Hawaii. Am Dienstagmorgen, dem 28. Januar 1986, war ich in meinem Hotelzimmer und beobachtete im Fernsehen die Startvorbereitungen für die *Challenger*. Ich dachte an Christa McAuliffes unkomplizierte Freundlichkeit, dachte an ihren Mut, der bestimmt größer war als der aller Football-Spieler, ganz gleich wie groß, wie angriffslustig und bereit, Angriffe auszuhalten sie auch waren, wie entschlossen, auf dem Spielfeld ihr Bestmögliches zu geben. Abheben in den Weltraum! Das spielt sich in einer ganz anderen Liga ab. Und dann – großer Gott … nein! Weiße Rauchwolken. Nur 73 Sekunden freudiger Erregung, dann die Tragödie.

Ich saß auf der Bettkante, den Kopf in den Händen und weinte. Viel Zeit verstrich. Irgendwann nahm ich meine Brieftasche und zog das Blatt Papier heraus, auf das sie geschrieben hatte. Ich heftete es an den Garderobenspiegel, verließ den Raum und zog die Tür leise hinter mir ins Schloss. Ich ging den Strand entlang, dachte an ihr Lächeln und ihren Mut und versuchte, das Schicksal zu verstehen oder es wenigstens zu akzeptieren.

Stundenlang lief ich. Als ich schließlich stehen blieb, wusste ich nicht, wo ich war. Ich wusste nur, wo Christa war. Ich blickte auf den Pazifischen Ozean hinaus und wiederholte die Worte, die sie mir gewidmet hatte:

„Für Brian. Greif nach den Sternen. Ich werde dort sein."

Brian Holloway

2

ENTSCHEIDENDE AUGENBLICKE

Es liegt kein Reiz im Segeln,
wenn der Himmel wolkenlos und klar ist,
es macht keine Freude, Dinge zu tun,
die jeder tun kann.

Aber es schenkt Befriedigung von tiefer Süße,
wenn du an einem Ziel anlangst,
das du nie zu erreichen gehofft hast.

Spirella

Ich werde da sein

Andere Menschen setzten vielleicht
keine große Erwartungen in mich ...
ich jedoch erwartete viel von mir.
Shannon Miller

IM BLASSEN LICHT EINES KALTEN NOVEMBERMORGENS STEHE ICH auf dem oberen Straßenzug der Verrazano-Narrows-Brücke, die Staten Island mit Brooklyn verbindet. Sie ist für den Verkehr gesperrt. Mein Blick schweift über den enormen Brückenbogen und ich denke, *großer Gott, habe ich mir nicht doch ein bisschen viel vorgenommen?*

Ich werde meinen ersten New-York-City-Marathon laufen, den jährlichen Lauf über 42,16 Kilometer durch alle fünf Bezirke der City mit dem Ziel West Drive, 67. Straße in Central Park. Ich laufe zusammen mit einer kleinen Gruppe von „Achilles", einem Laufclub für behinderte Läufer. Wir starten vor dem Feld, denn wir werden für den Lauf sehr viel mehr Zeit benötigen. Wir sind eine wild zusammengewürfelte Gruppe mit Gehhilfen, Prothesen und auch im Rollstuhl.

Ich leide an Multipler Sklerose, einer degenerativen Erkrankung der Nerven. Die Medizin kennt weder die Ursachen dieser Krankheit noch eine Heilung, und sie kann nicht vorhersagen, welche Symptome auftreten werden – oder wann. Vielleicht verliere ich irgendwann mein Augenlicht, kann nicht mehr gehen oder sprechen.

Fünfzehn Jahre lang habe ich die Spielregeln eingehalten und mit keinem Gedanken daran gedacht, dass ich ein körperlich aktives Leben führen könnte. Meine körperliche Betätigung beschränkte sich im Wesentlichen darauf, von meiner Wohnung bis zur U-Bahn und wieder zurück zu gehen. Zum Glück verschlimmerten sich meine Symptome nicht: Ich konnte gehen, brauchte aber einen Stock, um das Gleichgewicht zu halten.

Irgendwann jedoch tat es mir leid um all das, was ich wegen MS aufgegeben hatte, und ich wünschte es mir lebhafter zurück, als ich je irgendetwas im Leben gewünscht hatte. Ich brauchte einen Traum, ein Ziel – etwas, das mir alles abfordern würde und noch ein bisschen mehr. Ich beschloss, am New-York-City-Marathon teilzunehmen.

Seit Anfang 1988 zogen mich meine Freunde mit meiner neuen Leidenschaft auf. Bei der Arbeit nannten sie mich Grete – nach Grete Waitz, der norwegischen Läuferin, die den New-York-City-Marathon achtmal gewonnen hatte. Die Krönung war es, als einer meiner Kollegen fragte, wie ich den Zuschauern erklären wollte, dass ich nicht Grete sei. „Ganz einfach", konterte ich. „Ich werde ein Schild tragen: Ich bin nicht Grete."

Das trage ich jetzt wirklich – einen weißen Schal, auf dem „Ich bin nicht Grete" steht.

Das Startzeichen kommt. Wir machen uns auf den Weg, stoßen uns vorwärts, drehen den Rollstuhl, hopsen und schlurfen – jeder auf seine Art. Einige Kilometer weiter stehen dann schon Zuschauer am Straßenrand. Ungefähr bei Kilometer 15 überholen uns die ersten männlichen Läufer. Um kein Verletzungsrisiko einzugehen, treten wir auf den Bürgersteig und lassen die Führungsgruppe an uns vorbeilaufen.

Nachdem diese Gruppe außer Sichtweite ist, kommen die schnellsten Frauen. Grete Waitz hält die Spitze. Sie läuft elegant, kraftvoll, einfach schön. Ich stehe am Straßenrand und juble ihr zu. Dann, 10 Minuten nachdem die ersten Läufer uns überholt haben, beginnt es zu donnern. Die Straße vibriert, und 20000 oder mehr Menschen rennen an uns vorbei. Ich bin völlig unvorbereitet auf die Intensität des Gefühls, das dieser Ansturm von Läufern in mir auslöst. All diese Träume, all diese Energie – und ich bin ein Teil davon!

Um 13 Uhr 57 überquere ich endlich die Ziellinie. Ich habe 19 Stunden und 57 Minuten gebraucht. Ich werfe meinen rechten Arm in die Luft und stoße einen Triumphschrei aus.

Mein erster Marathon ist für Grete Waitz der neunte und letzte Sieg. Dieser Rekord wird vermutlich nie eingestellt. Ich werde sie wohl nie wiedersehen.

Fünf Jahre später lädt Dick Traum, der Gründer des „Achilles Track Club", Grete als Ehrengast zu seinem jährlichen Dinner ein. Ich sitze neben Grete. Wir sind beide zurückhaltend und hätten wohl schweigend nebeneinander gesessen, hätte Traum uns nicht miteinander bekannt gemacht. Zu meiner absoluten Überraschung weiß Grete, wer ich bin. Sie kann es kaum fassen, dass jemand bereit ist, 20 Stunden auf der Laufstrecke zu verbringen. Sie weiß, wie anstrengend schon 2 Stunden und 25 Minuten sein können.

Wir verstehen uns sofort blendend, und unser Gesprächsstoff reißt nicht ab. Ich habe sogar meinen Schal mit der Aufschrift „Ich bin NICHT Grete" bei mir, denn ich soll im Verlauf des Abends diese Geschichte erzählen. Grete aber erzähle ich etwas anderes.

Bei meinem ersten Marathon hatte mich ein New Yorker Bildreporter fotografiert, als ich die Ziellinie überquerte. Die Zeitung druckte das Foto unter dem Bild von Grete ab. Am nächsten Morgen musste ich mich schwer auf meine Stöcke stützen. Ich konnte kaum gehen und winkte ein Taxi heran. Als ich einstieg, sah der Fahrer mich an: „Hallo, ich kenne Sie doch", sagte er mit breitem Brooklyn-Akzent. „Sie waren heute in der Zeitung. Sie haben den Marathon gewonnen, Sie sind Grete … na, wie heißt es doch?"

Endlich hatte ich Gelegenheit zu sagen, was ich schon immer sagen wollte: „Ich bin nicht Grete." Ich setzte hinzu: „Ich bin ihre ältere Schwester. Wir werden immer verwechselt."

„Klar", erwiderte er. „Sie sind aber auch echt ähnlich."

Grete amüsiert sich königlich über die Geschichte.

Dieses Abendessen findet wenige Tage vor meinem sechsten Marathon statt. Grete fragt, wer meinen Zieleinlauf festhalten wird. „Niemand", antworte ich. „Ich gebe meine Zeit an und bekomme später eine Teilnehmermedaille."

„Ich finde, jemand sollte dich erwarten", wendet Grete ein. Zu meiner Verblüffung setzt sie hinzu: „Ich würde das gern tun. Es wäre mir eine Ehre."

Ich protestiere, ich gebe zu bedenken, dass ich keine Ahnung habe, wann ich eintreffen werde. „Ganz egal, wie lange du brauchst", wehrt Grete ab. „Ich werde da sein, wenn du über die Ziellinie läufst."

In diesem Jahr laufe ich trotz eines fibrösen Tumors, der auf Blase und Wirbelsäule drückt. Ich brauche 28 Stunden für die Strecke.

Um 18 Uhr erscheint Grete am Einlauf. Einer meiner Freunde sagt ihr, ich würde noch mindestens eine Stunde brauchen.

Er erzählt ihr auch, dass ich keine Teilnehmermedaille erhalten werde, weil anscheinend jemand den Karton mit den Medaillen gestohlen hat.

„Sie muss aber eine Medaille bekommen", protestiert Grete. Sie läuft in ihr Hotelzimmer zurück und weckt ihren Mann, der am Tag zuvor den Marathon gelaufen war. „Ich brauche deine Medaille", erklärt sie. „Jemand braucht sie mehr als du. Wenn du eine Medaille haben musst, nimm eine von meinen." Ohne ein weiteres Wort sprintet sie zurück zur Ziellinie.

Ich bin noch Stunden weit weg, aber Grete wartet geduldig auf mich. Endlich biege ich in den Park ein, grüße die Kilometermarke und nehme die letzten rund 300 Meter in Angriff. Als Erstes sehe ich, wie zwei Personen ein Band quer über die Ziellinie halten – ein Band, wie die Sieger es annähernd einen Tag zuvor durchlaufen hatten. Dann erkenne ich, wer hinter diesem Band wartet: Grete Waitz. Ich soll den Lauf keinesfalls anders erleben als die Sieger. Als ich die Ziellinie überquert habe, hängt Grete mir die Medaille um den Hals, wir fallen einander in die Arme und schluchzen, überwältigt von Rührung über diesen Augenblick. Von da an wartet sie jedes Jahr an der Ziellinie auf mich.

Im Verlauf der Jahre haben wir beide gemeinsam New Yorker Schulen besucht, um den Jugendlichen die beiden Seiten des Sieges vor Augen zu führen. Da ist einmal die Spitzenläuferin, die über Engagement und Disziplin spricht und berichtet, wie sie Triumphe und Niederlagen erlebt hat. Und dann ist da jemand wie ich, die keine geringere Befriedigung erzielt, denn sie erreicht etwas, das für sie persönlich große Bedeutung hat.

Einige dieser Jugendlichen hätten nicht im Leben gedacht, „Sieg" könnte ihr Thema sein. Aber Grete und ich machen ihnen klar, dass gilt, was auf dem Poster in meinem Schlafzimmer steht: „Das Rennen gehört nicht nur den Schnellen und Starken – es gehört denen, die weiterlaufen."

Zoe Koplowitz und *Mike Celizic*

[Anmerkung des Herausgebers: Grete Waitz wurde im Jahre 2000 in die National Distance Running Hall of Fame aufgenommen. Vor ihrem Sieg im Jahre 1978 war sie noch nie einen Marathon gelaufen. Als die norwegische Lehrerin ihre Laufkarriere aufgab, war sie mit neun Siegen ungeschlagene Spitzenläuferin im New-York-City-Marathon (1978–1980, 1982–1986, 1988).]

Der magische Baseballschläger

Vielleicht bist du enttäuscht, wenn du versagst,
aber du bist verloren,
wenn du es gar nicht erst versuchst.
Beverly Sills

HARRY IST DER TRAUM EINES JEDEN TRAINERS: ER KOMMT ZU JEDEM Training rechtzeitig, bleibt bis zum Schluss und ist voller Begeisterung. Harry ist aber auch der Albtraum jedes Trainers: Er bringt weder das Gespür noch das körperliche Talent für das Spiel mit.

Als der Trainer des Little-League-Teams, in dem mein Sohn spielte, heiratete, sprang ich ein. Irgendwie hatte der junge Mann gefunden, Flitterwochen hätten Vorrang vor dem Spiel am nächsten Dienstag. Kann man ihm das verübeln? Unser Team hatte seit mehr als zwei Jahren nicht mehr gewonnen.

Als ich die Vertretung übernahm, schwor ich mir, nicht enttäuscht zu sein, wenn wir verloren. Das war das Mindeste, was ich tun konnte. Das Beste war, den Einsatz der Jungen mit voller Überzeugung zu unterstützen. Ich lernte Harry beim ersten Training kennen. Er war ein kleiner, dünner, ungelenker Junge, der bestenfalls drei Meter weit werfen konnte, was es schwierig machte, ihn im Spielfeld auf eine geeignete Position zu stellen. Außerdem hatte er Angst. Immer wenn er auf den Schlagplatz trat, äugte er zum Pitcher hinüber, legte sich den Schläger über die Schulter, schloss die Augen und wartete, bis die entsetzlichen drei Würfe an ihm vorbeigegangen waren. Dann trottete er zur Spielerbank zurück. Es tat weh, ihm zuzusehen.

Vor dem Spiel am Dienstag nahm ich Harry beiseite und übte mit ihm, die Augen offen zu halten. Er gab sich Mühe, aber es ist schwierig, eine aus Angst geborene Gewohnheit abzulegen. Wir sollten gegen ein Team spielen, das uns bei der letzten Begegnung 22:1 geschlagen hatte. Das war eigentlich nicht der günstigste Moment für so einen Durchbruch, aber ich dachte, *warum nicht?*

Ich holte einen anderen Baseballschläger aus dem Umkleideraum. „Harry", sagte ich. „Ich möchte, dass du mit diesem Schläger spielst. Er ist nur für dich. Es ist ein magischer Schläger. Du brauchst ihn nur zu schwingen, und er trifft den Ball."

Harry war offensichtlich eher skeptisch, aber er versprach, es zu versuchen. Ich hoffte, damit das bereits schwierige Problem für Harry nicht noch schwieriger zu machen. Andererseits wollte ich wenigstens versuchen, ihm zu helfen.

Unser Team war vom ersten Inning an im Rückstand. Das überraschte niemanden. Wir hatten jedoch loyale Eltern als Zuschauer in den Rängen, und die feuerten die Jungen unverdrossen an.

Als Harry zum ersten Mal zum Schlag kam, trug er nicht den neuen Schläger, wie ich bemerkte. Ich griff nicht ein. Er bezog seine Strikes wie üblich, und ich beschloss, die Dinge laufen zu lassen.

Hin und wieder konnten wir einen Punkt machen. Im letzten Inning lagen wir nur drei Läufe zurück. Ich dachte schon über eine kleine Rede nach, in der ich von einem „ganz ordentlichen Ergebnis" sprechen wollte, während wir unsere Sachen packten. Da es für uns ein Heimspiel war, kamen wir zum Schluss noch einmal zum Schlag. Die ersten fünf Schläger erzielten abwechselnd Läufe bis zu einer Base oder sie bekamen ihre Strikes. Alle Bases waren besetzt, zwei Spieler aus dem Spiel. Erst da wurde mir klar, dass Harry unsere letzte Chance war.

Ich stand in der Nähe der ersten Base und ließ den Blick über das Spielfeld schweifen: Der Spieler im linken Außenfeld legte sich ins Gras, als Harry von der Spielerbank aufstand. Offensichtlich hielt er seinen Einsatz für unwahrscheinlich. Der Junge im rechten Feld neckte einen Schmetterling. Der Junge, der Shortstop spielte, war weit nach vorn gegangen, vielleicht, weil er auf das Wunder eines Treffers vorbereitet sein wollte. Ganz klar, die Gegenmannschaft schleckte in Gedanken bereits die Eiscreme, die sie sich nach dem Sieg genehmigen würde.

Harry schlich zum Schlagplatz. Ich sah, dass er wieder seinen eigenen Schläger trug. Ich verlangte eine Auszeit, lief zu ihm hinüber und flüsterte: „Harry, jetzt ist der magische Schläger dran. Versuch es. Halt die Augen offen und zieh durch."

Ungläubig sah er mich an, aber er versprach, es zu versuchen. Er holte den anderen Schläger, während ich zur Base zurücklief.

Erster Wurf: Strike. Harry schwang den Schläger nicht, aber er hielt wenigstens die Augen offen. Ich deutete mit den Händen einen Schwung an, um ihm Mut zu machen. Er lächelte, nahm wieder seine unbeholfene Stellung ein und wartete. Er schwang den Schläger, behielt die Augen offen, traf aber nicht. Strike Nummer zwei. Das war der erste echte Schwung gewesen, den Harry je ausgeführt hatte. War es nicht egal, ob wir das Spiel gewannen? In meinen Augen war Harry bereits ein Sieger.

Der Trainer der Gegenmannschaft rief seinem Pitcher zu: „Knall ihm eins rein und mach Schluss!"

Ich zog eine Grimasse.

Der Pitcher warf einen geraden, sehr schnellen Ball, und Harry schwang seinen Schläger. Der magische Schläger tat, wie er sollte: Er traf den Ball, und der flog über den Kopf des Shortstop hinweg. In den Rängen, auf den Spielerbänken, an den Bases brach Tumult aus. Ich schrie Harry zu, zur ersten Base zu rennen, so schnell es ging. Es dauerte schier eine Ewigkeit. Der Junge im linken Außenfeld rief dem Mittelfeldspieler zu: „Nimm du ihn, du bist dichter."

Ich feuerte unsere Läufer an. Ein Junge hatte einen Punkt gemacht, drei Jungen waren auf dem Weg von der ersten zur zweiten, von der zweiten zur dritten und von der dritten Base zur Homeplate. Der zweite Basemann brüllte dem Mittelfeldspieler zu, er solle ihm den Ball zuwerfen. Der tat das aufgeregt, aber der Ball hüpfte über das Gras am zweiten Basemann vorbei auf die rechte Feldlinie zu. Ich als Trainer hatte in diesem Moment eine einfache Aufgabe.

„Lauft, Jungs, lauft", brüllte ich nur. Der zweite Junge machte einen Punkt. Inzwischen brüllte und jubelte das gesamte Team. „Lauf, Harry, lauf!" Es war bestimmt die längste Strecke, die Harry je gelaufen war. Atemlos rannte er zur dritten Base, während ein weiterer Junge sich in Sicherheit brachte.

Der rechte Außenfeldspieler warf. Das war kritisch, denn der Wurf war gut, aber der dritte Basemann fing ihn nicht. Der Ball schoss an ihm vorbei und aus dem Spielfeld heraus. Laut Reglement macht ein

Wurf aus dem Spielfeld heraus eine Base gut. Harry war erschöpft, aber er beeilte sich nach Kräften.

Ungefähr in diesem Moment schrie der erste Zuschauer „Grand Slam!“ Alle fielen ein. Als Harry die Homeplate überquerte und fast zusammengebrochen wäre, rissen seine Teamkameraden ihn hoch, stemmten ihn in die Luft und jubelten: „Harry! Harry!“

Ich rannte zu meinem Team und schloss den stolzesten Jungen in ganz Amerika in die Arme. Tränen strömten über sein Gesicht. Harry sah zu mir auf: „Der Schläger, Coach, der Schläger!“

Ich schüttelte lächelnd den Kopf: „Nein, Harry, du hast den Ball geschlagen, nicht der Schläger.“

David Meanor
beigetragen von *Don „Ollie“ Olivett*

Couch-Fußball

HABEN SIE ETWA DIE FUSSBALLWELTMEISTERSCHAFT IM FERNSEHEN verfolgt und sind jetzt versucht, vom Sofa aufzustehen und sich selbst in dieses Spiel zu stürzen? Gestatten Sie mir, der ich ein vehementer Advokat der Vorzüge körperlicher Aktivitäten bin, Ihnen einen Rat zu geben: Bleiben Sie sitzen!

Ich sage das, denn kürzlich habe ich auf einem regulären Fußballfeld gespielt und musste dabei um die empfindlichsten Teile meiner männlichen Anatomie bangen.

Schuld ist meine Frau. Sie ist Sportjournalistin und schreibt für das Team der South Florida Major League, das den schönen Namen „Miami Fusion" trägt. (Der Name spielt auf die wichtige Beziehung an, die sich in diesem multikulturellen Schmelztiegel zwischen den Hinterteilen und den Autositzen der Einwohner entwickelt.)

Ich sehe mir die meisten Spiele der Fusions an, denn ich sitze gern in der Pressebox und unterstütze die Sportjournalisten durch den Beitrag wertvoller Beobachtungen wie „Wetten, so ein Kopfstoß tut weh!" oder „Da kommt der Bierverkäufer!"

Meine Kenntnisse über Fußball stammen aus der Zeit um 1965, als ich selbst als junger College-Student diesen Sport ausübte. Wir spielten eine Art Fußball, die unter der Bezeichnung „domanial adaptiert" lief, worunter so viel zu verstehen ist wie: Angepasst an die Fähigkeiten der Ausübenden. Das heißt, falls der Ball direkt auf uns zu kam, versuchten wir, ihn zu treten, aber wir legten es nicht auf einen übertriebenen Spieleinsatz an.

Folglich hatte ich Fußball als eine lockere, entspannende Betätigung in Erinnerung. Deshalb sagte ich auch zu, als meine Frau und ich gebeten wurden, bei einem Spiel zwischen den Medien und den technischen Mitarbeitern der Miami Fusions mitzumachen. Ich ging davon aus, dass wir einige Minuten lang in der Umgebung des Balles herumlaufen und anschließend ein nettes Restaurant aufsuchen würden.

Ich war ein ahnungsloser Trottel. Das wurde mir exakt in dem Augenblick klar, als wir im Stadion eintrafen. Die meisten anderen Mitglieder beider Teams waren ernsthafte Fußballer mit stollenbewehrten Schuhen an den Füßen. Einige hatten in professionellen Mannschaften gespielt, die „domanial adaptierte" Spieler als Zwischenmahlzeit zu verspeisen pflegten. Sie gaben spanische Fußballredewendungen von sich, die man sinngemäß folgendermaßen übersetzen könnte: „Ich schieße den Ball wie eine Rakete. Also steh! Er geht durch deinen Bauch, und deine Eingeweide sollen an ihm hängen bleiben!"

Ein weiteres Problem war die Größe des Spielfeldes. Aus dem Blickwinkel der Pressebox war es mir immer so groß wie ein Football-Feld erschienen. Als ich selbst darauf stand, hatte es eher die Ausmaße eines Bundesstaates wie Kansas. Ich war schon vor Spielbeginn erschöpft, nachdem ich nur zur Mittellinie gelaufen war. Dort ergab sich folgender Austausch mit einem meiner Teammitglieder. Er war ein ausländischer Journalist mit eher beschränkten Englischkenntnissen:

ICH: Was soll ich tun?
ER: Okay!
ICH: Nein, ehrlich, ich habe keine Ahnung, was hier abgehen soll.
ER: Ja!

Dann begann das Spiel und ich rannte in einer Art von „&" herum. Von Zeit zu Zeit kam der Ball in meine Nähe, gefolgt von Leuten, die irgendetwas auf Spanisch brüllten. Einmal rollte der Ball direkt auf mich zu. Ich wollte gerade nach ihm treten, als sich von hinten stollenbewehrte Schritte mit schätzungsweise 120 km/h näherten. Da ich ein frei denkender, moderner Mann bin, gestehe ich ohne Scham ein, dass eine Frau mich aus dem Wege räumte wie eine aufblasbare Gummipuppe und mir den Ball abnahm. Peinlich ist es mir dagegen zuzugeben, dass ich dann gegen einen Ersatzspieler ausgewechselt wurde – er hieß Leo Muller und war, ich übertreibe bestimmt nicht, 89 Jahre alt. Leo war schon Ende sechzig gewesen, als er mit dem Fußballspielen begann. Er spielt in einer Liga und bei weitem besser als ich, obgleich er ungefähr Schneckentempo entwickelte.

In der Halbzeitpause kam meine Frau auf mich zu, die irgendwo auf dem Feld herumgerannt war. Da sie eine leistungsorientierte Persönlichkeit und Sportjournalistin ist, nahm ich an, sie wolle taktische Spielzüge diskutieren.

Sie fragte: „Sind meine Shorts eigentlich zu weit?"

Ich bin ein gestandener Mann und weiß daher, welche Fragen man tunlichst nicht beantwortet. Also trabte ich zur zweiten Halbzeit aufs Feld. Das war ein noch schwerwiegenderer Fehler, denn ich musste mit den anderen eine „Mauer" bilden. Dazu kommt es, wenn das eigene Team ein Foul gespielt hat und die gegnerische Mannschaft auf dein Tor schießen darf. Daher reihen sich die Spieler der eigenen Mannschaft vor dem Tor auf und versuchen, den Schuss abzuwehren. Alle Männer legen ihre Hände über denjenigen Körperteil, der ihnen am wertvollsten ist – es ist nicht der Kopf gemeint, wie ich kaum zu erwähnen brauche.

Glücklicherweise wurde der Ball so geschossen, dass niemand aus der Mauer künftig im Kirchenchor eine andere Stimmlage singen muss. Sie verstehen, was ich meine. Schließlich, nach ungefähr einem Monat, endete das Spiel. Ich gebe unumwunden zu, dass das Mitarbeiterteam der Fusions bei weitem besser war als das Medienteam. Aber da das Medienteam darüber schreiben wird, gebe ich hiermit offiziell zu Protokoll: Wir siegten 158:3, und ich persönlich punktete neunmal. Insgesamt war es also ein großer Spaß, und ich freue mich schon auf das nächste Fußballspiel. Vorausgesetzt, es gelingt irgendwem, meinen faulen Hintern vom Sofa loszueisen.

Dave Barry

Der Sieger

Du bist kein Verlierer, wenn du dein Ziel verfehlst.
Ein richtiger Verlierer ist,
wer sich nicht nach besten Kräften bemüht.
Dr. Robert Schuller

FÜR UNSERE GERADE GEGRÜNDETE WASSERSPORTMANNSCHAFT WAR es der erste Schwimmwettkampf des Jahres. Die Atmosphäre während der dreistündigen Busfahrt knisterte vor gespannter Erwartung, und die Horde aus achtundvierzig Jugendlichen dachte an nichts als den Sieg. Aus der sprühenden Erregung wurde blankes Entsetzen, als unsere schmächtigen Jungschwimmer aus dem Bus kletterten und ungläubig auf ihre muskelbepackten Gegner starrten, die im Vergleich zu ihnen aussahen wie griechische Götterstatuen.

Der Trainer überprüfte den Wettkampfkalender. *Da ist bestimmt etwas schief gelaufen,* dachte er, aber laut Kalender befand er sich zur richtigen Zeit am richtigen Ort.

Die beiden Mannschaften reihten sich am Beckenrand auf. Trillerpfeifen tönten, Wettkämpfe begannen und wurden verloren. Ungefähr zur Hälfte der Veranstaltung bemerkte Coach Huey plötzlich, dass er für eines der Rennen keine Teilnehmer hatte.

„Also gut, Leute, wer will die 500 Yards Freistil schwimmen?", fragte er.

Mehrere Hände flogen hoch, darunter auch die von Justin Ringsbee. „Ich schwimme, Coach!"

Der Trainer sah in das sommersprossige Jungengesicht. „Justin, bei diesem Wettkampf musst du zwanzig Bahnen schwimmen. Bisher bist du nie mehr als acht geschwommen, soweit ich weiß."

„Oh, das schaffe ich, Coach. Lassen Sie's mich versuchen. Was sind schon zwölf Bahnen mehr?"

Zögernd willigte Coach Huey ein. Schließlich bildet nicht der Sieg den Charakter, sondern der Versuch, dachte er.

Ein Pfiff aus der Trillerpfeife. Die Gegner pflügten durch das Wasser und beendeten das Rennen in nur vier Minuten und fünfzig Sekunden. Die Erstplatzierten schwammen an den Beckenrand und plauderten schon, während unsere Jungen noch kämpften. Vier lange Minuten später kletterte das letzte Mitglied unserer Mannschaft aus dem Wasser. Das letzte außer Justin.

Justin keuchte, während seine Hände in das Wasser tauchten und es verdrängten, um seinen schmächtigen Körper nach vorne zu schieben. Es sah aus, als wollte er im nächsten Augenblick untergehen, doch irgendetwas schien ihn in Gang zu halten und vorwärts zu treiben.

„Warum holt der Coach das Kind nicht aus dem Wasser", flüsterten einige Eltern. „Er sieht aus, als würde er gleich absaufen, und das Rennen ist schon seit vier Minuten vorbei."

Aber die Eltern realisierten nicht, dass der eigentliche Wettkampf, der Kampf eines Jungen, der zu einem Mann wird, gerade erst begonnen hatte.

Der Trainer kniete sich an den Beckenrand und sprach ruhig mit dem jungen Schwimmer.

Erleichtert dachten die Eltern, *endlich zieht er den Jungen aus dem Wasser, bevor der sich umbringt.*

Doch zur allgemeinen Überraschung richtete sich der Trainer wieder auf, trat vom Beckenrand zurück, und der Junge schwamm weiter. Ein Mannschaftskamerad, beeindruckt von seinem tapferen Freund, lief die Beckenseite entlang, während Justin sich durchs Wasser kämpfte. „Los, Justin, du schaffst es. Du kannst es schaffen. Nicht aufgeben! Zieh durch!"

Ein zweiter Junge kam hinzu, dann noch einer und noch einer, bis die gesamte Mannschaft den Beckenrand entlangwanderte und ihren Kollegen anspornte und anfeuerte, damit er sein Rennen zu Ende brachte. Das gegnerische Team begriff, was sich abspielte und stimmte in die anfeuernden Rufe ein. Der mitreißende Chor der Schüler jagte den Anwesenden eine Gänsehaut über den Rücken. Die eben noch besorgten Eltern sprangen von ihren Sitzen auf, brüllten mit oder beteten. Der Raum pulsierte vor Energie und Aufregung, während Mannschaftskameraden und gegnerisches Team gleichermaßen einem kleinen Schwimmer Mut machten.

Zwölf lange Minuten nach dem Start schlug ein erschöpfter aber strahlender Justin Ringsbee schließlich an und zog sich aus dem Wasser. Die Zuschauer hatten dem siegreichen Schwimmer applaudiert, aber die Ovationen, mit denen Justin an diesem Tag bedacht wurde, bewiesen, dass ihm der größere Sieg gehörte – einfach, weil er das Rennen zu Ende gebracht hatte.

Sharon Jaynes

Das große Kartoffel-Ausscheidungsspiel

DIE SAISON WAR WEIT FORTGESCHRITTEN, UND DIE BILLS AUS WILliamsport, Pennsylvania, sahen kein Land. Sie standen auf Platz 28 der AA-Klasse der Eastern League und mussten sich auf eine Peinlichkeit von schlicht überwältigendem Ausmaß gefasst machen.

Für Orlando Gomez, seit zehn Jahren in der Minor League als Trainer tätig, waren Baseballspiele zu einer bitteren Pflicht geworden. Gomez war ein gefühlsbetonter Mann. Er konnte an einem Tag auf ein verlorenes Spiel mit einer leidenschaftlichen, teilnahmsvollen Ansprache reagieren und sie mit tränenerstickter Stimme mit dem Satz „Jungs, ich liebe euch alle" beschließen, und am nächsten Tag einem Teammitglied Prügel androhen.

Dass er den Catcher der Bills, Dave Bresnahan, in die Klasse A zurückgestuft hatte, war in jenem Sommer eines seiner unbeliebtesten Manöver gewesen. In jeder eng zusammengeschmiedeten Gruppe junger Männer, seien es Sträflinge, Soldaten, Schuljungen oder eine Sportmannschaft, gibt es einen Typen wie Bresnahan.

Für Gomez war es eine klare Sache, dass Bresnahan in die Klasse A zurück musste. Das Team brauchte Veränderung, Bresnahan schlug weniger als 200, und überdies gab es in Kingston einen jungen Mann, den die Cleveland Indians, sozusagen der Patenverein der Bills, für ungemein vielversprechend hielten. Was der Manager allerdings nicht ahnte, war, welche Rolle Bresnahan für das Team spielte, wie er die Teamkollegen tagtäglich motivierte.

Ende Juli verletzte sich der erste Catcher der Bills, und Bresnahan wurde zurückgeholt. Zu diesem Zeitpunkt war die Saison schon so gut wie abgeschrieben – und Bresnahan redete zum ersten Mal über die Kartoffel.

Wer kann schon sagen, wie ein Mann Format entwickelt? Manche besitzen es von Natur aus, andere erwerben es durch harte Arbeit. Dave Bresnahan hatte es in einem Augenblick blendender Einsicht im Junior College gewonnen. *Es wäre doch witzig, eine Kartoffel in ein Baseballspiel zu bringen*, hatte er gedacht, aber alle Spiele waren dafür immer zu wichtig gewesen!

Jetzt, auf Platz 28 und am Ende der Saison, war der Zeitpunkt gekommen. „Ich überlege schon lange, ob es funktioniert", sagte er eines Abends zu Mike Poehl, einem der Pitcher der Bills. Durch diesen Trick müsste ein Läufer an der dritten Base glauben, der Ball, in Wahrheit eine Kartoffel, würde vom Catcher ins linke Feld geworfen. Dann könnte man den Läufer mit dem richtigen Ball an der Homeplate „aus" machen.

„Man braucht natürlich eine Kartoffel, die so groß ist und aussieht wie der Ball", erläuterte Bresnahan.

Poehl lachte, aber es kam nicht von Herzen. Er war 1985 der Erste auf der Nachrückerliste der Indians und wollte unbedingt aufsteigen. Vor allem aber machte er sich über seine persönliche Statistik Sorgen. Die Nummer sei wirklich witzig, stimmte er Bresnahan zu – solange sie nicht in einem Spiel gebracht wurde, in dem er pitchte.

Die meisten anderen Mitglieder der Bills dagegen fanden die Idee großartig. Darauf konnte man sich doch freuen. Man erklärte Montag den 3. August zum Kartoffeltag. Die Bills sollten in einem Doppelspiel gegen das Team von Reading antreten. Bresnahan hatte nur ein Bedenken: „Was ist, wenn sie den Lauf gelten lassen?", fragte er den ersten Basemann, Bob Gergan. Sicherheitshalber telefonierte Gergan mit einem Freund, der als Schiedsrichter in der Major League tätig war, und erklärte ihm die ganze Geschichte. „Dafür gibt es keine Regeln", sagte der Freund. Wahrscheinlich würde der Umpire den verantwortlichen Witzbold unter die Dusche und den Läufer zur dritten Base zurückschicken – nichts Böses wäre geschehen, und später würde er sich über die Sache vor Lachen ausschütten.

Am Montagmorgen vor dem Spiel kaufte Bresnahan in Weiss' Gemüsemarkt in Williamsport vier ausgesuchte Kartoffeln.

Zu Hause in seiner Küche schälte er sie sorgfältig. Dann schnippelte er so lange an ihnen herum, bis sie rund waren. Er versuchte sogar, mit einem roten Kugelschreiber Nähte aufzumalen, aber die geschälten Kartoffeln waren feucht und nahmen keine Tinte an. Das machte ihm Sorgen. „Was ist, wenn der Typ an der dritten Base sofort sieht, dass es kein Baseball ist?“, fragte er Rob Swain, seinen Zimmernachbarn und dritten Basemann der Bills. Sie gingen hinaus und machten einen Test. Zu Bresnahans Erleichterung wirkte die fliegende Kartoffel wie ein Baseball.

Als Bresnahan an diesem Nachmittag zum Stadion ging, war sein Magen wie verknotet. Er legte die präparierten Kartoffeln auf das Brett über seinem Spind. Gomez hatte ihn für das erste Spiel als Catcher eingeteilt. Poehl sollte pitchen.

So weit, so gut. Halb beklommen, halb erleichtert zog Bresnahan seine Spielerkleidung an.

„Heute ist Kartoffeltag“, flötete einer der Bills, als er die geschälten Knollen entdeckte. „Willst du das wirklich durchziehen?“

Bresnahan beugte sich zu Poehl herüber: „Wenn ich nachher die Kartoffel werfe, geht das klar mit dir?“

„Auf keinen Fall“, antwortete Poehl. „Ich will keinen Lauf gegen mich haben.“

Bresnahan warf seinen Teamkameraden einen Blick zu und zuckte die Schultern, als wollte er sagen: Was soll ich jetzt machen? Sie bearbeiteten ihren Pitcher:

„Komm, mach mit, Mike“, drängte Swain. „Im Reglement steht nichts darüber“, setzte Gergan hinzu. „Der Lauf wird nicht gewertet.“

Poehl war mit seinen Bedenken allein.

„Macht doch, was ihr wollt“, gab er schließlich nach.

Zu Beginn des fünften Innings waren die Bills 1:0 im Rückstand. Readings Catcher, Rick Lundblade, schaffte eine Base, und der nächste Schlagmann brachte ihn zur zweiten. Ein Spieler aus, einer an der zweiten Base. Hinter der Homeplate stand Bresnahan und fühlte sich, als hätte er tausend Ameisen im Bauch. Der Augenblick kam näher.

Als ein linkshändiger Schlagmann an der Reihe war, gab Bresnahan das Zeichen für einen tiefen Ball nach innen. So ein Pitch sollte einen Aufsetzer zum rechten Innenfeld zur Folge haben, durch den Lundblade die dritte Base erreichen musste. Poehls Wurf kam wie gewünscht. Der Schlagmann schlug den Ball Richtung zweite Base, Lundblade erreichte die dritte, und alles war im Lot.

Jetzt oder nie, dachte Bresnahan. Er stand auf und winkte dem Schiedsrichter an der Homeplate, Scott Potter, mit seinem Catcherhandschuh.

„Der geht kaputt."

Potter gab eine Auszeit und winkte Bresnahan in den Aufenthaltsraum der Spieler, damit er einen neuen Handschuh holen konnte.

Swain, der an der dritten Base stand, senkte den Kopf und wandte sich ab, um sich nicht durch sein Lachen zu verraten. Poehl sah zu Lundblade hinüber und schüttelte den Kopf.

Im Aufenthaltsraum ließ Bresnahan seinen Handschuh fallen und griff nach einem neuen. Die Spieler auf der Bank beobachteten ihn halb ungläubig, halb amüsiert. Gomez ahnte nichts.

Bresnahan trabte zur Homeplate zurück, die Kartoffel in seinem neuen Handschuh versteckt. Während er sich hinter den Schlagmann hockte, nahm er sie mit der rechten Hand vorsichtig heraus und legte die Hand aufs Knie.

Lundblade machte einen Ausreißversuch von der dritten Base. Poehl auf dem Mound holte aus und warf einen tiefen Ball nach außen. Als der Schiedsrichter „Ball" rief, fing Bresnahan den Wurf ab, sprang auf und warf die Kartoffel scharf ins linke Feld. Swain machte einen Satz nach ihr und verfehlte sie absichtlich. An der Homeplate riss Bresnahan seine Catchermaske vom Gesicht und veranstaltete ein Riesentheater.

Der ahnungslose Coach der Readings an der dritten Base, Joe Lefebvre, brüllte: „Lauf! Lauf! Lauf!"

Lundblade rannte zur Homeplate. Bresnahan scharrte mit dem Schuh im staubigen Boden. Gerade als Lundblade über die Homeplate springen wollte, drehte er sich grinsend zu ihm um und berührte ihn mit dem Ball.

„Hey Rick, du bist aus", sagte er. Dann rollte er den Ball zum Mound und trollte sich vom Feld.

Im Stadion herrschte einen Moment lang tiefes Schweigen. Mittlerweile hatte der Schiedsrichter für die dritte Base die Kartoffel im linken Feld aufgesammelt und lief zur Homeplate. „Du kannst keinen neuen Ball ins Spiel bringen", protestierte Potter.

„Das ist kein Ball, Umpire, das ist eine Kartoffel", entgegnete Bresnahan.

Potter schäumte: „Hier wird professioneller Baseball gespielt", brüllte er. „Ihr Kerls könnt mich nicht vorführen. Der Lauf zählt."

„Mensch, Umpire, das kannst du nicht tun", wandte Swain ein, der von der dritten Base gelaufen kam. „Es ist doch nur ein Witz. Vergiss es einfach."

„Nein, der Lauf zählt."

„Umpire!"

„Der Lauf zählt."

Orlando Gomez nahm die Sache persönlich. Seiner Meinung nach wollte Bresnahan ihm damit eine lange Nase machen, weil er ihn zurückgestuft hatte. Nach dem Inning nahm er Bresnahan aus dem Spiel.

Der Zwischenfall setzte die Bills unter Dampf. Sie brachten vier Läufe durch und gewannen. Mike Poehl konnte schließlich fünf Hits für sich verbuchen.

Nach dem Spiel erlegte Gomez Bresnahan fünfzig Dollar als Strafe auf. Seine Teamkameraden begannen sofort zu sammeln.

In der Zeitung am nächsten Morgen mochte man die Sache nicht mit Humor nehmen, sondern bezeichnete sie als einen Dummejungenstreich. Man zitierte Gomez, der gesagt haben sollte: „Was Bresnahan da gemacht hat, ist für einen Profi unmöglich."

Noch am selben Tag bestellte Gomez Bresnahan in sein Büro und feuerte ihn.

Bresnahan hatte damit gerechnet, dass er aus dem Spiel genommen und eine Geldstrafe bekommen würde, aber auf so eine harte Entscheidung war er nicht gefasst. Ungefähr eine Stunde lang brütete er vor sich hin, dann rief er seinen Vater an und teilte ihm die Neuigkeit mit. Sein Vater brach in ein derartiges Gelächter aus, dass auch Brez am anderen Ende der Leitung schließlich vor Lachen die Tränen kamen.

Am Mittwoch ging Bresnahan noch einmal ins Stadion und räumte sein Spind. Unterwegs hielt er beim Gemüsemarkt an und kaufte eine große Tüte Kartoffeln. Er legte jedem seiner Teamkameraden eine Kartoffel aufs Spind. Die letzte packte er Gomez auf den Schreibtisch, zusammen mit einem Zettel:

„Orlando, du sollst nicht leer ausgehen – die ist für dich! Brez."

Mark Bowden

Fair Play

Lebe mit den Menschen, als ob Gott dir zusähe,
und sprich zu Gott, als ob die Menschen dir lauschten.
Athenodorus

ALS ICH NEULICH MIT KOLLEGEN AUS DEM VERSICHERUNGSGEWERBE Golf spielen ging, erfuhr ich wieder einmal, wie sich Ehrlichkeit auszahlt. Zwei der Männer in unserer Vierergruppe kannte ich bereits, den vierten lernte ich gerade kennen. Ich will ihn Ace nennen. Bis zum dritten Loch hatte ich seine Geschichte gehört – eine Lektion für jeden von uns.

Ace und sein Geschäftspartner hatten eine Versicherungsagentur für Immobilien und Unfallschäden aufgebaut. Jahrelang hatten sie mit großem Einsatz gearbeitet und die Agentur zu einem angesehenen mittelständischen Unternehmen entwickelt. Das weckte die Aufmerksamkeit großer Unternehmen. Nach längeren Verhandlungen beschlossen Ace und sein Partner, an die „Großen" zu verkaufen und dort künftig als Berater und Verkäufer zu arbeiten. Die Dokumente waren schnell unterzeichnet, und jedermann war augenscheinlich zufrieden.

Nach einigen Jahren fanden Ace und sein Partner, sie seien nicht mehr aktiv genug, sie müssten geschäftlich offensiver werden, und zwar in einem Unternehmen, wie sie es zuvor betrieben hatten. Die „Großen" erklärten, das sei ausgeschlossen, man sei schließlich übereingekommen, dass Ace und sein Partner außerhalb der großen Firma nicht mehr im Versicherungswesen tätig würden. Ace entgegnete: „Belegen Sie, dass wir eine derartige Vereinbarung getroffen haben." Die „Großen" behaupteten, das sei eine mündliche Übereinkunft gewesen.

Ace wusste, dass es solch eine Diskussion, geschweige denn eine entsprechende Absprache nie gegeben hatte. Deshalb erwiderte er trocken: „Wir sehen uns vor Gericht."

Der zuständige Richter bestätigte, dass eine mündliche Abmachung ebenso gültig sei wie ein schriftliches Übereinkommen – *sofern* nachweislich dergleichen getroffen worden war. Wer also war glaubwürdig? Nachdem er zwei Tage lang beide Parteien angehört hatte, die beide behaupteten, sie erinnerten sich an die tatsächlichen Vorgänge, erklärte er: „Grundsätzlich stellt sich hier die Frage, wem ich glauben soll. Da keine Beweise vorliegen, muss ich meiner Intuition folgen. Diese rät mir, der Erfahrung zu trauen. Die in diesem Falle relevante Erfahrung ist, dass Mr. Ace vor einigen Jahren in unserem Bundesstaat an einem Golfturnier teilgenommen hat. Am achtzehnten Loch schlug er den Ball ins hohe Gras. Blitzschnell hatte er ihn zurückgebracht, lochte ein, und jedermann meinte, er hätte den Wettbewerb gewonnen – Ace jedoch gab zu Protokoll, er habe im Eifer des Gefechtes den Schläger in den Boden gesteckt. Er nahm eine Zwei-Punkte-Strafe auf sich. Niemand hatte seinen Regelverstoß beobachtet. Er hätte sich einfach durchmogeln und den Sieg für sich verbuchen können, aber das tat er nicht. Er sagte die Wahrheit, obgleich er nicht dazu genötigt war, und deshalb glaube ich, dass er auch jetzt die Wahrheit sagt."

Der Fall war geschlossen.

Fair Play ist einfach die beste Politik – im Sport, im Geschäft, bei allen Beziehungen, in allen Fällen und unter allen Umständen, die man noch gar nicht absehen kann, wenn man seine Entscheidung trifft. Ich bin dieser Wahrheit immer und immer wieder begegnet. Selten allerdings hat sich das Sprichwort so deutlich bewahrheitet wie hier: *Ehrlich währt am längsten.*

Ed Marion

Was ist ein Traum wert?

Achte nicht darauf, wo du gehst.
Achte nur darauf, wohin du gehen willst.
Bob Ernst

ICH WUCHS IN ÄRMLICHEN VERHÄLTNISSEN AUF – WIR LEBTEN IN einer Siedlung zu sechs Brüdern, drei Schwestern und unterschiedlich vielen Pflegegeschwistern, zusammen mit unserem Vater und einer wunderbaren Mutter, Scarlette Hunley. Geld und irdische Güter waren knapp, aber wir bekamen viel Liebe und Aufmerksamkeit. Ich war glücklich und voller Energie. Ich hatte begriffen, dass man sich immer einen Traum leisten kann, egal wie arm man war.

Mein Traum war der Sport. Als ich sechzehn Jahre alt war, traf ich den Baseball auf den Punkt, warf als Pitcher einen Ball mit 90 km/h und traf alles, was sich auf einem Football-Feld bewegte. Zudem hatte ich Glück, denn mein Trainer in der Highschool war Ollie Jarvis, der nicht nur an mich glaubte, sondern mich lehrte, an mich selbst zu glauben. Er brachte mir den Unterschied bei zwischen ‚einen Traum haben' und ‚aus innerer Überzeugung handeln' bei. Ein ganz bestimmtes Erlebnis mit Coach Jarvis veränderte mein Leben für immer.

Es war vor den Sommerferien zwischen meinem Junior- und Seniorjahr. Ein Freund hatte mich für einen Sommerjob empfohlen, durch den ich mir ein bisschen Geld verdienen würde – Geld für Verabredungen mit Mädchen, Geld für ein neues Fahrrad und ein paar neue Kleidungsstücke. Außerdem wollte ich ein Sparbuch anlegen, damit ich meiner Mutter irgendwann ein Haus schenken konnte. Die Aussicht auf einen Sommerjob war verlockend, und ich wollte mit beiden Händen zugreifen.

Dann wurde mir klar, dass ich im Sommer nicht Baseball spielen konnte, wenn ich arbeitete, was wiederum bedeutete, dass ich Coach Jarvis absagen musste. Davor graute mir, aber ich wiederholte mir ein Sprichwort, das meine Mutter uns Kindern eingebläut hatte: Wie man sich bettet, so liegt man.

Als ich mit Coach Jarvis darüber redete, war er ärgerlich – wie erwartet. „Du kannst noch ein Leben lang arbeiten“, sagte er. „Aber deine Zeit im Sport ist begrenzt. Du kannst es dir nicht leisten, sie zu vergeuden.“

Ich stand mit hängendem Kopf vor ihm und suchte nach Worten. Ich wollte ihm erklären, weshalb mein Traum, meiner Mutter ein Haus zu kaufen und Geld in der Tasche zu haben, es wert war, ihn zu enttäuschen.

„Wie viel verdienst du in diesem Job, mein Junge?“, wollte er wissen.

„Drei Dollar fünfundzwanzig in der Stunde“, antwortete ich.

„Ist ein Traum 3,25 Dollar pro Stunde wert?“

Diese Frage in ihrer ganzen Einfachheit machte mir sonnenklar, wo der Unterschied liegt zwischen ‚sich einen Wunsch sofort erfüllen‘ und ‚ein langfristiges Ziel haben‘. Ich widmete mich in jenem Sommer dem Sport. Noch im gleichen Jahr wurde ich von den Pittsburgh Pirates für die Rookie-League ausgewählt, und man bot mir einen Vertrag über 20000 Dollar an. Ich hatte bereits ein Football-Stipendium für die Universität von Arizona. Das verschaffte mir letzten Endes eine Ausbildung, zwei Wahlen zum All American Linebacker und den siebten Platz in der ersten Runde der NFL-Auswahl. Im Jahr 1984 unterzeichnete ich mit den Denver Broncos einen Vertrag über 1,7 Millionen Dollar und kaufte meiner Mutter das Haus meiner Träume.

Ricky C. Hunley

Zum Reiten geboren

Man muss sich jeden Tag neue Ziele setzen.
Julie Krone

KENTUCKY. SONNABEND. MAI. EIN STRAHLEND HELLER HIMMEL. Donnernde Pferdehufe. Die Chance eines Lebens in einem Leben voller Chancen. Pastellfarbene Roben, Hüte und Blumen. Eine Ansammlung von 144110 Menschen in gespannter Erregung. „Du warst nirgendwo und hast nichts gesehen, solange du nicht in Kentucky warst und mit deinen eigenen Augen das Derby gesehen hast", schrieb Irvin Cobb. Ein Rennen. Überschäumende Gefühle. Ungestüm. John Steinbeck beschrieb es als „wunderschön und gewalttätig und befriedigend". Anschließend, so dürfen wir annehmen, nahm er ein Schläfchen, um von diesem Erlebnis auszuruhen.

Sonnabend. Mai 1995. Nach dem Rennen hatte Julie Krone Schmutz auf den schwarzen Reitstiefeln, Schmutz auf dem Gesicht und Schmutz in den Ohren. Alles, was zuvor geglänzt hatte, war mit einer feinen, braunen Staubschicht überzogen, die sich in den etwas mehr als zwei Minuten ihrer harten und gefährlichen Arbeit auf ihr abgesetzt hatte. Selbst strahlend helle Tage hinterlassen auf einigen Träumern Staubspuren. Julie Krone zog ihr gelbes Seidenhemd aus den weißen Satinhosen und trat in den Schatten des Paddocks. Dann lief sie zu ihrem Trainer Nick Zito hinüber und erzählte ihm voller Bedauern und in allen Einzelheiten, wie das Rennen gelaufen war. „Oh Nick", sagte sie. „Es war ein klasse Ritt, einfach klasse."

Sie gestikulierte, um ihre Worte anschaulich zu machen. Sie hielt die Zügel nahe am Körper, legte sie ein wenig nach rechts, schob die Hände nach vorn. „Genau, wo wir sein wollten", sagte sie lächelnd. Auch auf ihren Zähnen war Staub.

Julie Krone reitet Vollblüter so gut wie nur irgendwer. Sie ist die einzige Frau, die je ein Triple-Crown-Rennen gewonnen hat, die Belmont Stakes. Sie besitzt ein Feingefühl für das Tempo eines Rennens, das man nicht lehren oder erklären kann. Ein Wirbelbruch, ein Knöchelbruch, ein gebrochener Arm, ein Dutzend Gehirnerschütterungen und ein Pferd, das über ihren Brustkorb galoppierte, konnten sie nicht dazu bewegen, auf Nummer sicher zu gehen. Sie reitet, wie Bill Shoemaker geritten ist: Warten, beobachten, warten auf den richtigen Augenblick für den Vorstoß. Rennexperten nennen so etwas „aussitzen".

Sie ist einunddreißig Jahre alt. Mit fünfzehn Jahren kam sie zum ersten Mal nach Louisville. Sie und ihre Mutter „sparten jeden Pfennig" für Sprit für ihren Camper, in dem sie von der kleinen Familienfarm in Michigan aufgebrochen waren und in dem sie auf der Straßenseite gegenüber von Churchill Downs hausten. Man musste sechzehn Jahre alt sein, bevor man auf der Rennbahn arbeiten durfte. Also ging die Mutter los, kaufte Papier, Schere und Klebstoff und „frisierte" die Geburtsurkunde ihrer Tochter. Dank dieses unvermeidlichen Manövers erhielt Julie Krone zwei Dollar pro Stunde dafür, dass sie Pferde nach der Arbeit trocken führte.

Kentucky. Sonnabend. Mai 1979. Die unverdrossene Pferdeführerin Julie Krone stand bei den Ställen auf der Gegengeraden und beobachtete, wie die Pferde kamen. Es wurde immer lauter, und dann stürmten sie an ihr vorbei. Ein Farbenrausch, wie ein Gemälde von Künstlerhand, voller Kraft und Tempo. Ein unvergesslicher Augenblick für Julie Krone. „Ich stellte mir vor, wie ich über die Strecke galoppiere, und ich konnte die donnernden Hufe und die jubelnde Menge hören. Ich stellte mir vor, wie sie mir Rosen auf die Knie legen. Es war ein großartiges, ein romantisches Gefühl."

Julie Krone ist ein Winzling. Sie misst knapp 1,50 Meter und wiegt 45 Kilogramm. Sie hat riesige blaue Augen, ganz kurz geschnittenes blondes Haar und die Stimme eines Kanarienvogels. Dieser von romantischen Ideen strotzende Zwerg arbeitet in einem Gewerbe, das Herz und Körper zerstören kann. Schmunzelnd erklärt sie, wie sie das übersteht: „Selektiver Gedächtnisverlust." Was die Verletzungen betrifft: „Morgens wachen einige Teile von mir langsamer auf als andere." Weshalb sie sich das antut: „Wenn ich nicht auf der Rennbahn bin, bin ich nicht lebendig."

Als jemand Nick Zito fragte, wieso er eine Frau beschäftige, antwortete der Trainer: „Es spielt für mich keine Rolle, ob Julie eine Frau ist. Für mich ist sie ein Reiter. Ein großer Reiter. Sie hat unermesslichen Mut."

An einem Sonnabend im Mai setzte Zito Krone deshalb auf Suave Prospect, denn er hoffte, damit sein drittes Derby in fünf Jahren zu gewinnen. Nur vier Frauen, einschließlich Krone drei Jahre zuvor, waren je ein Derby geritten, aber nur Krone hatte diesmal jedenfalls ein gutes Pferd. Sie sagte: „Dieses Pferd läuft auf Sieg."

Suave Prospect lief anfangs gut, auch noch entlang der Gegengerade hinter den Ställen, wo Krone einmal gewohnt hatte. Er hatte immer noch eine Chance, als die letzte Viertelmeile vor den neunzehn Pferden lag.

„Als ich ihn nach außen nahm, ins Freie", sagte sie und meinte, dass sie eine Wand von Pferden umgehen musste, „da kam nichts. Ich gab ihm die Peitsche, weil ich sicher sein wollte, dass er nicht schummelt, aber es brachte nichts." Als Vorletzter ging er in die Zielgerade und beendete das Rennen als Dreizehnter, weit abgeschlagen hinter dem Sieger, Thunder Gulch.

Julie Krone ging zum Umkleideraum der Jockeys, das Gesicht mit Staub überzogen. Die Fans riefen: „Julie, du bist schön!" – „Wann heiratest du, Julie?" – „Julie, mein Junge möchte ein Foto mit dir." Julie Krone nahm einen kleinen Jungen mit großen braunen Augen in den Arm und lächelte in die Kamera der Mutter. Im Umkleideraum beobachtete sie eine Wiederholung des Rennens auf dem Bildschirm. „So ein schöner Ritt. Mist."

Wer Julie Krone aus der Nähe erlebt, hat das Unwahrscheinliche vor Augen. Selbst unter den kleinsten, zähesten Sportlern ist sie klein. Beide Knöchel waren bandagiert und gepolstert. Ihre Oberarme waren voll blauer Flecken, und unter der Jockeybluse trug sie die Schutzweste, die für Rennreiter Standard geworden ist, seit Krone vor zwei Jahren so fürchterlich stürzte und unter die Hufe geriet. Auf der Jacke steht: „Julie Krone. Zum Reiten geboren."

Sie wischte den Staub von ihren rosigen Wangen und sah zu, wie er auf den Boden rieselte. Sie fegte alles zu einem Häufchen zusammen und sagte zu einer Freundin: „Derby-Staub aus Kentucky. Richtiger Derby-Staub. Steck' ihn in die Tasche und heb' ihn auf. Du kannst mal was damit anfangen, denn eines Tages gewinne ich dieses Rennen."

Dave Kindred

[Anmerkung des Herausgebers: Am 7. August 2000 wurde Julie Krone als erste Frau in die National Racing Hall of Fame aufgenommen.]

Ein Championat aus heiterem Himmel

Wenn du Champion sein willst, musst du an dich selbst glauben, auch wenn niemand sonst es tut.

Sugar Ray Robinson

IN GESTALT EINES FAUSTGROSSEN LEDERSTÜCKS, DAS ÜBER UNSERE Köpfe hinweg ins rechte Außenfeld sauste und das wir kommen sahen wie einen Kinnhaken, dem man nicht mehr ausweichen kann, zog der Erfolg unseres Teams in der Pony League vorbei. Ich drehte mich von meiner Position an der zweiten Base um und sah ihm nach, auf den vernichtenden Schlag gefasst. Dort im Außenfeld stand Chris, hatte den Kopf auf die Seite gelegt, die behandschuhte Hand in die Luft gestreckt und tanzte ängstlich von einem Fuß auf den anderen, während sich ihm der Ball des besten Schlagmannes der Southern Banks näherte.

Diesen Ball kriegt Chris nicht. Und dieses Spiel gewinnen wir nicht, wenn er ihn nicht kriegt.

Das war wirklich schade! Bisher war es unserem Coach immer gelungen, Chris im rechten Außenfeld sicher unterzubringen, ihn ins Spiel einzubinden, wenn keine linkshändigen Schlagleute aufgestellt waren, oder ihn schlagen zu lassen, wenn der Sieg der Hilton Lawnmower ohnehin feststand.

Chris war die Schwachstelle in unserer Mannschaft, müssen Sie wissen. Er versäumte nie ein Training, strengte sich immer an und gab dem Coach nie freche Antworten – und er machte nie auch nur den geringsten Fortschritt. Er spielte die vorgeschriebenen zwei Innings, gelegentlich auch drei, wenn unser Vorsprung wasserdicht war. Im Alter von vierzehn Jahren hatten alle anderen Jungen, die so unbeholfen und unsportlich waren wie Chris, Baseball längst aufgegeben. Stattdessen spielten sie vielleicht ein Musikinstrument, saßen vor dem Computer oder sonst wo, wohin sich pubertierende Jungen flüchten, wenn sich die Reihen der Schulsportler allmählich lichten.

Chris' wenig überzeugendes Talent offenbarte sich nicht allein in seiner niederschmetternden Trefferstatistik. Seine ganze Gestalt verriet einen geradezu überwältigenden Mangel an sportlichen Fähigkeiten. Er war groß, aber nicht so groß, wie er bei seinen langen, spindeldürren Beinen hätte sein müssen. Ja, alle seine Gliedmaßen waren offenbar unkontrollierbar und hatten sich gegen ihn verschworen, denn sie schienen immer gleichzeitig in mehrere Richtungen zu streben, wenn Chris sich fortbewegte. Aber er gab trotz seiner Anlagen nicht auf. Er kam zu jedem Training, setzte sich nach drei vergeblichen Schlagversuchen wieder auf die Bank und rannte im Feld hinter Bällen her, die knapp für eine Base gut gewesen wären und aus denen er einen Zweier machte.

Wir, seine Teamkameraden, nahmen ihm das nicht übel. Chris war ein netter Kerl, soweit wir wussten, obgleich er selten mit den anderen Jungen sprach, die das Team länger im Spiel hielten. Ehrlich gesagt, haben andererseits auch wir nicht viel mit ihm geredet. Wenn er gerade nicht spielte, baten wir ihn gelegentlich, uns Kaugummi vom Kiosk zu holen. In der Schule gingen wir mit einem flüchtigen Lächeln und Kopfnicken an ihm vorbei. Wenn's hoch kam, sagten wir auch „Hallo", aber wir wären nie auf den Einfall gekommen, uns in der Cafeteria zu ihm an den Tisch zu setzen oder ihn einzuladen, mit uns zum Videoladen zu fahren. Chris gehörte eben nicht richtig mit zu uns Schulsportlern – er war einfach eine allgegenwärtige, gelegentlich unterhaltsame Nebenerscheinung in einem Team, für das Baseball schon fast Religionscharakter hatte.

So unfähig Chris war, so bedeutungslos war er auch. Was immer er unternahm, die Hilton Lawnmower gewannen, sobald sie irgendwo aufliefen – mit Ausnahme von zwei Spielen am Ende des Sommers, als der Coach die Aufstellung änderte und die Stellungsspieler pitchen ließ. Wir hatten in der regulären Saison 18:2 gespielt und verbesserten dieses Ergebnis in den ersten beiden Ausscheidungsrunden nach der Saison auf 20:2.

Ja, diese Mannschaft funktionierte wie ein Schweizer Uhrwerk.

Ich war der magnetische Handschuh und gerade schnell genug, um für den Anfang einen brauchbaren Schlagmann abzugeben. Stephen war der Schlagmann, der niemals schlapp machte. Brad war der kommende linkshändige Pitcher für die Major League, der schon mit vierzehn Jahren drei unterschiedliche Würfe beherrschte. Sam war das Kraftpaket, Reggie der zuverlässige Backstopper, Bryan deckte das Mittelfeld ab. Selbst die Gelegenheitsspieler leisteten ihren Beitrag: Robby traf überhaupt nie, aber er war ein guter Außenfeldspieler und ein brauchbarer linkshändiger Pitcher. Woodrow traf den Ball von Zeit zu Zeit. Jeff spielte an der dritten Base ganz ordentlich. Alle waren wir Sportler mit ganz bestimmten Aufgaben und Fähigkeiten.

Außer Chris.

Und jetzt, Ironie des Schicksals, musste diese gut geölte Maschine wegen so eines blöden Treffers einen Rückschlag hinnehmen.

Hilton Lawnmower führte zu Beginn des sechsten Innings im Halbfinale der Ausscheidung mit einem mickrigen Lauf Vorsprung, und die zweite und dritte Base waren besetzt. Wenn dieser Ball auf den Boden aufkam, würden wir einen Lauf zurückliegen, und der beste Pitcher der Southern Banks würde sich bereit machen, zum Schlagplatz gehen und dafür sorgen, dass wir nicht mehr ins Spiel kamen. Während also der Ball über meinen Kopf flog und eine dünne Staubfahne wie einen Kondensstreifen hinter sich her zog, trauerte ich einer Saison nach, die ein Spiel zu früh endete. Was sonst war schon zu erwarten, jetzt, da die beachtlichen Erfolge dieses Sommers auf den denkbar schmalsten Schultern ruhten?

Während ich solch trüben Gedanken nachhing, ging es mir wie jemandem, der auf der Autobahn langsam an einem Massenunfall vorbeifährt: Du weißt, da geht etwas Schreckliches vor sich, und trotzdem musst du hinsehen. So beobachtete ich also vom besten Platz aus, den man in diesem Stadion haben konnte, wie sich der Ball in einem orangefarbenen Staubschleier auf Chris' unsichere Hand zu bewegte. Er sprang jetzt nicht mehr herum, war einfach stehen geblieben, die Augen fest geschlossen, die Hand mit dem Baseballhandschuh eher abwehrend als zum Fangen ausgestreckt. Meine Knie gaben nach und mein Herz hämmerte, während der Ball die letzte Wegstrecke zurücklegte.

Und so stand ich sprachlos und mit offenem Mund, als Chris ein Championat aus dem heiteren Himmel holte.

Der Ball fiel direkt in seinen Handschuh und blieb dort stecken. Chris hatte im Leben noch keinen Ball aus der Luft gefangen, und ich bin sicher, es ist ihm auch nie wieder gelungen. Doch dieses eine Mal passte seine Hand-Augen-Koordination mit dem entscheidenden Punkt dieser Spielzeit zusammen. Später kam Chris in die Kabine zurück, nachdem er wieder ein „out" eingesammelt hatte, und vergoss Tränen, als die Teamkameraden ihn umringten und für seine Leistung lobten. Am anderen Ende des Raumes sah ich unseren Coach. Seine Augen glänzten verräterisch. Da wurde mir klar, dass Chris doch ein Sportsmann war.

Er hatte seinen Anteil an einer siegreichen Saison, die niemand von uns je vergessen würde.

Jeff Kidd

Als Baseball erwachsen wurde

Ein couragierter Mann ersetzt eine Mehrheit.
Präsident Andrew Jackson

[Anmerkung des Herausgebers: Die folgende Geschichte ereignete sich vor 55 Jahren, als der Zweite Weltkrieg zu Ende ging. Das Land erlebte viele Veränderungen, und es zeichnete sich ab, dass auch im Major League Baseball die Rassenschranke fallen musste. Die Kernfrage war, wer den Mut aufbringen und den ersten Schritt tun würde. In der nachstehenden Geschichte lässt der Autor den Baseballscout Clyde Sukeforth über die entscheidende Begegnung zwischen Branch Rickey, dem Präsidenten und ersten Manager der damaligen Brooklyn Dodgers, und einem jungen afroamerikanischen Baseballspieler namens Jackie Robinson berichten.]

IM AUGUST 1945 BETRAUTE MR. RICKEY MICH MIT EINER AUFGABE, die man wohl als „denkwürdig" bezeichnen kann. Er bat mich eines Tages in sein Büro und ließ mich Platz nehmen.

„Freitagabend spielen die Kansas City Monarchs in Chicago gegen die Lincoln Giants", begann er. „Du sollst dir das Spiel ansehen und dich mit diesem Robinson von Kansas City treffen. Sprich vor dem Spiel mit ihm. Sag ihm, ich will wissen, ob er einen guten Wurfarm für einen Shortstop hat, ob er vom Loch aus werfen kann. Sag ihm, sein Coach soll ihm ein paar Bälle zum Loch schlagen."

Mr. Rickey redete schon seit längerem davon, dass er in New York einen Baseballclub für Farbige aufbauen wollte, der Brooklyn Brown Dodgers heißen sollte. Seit mehr als einem Jahr durchforsteten wir die Liga der Farbigen. Aber die Sache war immer etwas merkwürdig. Niemand sollte erfahren, was wir da taten, darauf bestand er. Wir gaben uns also nicht zu erkennen, wenn wir ein Baseballstadion betraten, was wir normalerweise getan hätten. Stattdessen kauften wir eine Eintrittskarte und gaben uns so unauffällig wie möglich.

„Also, Clyde", fuhr der alte Mann fort. „Wenn dir gefällt, wie dieser Kerl wirft, dann bring ihn her. Wenn sein Spielplan das nicht erlaubt, wenn er nicht herkommen kann, dann mach' einen Termin, dann komme ich zu ihm."

Mr. Rickey wollte einen künftigen Spieler aufsuchen? Er wollte sich selbst davon überzeugen, ob ein Kerl namens Robinson gut genug war, um bei den Brooklyn Brown Dodgers den Shortstop zu machen? Also, ich bin nicht der Schlauste auf Erden, aber mir war klar: *Das könnte ein ganz großes Ding sein.*

Also fuhr ich nach Chicago und zum Comiskey Park. So weit ich mich erinnerte, hatte dieser Robinson die Nummer acht. Als die Spieler herauskamen, trug einer diese Nummer. Ich stand auf und rief, „Hey, hey, Robinson!" Er kam zu mir herüber. Ich stellte mich vor und sagte ihm, was ich ihm mitzuteilen hatte.

Er hörte aufmerksam zu und antwortete mir direkt. Jackie war nie um Worte verlegen, muss man wissen.

„Wieso interessiert sich Mr. Rickey für meinen Wurfarm? Warum interessiert er sich für mich?"

„Gute Frage. Ich würde sie gern beantworten, aber ich habe keine Ahnung."

„Also gut", erwiderte er. „Ich würde Ihnen meinen Wurfarm gern vorführen, aber ich spiele heute Abend nicht. Ich habe Ärger mit der Schulter und kann den Ball nicht durchs Innenfeld werfen."

Wir unterhielten uns noch eine Weile, und ich dachte währenddessen: *Mr. Rickey hat diesen Kerl ausspähen lassen. Ihn interessiert nur sein Wurfarm. Ist er gut für einen Shortstop?* Ja, ich hatte gehört, er sei in jeder Hinsicht außergewöhnlich, ein überzeugender Sportler. Also sagte ich mir: *Und wenn er nun nicht den Arm für einen Shortstop hat? Da gibt es immer noch die zweite und die dritte Base und das Außenfeld.* Mir gefiel dieser Mann.

„Hör mal", sagte ich. „Du bist heute nicht aufgestellt. Wenn du für zwei oder drei Tage nicht auftauchst, fällt das niemandem auf. Sag deinem Manager, dass du in ein paar Tagen zurück bist. Wir fahren nach New York. Ich glaube, der alte Mann möchte dich kennenlernen." Wir vereinbarten, uns nach dem Spiel in Stevens Hotel zu treffen, um noch weiterzureden.

Später fiel mir ein, dass man ihn vielleicht nicht ins Hotel hineinlassen würde – es war ja 1945, das darf man nicht vergessen. Deshalb ging ich zum Hotelportier und drückte ihm ein paar Dollar in die Hand. „Da kommt nachher ein Farbiger. Begleiten Sie ihn zum Fahrstuhl." Er versprach es.

Offensichtlich kam Jackie problemlos ins Hotel, denn er betrat wenig später mein Zimmer und kam sofort zur Sache: „Warum interessiert sich Mr. Rickey für meinen Wurfarm? Warum will er mich sprechen?"

„Jack", sagte ich, „darauf kann ich nicht antworten, denn ich weiß es nicht."

„Ich bin neugierig, das kann mir doch keiner verübeln, oder?"

„Selbstverständlich. Ich bin genauso neugierig wie du."

Es brodelte spürbar in ihm. *Warum interessiert sich Mr. Rickey für meinen Wurfarm?*

„Sieh mal, Jack", sagte ich. „Du weißt, dieser alte Mann hat schon vieles in Gang gebracht, er hat schon manches revolutioniert, und ich glaube, er hat auch diesmal so etwas vor … Aber ich habe keine Ahnung, worum es geht."

Er gab nicht auf.

„Erzählen Sie mir, was er gesagt hat."

„Das habe ich dir schon gesagt."

„Dann sagen Sie es mir noch einmal."

„Er hat mir gesagt, ich soll ins Stadion fahren und sehen, ob du den Arm für einen Shortstop hast. Er hat außerdem gesagt, wenn du nicht nach Brooklyn kommen kannst, um mit ihm zu reden, würde er dich aufsuchen."

Was das bedeutete, entging ihm nicht, das konnte ich sehen. Er war wirklich kein Dummer, dieser Kerl, ganz bestimmt nicht! Je länger wir uns unterhielten, desto besser gefiel er mir. Dieser Mann hatte etwas an sich, was einen für ihn einnahm. Er war zäh, intelligent, und er war *stolz.*

„Mr. Sukeforth", sagte er schließlich. „Wie schätzen *Sie* das ein?"

Ich war ehrlich. Ich hatte sehr bald begriffen, dass man nur so mit Robinson umgehen konnte.

„Jack, das könnte eine ganz große Sache sein."

Das kam an. Das gefiel ihm. Machte ihm die Vorstellung Angst? Er hatte nie vor irgendetwas Angst.

Nun, es war Freitag, und am Sonntag sollte ich mir einen zweiten Basemann in Toledo ansehen. Also fragte ich Robinson, ob wir uns in Toledo treffen könnten? Bis dahin würde ich unsere Reise nach New York arrangieren.

„Ich werde da sein."

„Hast du Geld?", erkundigte ich mich.

„Ich habe Geld", erwiderte er.

Also trafen wir uns in Toledo und verbrachten die Nacht im Schlafwagen nach New York. Als ich morgens aufstand, war er schon wach.

„Komm, Jack, wir gehen frühstücken."

„Nein", lehnte er ab. „Ich esse mit den Jungs." Er meinte die Schlafwagenschaffner.

Ich beließ es dabei. Ich ging frühstücken, und nachdem ich zurückgekommen war, unterhielten wir uns, bis wir in New York eintrafen. Ich brachte ihn direkt ins Büro der Brooklyn Dodgers in der Montague Street 215. Ich führte ihn in Mr. Rickeys Büro und stellte ihn vor. „Mr. Rickey, ich habe seinen Wurfarm nicht gesehen, ich habe ihn trotzdem zum Interview geholt."

Aber der alte Mann war von Robinson so gefesselt, dass er überhaupt nicht zuhörte. Wenn ihn jemand interessierte, dann forschte er ihn gründlich aus. Er guckte und guckte. Das machte er auch jetzt. Er starrte Robinson an, als könnte er in sein Innerstes sehen. Jack starrte genauso zurück. Das war vielleicht ein Paar, diese Zwei! Ich sage euch, die Luft knisterte vor Spannung.

Klar, Mr. Rickey würde mächtig unter Druck kommen, wenn er Robinson verpflichtete. Viele Leute würden ihn dafür kritisieren, darunter auch ein paar von den ganz Großen bei den Brooklyn Dodgers. Aber er war den anderen immer ein paar Schritte voraus. Er wusste, es würde kommen. Er wusste, nach Kriegsende würde sich einiges ändern, würde sich einiges ändern *müssen*.

Im Rückblick ist es unglaublich, finden Sie nicht? Ich meine, da hat man Männer, die gehen nach Übersee und kämpfen für ihr Land, setzen ihr Leben aufs Spiel. Und wenn sie wieder nach Hause kommen, dann gibt es da Orte, die sie nicht betreten, und Dinge, die sie nicht tun dürfen. Das musste sich ändern, klar, aber von allein würde es nicht passieren. Irgendwo und irgendwann würde man aufeinander zu gehen müssen.

Haben Sie eine Vorstellung, wie lange sich Mr. Rickey schon mit diesem Gedanken trug? Mehr als vierzig Jahre lang. Seit mehr als vierzig Jahren wartete er auf den richtigen Augenblick und auf den richtigen Mann. Und das sagte er Robinson.

„Seit vielen Jahren suche ich nach einem erstklassigen farbigen Baseballspieler. Ich glaube, du bist der richtige Mann. Aber ich brauche *mehr* als einen guten Baseballspieler. Ich suche einen Mann, der Beleidigungen hinnimmt und Übergriffe – und der den Mumm hat und nicht zurückschlägt. Wenn ein Spieler zur zweiten Base reinrutscht und dich einen schwarzen Hurensohn schimpft, dann würdest du ihm normalerweise eine vor den Bug knallen. Ich hätte jedes Verständnis dafür – aber das würde unsere Sache um zwanzig Jahre zurückwerfen."

So ging es noch eine Weile weiter. Er sprach von „die andere Wange hinhalten" und so weiter. Er sagte Robinson, er wolle ihn für die Brooklyn Organisation anwerben, er solle in Montreal spielen. Er führte ihm vor Augen, worauf er gefasst sein musste: Beleidigungen von Schlachtenbummlern, Sportreportern, gegnerischen Spielern, sogar von Spielern aus dem eigenen Team.

Als er ausgeredet hatte, saß Robinson da und überlegte. Ich glaube, er saß bestimmt fünf Minuten lang so da. Er gab keine voreilige Antwort, und das machte Eindruck auf Mr. Rickey.

Endlich war Jackie so weit:

„Mr. Rickey", sagte er. „Ich glaube, ich kann in Montreal Baseball spielen. Ich kann es auch in Brooklyn, glaube ich. Sie können das besser beurteilen als ich. Wenn Sie das Risiko eingehen wollen, verspreche ich, dass es durch mich keinen Zwischenfall geben wird."

Also, ich dachte schon, der alte Mann gibt ihm einen Kuss.

Ja, das ist nun ungefähr dreißig Jahre her, dass diese beiden Männer sich begegneten. Ich glaube, man kann sagen, es war ein historischer Tag.

Und was habe ich während dieses Gesprächs getan? Also, ich war ziemlich nervös – Sie dürfen nicht vergessen: Ich hatte den Wurfarm ja noch gar nicht gesehen!

Donald Honing

3

HÖHEPUNKTE UM ELF UHR

Es ist viel besser, sich an wichtige Dinge zu wagen,
grandiose Triumphe zu erringen, selbst wenn sie mit Misserfolgen
durchsetzt sind, als sich unter diese armen Seelen einzureihen,
die weder große Freude noch großes Leid kennen,
weil sie ihr Leben in einem grauen Zwielicht verbringen,
das weder Sieg noch Niederlage kennt.

Theodore Roosevelt
Rede vor dem Hamilton Club am 10. April 1899

Über die Homeplate ins Ziel

DER WIND WÜHLTE IN JOHNS ROTEN LOCKEN, ALS ER SICH AUF DEN Schlagplatz stellte. Bumm! Der Schläger traf den Baseball. Er stieg hoch in die Luft und ging hinter dem Zaun des linken Außenfeldes nieder. Die Zuschauer sprangen auf und jubelten, und er überquerte die Homeplate. Dann platzte der Tagtraum, und der junge John humpelte aus dem leeren Stadion fort. Er zog sein durch Polio geschädigtes Bein nach.

Im Jahr 1944 suchte eine Poliomyelitisepidemie die Vereinigten Staaten heim. Diese schwere Infektionskrankheit traf Kinder besonders hart. Sie verursacht eine Entzündung der grauen Substanz im Rückenmark, ruft Fieber hervor, Lähmungen des Bewegungsapparates und führt zum Muskelabbau. Johns besorgte Eltern hielten ihn von Schwimmbädern, Kinos und anderen Menschenansammlungen fern. Aber Polio ist nicht fair. An einem Sonntag im September, kurz nach Johns siebtem Geburtstag, wollte er zu Hause in Spokane das Wohnzimmer durchqueren. Seine Beine versagten. Sein Stiefvater trug ihn die Treppe hinauf ins Bett. Drei Jahre später, im Jahr 1947, entwickelte Jonas Salk einen Impfstoff aus abgetöteten Viren, der vor der Lähmung durch Poliomyelitis schützte. Für John kam er zu spät.

Sechs einsame Monate lang lag John auf der Isolierstation im Krankenhaus St. Luke in Spokane. Nicht einmal seine Mutter durfte ihren kleinen Sohn besuchen. Viele Tränen flossen, wenn die Pfleger sein Bett ans Fenster rollten, damit er ihr wenigstens zuwinken konnte, wenn sie auf dem Gehweg stand.

Die Behandlung entsprach damals Schwester Kennys Überzeugungen: Feucht-warme Packungen auf die betroffenen Körperteile, Bettruhe und sehr wenig, wenn überhaupt physikalische Therapie. Irgendwann bekam John dann Beinschienen. Einige Jahre später folgten orthopädische Operationen.

John wuchs heran. Seine Eltern, seine sechs jüngeren Geschwister und die Freunde behandelten ihn nie als behindert, deshalb verstand

John sich selbst auch nicht so. Er lebte in einer von Ermutigung geprägten Atmosphäre. Er blieb sehr an Sport interessiert und nahm teil, so gut er konnte. Er tat oder versuchte jedenfalls zu tun, was alle taten.

Irgendwann war John klar geworden, dass die Polioerkrankung ihm eine Laufbahn als Sportler versperrt hatte. Als Beruf, das wusste er, wollte er etwas mit seinen Händen tun und anderen Menschen helfen. Er schrieb sich in der zahnmedizinischen Abteilung der Universität von Washington ein, wurde Präsident seines Jahrgangs und machte 1962 das Examen.

Im Verlauf der Jahre wurden John und seiner Frau Ginger fünf robuste, sportliche Söhne geschenkt. John betreute die Jungen im Football und der Little League und blieb auf diese Weise dem Sport verbunden, während seine Söhne unter seinen Augen heranwuchsen. Am 7. September 1998, an Johns 61. Geburtstag, waren er und Ginger bei einem Baseballspiel. Ihr zweitältester Sohn trat auf den Schlagplatz. Er schwang den Schläger mit voller Kraft. Sein Homerun segelte über den Zaun des linken Außenfeldes und erschütterte die Annalen der Baseballgeschichte. Mark McGwire hatte in einer Saison seinen 61. Homerun geschlagen und stellte damit den seit 37 Jahren bestehenden Rekord von Roger Maris ein.

„Herzlichen Glückwunsch zum Geburtstag, Dad!“, rief Mark. Zum Andenken an Maris warf er einen Handkuss zum Himmel. Dann standen drei Generationen McGwire – Mark, Marks Sohn Matthew und John – zusammen und grüßten die jubelnde Menge. Und John, gestützt auf seinen Stock, überquerte die Homeplate.

Sharon Landeen

Ein Unsterblicher des Baseballs

Ich habe immer alles gegeben,
selbst wenn ich scheinbar nicht die geringste Chance hatte.
Ich habe nie aufgegeben.
Ich hatte nie das Gefühl, dass der Sieg ausgeschlossen war.
Arnold Palmer

AN JENEM VORMITTAG, ALS PETE ROSE DEN TREFFERREKORD VON Ty Cobb in Cincinnati einstellte, saß ich bereits in meiner Kabine im Riverfront-Stadion. Genau gesagt, ich saß in einer Schachtel. Es war Mittwoch, der 11. September 1985, dies für alle, die Geschichtsdaten lieben, und ich war in einem Schrank verstaut. Plötzlich, am späten Vormittag, holte man mich eilig heraus und brachte mich in den Raum der Schiedsrichter, wo ein Assistent mich mit Schlamm aus dem Delaware abrieb (ziemlich grob, muss ich anmerken) und mich dann zusammen mit fünf Dutzend anderen Bällen in einen Leinenbeutel warf. Mir nichts, dir nichts befand ich mich am Scheidepunkt der Geschichte.

An jenem Abend schwang so etwas wie eine Ahnung in der Luft. Ich hörte Lee Weyer reden, der als Schiedsrichter an der dritten Base gestanden hatte, als Hank Aaron in Atlanta seinen 715. Homerun schlug. Er sagte, seit drei Jahren verspräche er, er werde hinter der Homeplate stehen, wenn Pete seinen 4192. Treffer und damit einen Rekord erzielte. Und natürlich stand Weyer an diesem Abend als Umpire hinter der Homeplate. Der Mittwoch war außerdem der 57. Jahrestag von Ty Cobbs letztem Schlag. Sogar das Wetter, das einige Tage lang drückend schwül gewesen war, hatte herbstlich aufgefrischt, als ob es dem vierundvierzigjährigen Knaben einen Gefallen tun wollte.

Es war ein elektrisierender, gefühlsgeladener Abend. Als wir zum Spielfeld kamen, warteten da bestimmt vier Reporter pro Ball. Es war mir ein Rätsel, wie Pete das während der letzten zwei Wochen Abend für Abend durchgestanden hatte. Ich hörte einen der Balljungen sagen, Rose habe sich am Abend zuvor bei einem der Sportreporter entschuldigt. Er hoffe, seinen Rekordtreffer bald zu landen „damit ihr Jungs wieder ein normales Leben führen könnt". Typisch Pete Rose.

Junge Spieler aus Cincinnati kamen während des Schlag- und Innenfeldtrainings zu Rose und fragten: „Ist eine World Series immer so?" Schon die Luft machte einem eine Gänsehaut. Tommy Helms, der Coach der Reds für die erste Base, ahnte den historischen Moment. Neckend verlangte er: „Ich bestehe darauf, dir als Erster die Hand zu schütteln. Danach kann Steve Garvey kommen."

Während ich im Aufenthaltsraum der Spieler zusammen mit den anderen 59 Bällen wartete, unterhielten wir uns aufgeregt über die Aussicht, den Treffer 4192 abzubekommen. Wenn es heute Abend geschah, würde einer von uns unsterblich. Nur 2000 oder 3000 Bälle sind in der Hall of Fame für Baseball gelandet, darunter nur einer aus Roses Laufbahn. Das war sein 3631. Treffer, mit dem er den Rekord von Stan Musial in der National League einstellte. Für Basebälle, die weniger berühmt werden, kann das Leben hart sein. Bälle überstehen einen oder zwei Schlagmänner, dann werden sie in einen Eimer geworfen und einige Tage lang beim Schlagtraining verdroschen. Irgendwann überlässt man sie dann einem Team der Minor League für weiteres Schlagtraining, und dann werden sie geprügelt, bis die Nähte aufgehen.

Ein Trophäenzimmer dagegen – wo ich mich übrigens derzeit aufhalte – ist der reine Luxus. Pete behandelt seine besonders wichtigen Bälle gut. Ein halbes Dutzend bewahrt er zu Hause auf, andere hat er nahen Freunden und Bekannten geschenkt. Billy DeMars zum Beispiel, der Coach von der dritten Base und Schlagtrainer, der schon in Philadelphia und Cincinnati mit Pete gearbeitet hat, erhielt die Bälle von Roses Treffern Nummer 3500 und 4000.

Viele Basebälle haben übrigens einen Horror vor Pete. Er haut ganz nett auf uns ein. Wir werden nervös, wenn er uns gegen den Astroturf dribbelt, und wenn er mit einem in Alkohol getränkten Tuch sorgfältig die Ballabdrücke von seinem schwarzen Schläger abwischt ... also, sind wir denn *schmutzig* oder was?

Kurz vor Spielbeginn musste ich an Ty Cobbs Basebälle denken. Ich habe nie einen von ihnen kennengelernt, und wie Sie sich vorstellen können, sprechen wir nicht gern über die sogenannte Ära der toten Bälle. Das ist ein heikles Thema. Tatsächlich aber liegen in der Hall of Fame keine Bälle von Cobb. Die Tigers haben auch keine. Man sagt, die Zeitungen haben damals kaum Notiz davon genommen, als Cobb sich an die Spitze der Trefferliste setzte und im Jahr 1923 in Boston mit einem vier zu vier an Honus Wagner (3430) vorbeizog. Anscheinend weiß niemand, was aus diesem Ball geworden ist.

Als das Spiel an jenem Mittwoch begann, trug Weyer mich und ein halbes Dutzend anderer Bälle in seiner Gürteltasche zur Homeplate. Ich blieb dort, als die Padres zu Beginn des ersten Innings nicht so richtig zum Zug kamen. Ein Mann aus, keiner an der ersten Base, das war die Lage, als Pete zum Schlagplatz ging. Der erste Pitch brachte ihm „Ball“ ein, den nächsten schlug er ins Aus. Das war meine Chance. Weyer ergriff mich und warf mich Eric Show zu.

Ich war so aufgeregt, mir wären fast die Nähte geplatzt. Endlich war ich im Freien! Meine Sinne waren geschärft. Ich sah, dass alle Zuschauer aufgestanden waren. Mindestens zweiundzwanzig Fahnen mit Pete Roses Namen wurden geschwungen. Die Fans – insgesamt 47 237 Menschen – skandierten seinen Namen, trugen, schwenkten und wedelten mit allen möglichen Fanartikeln. Zu meiner Enttäuschung jedoch stand Kurt Bevacqua für die Padres an der dritten Base. Ich hatte auf Graig Nettles gehofft, den Verfasser meines Lieblingsbuches *„Bälle“*.

Show warf mich leicht zur Innenseite von Rose, und der ließ mich vorbei. Damit stand es zwei und eins. Ich war richtig eingeschüchtert: Bei meinem Flug starrte Rose mich an, wie ein Hungriger ein Stück Brot beäugt. Er wirkte gar nicht so gelockert und aufgedreht wie sonst am Schlagplatz. Pete konzentrierte sich wirklich. Beim nächsten Pitch wollte Show, dass ich in einer Kurve zu Rose flog. Also nahm er mich in einen besonderen Griff. Aber als ich gerade über die innere Hälfte der Plate fliegen wollte, sprang Pete mich förmlich an. Ich sah seinen Schläger wie einen Blitz, und dann: Bumm! Ich flog ins linke Außenfeld hinaus. Ich wette, Pete wusste schon vor mir, dass er einen Treffer hatte. Das macht die Erfahrung. Ich konnte das Konfetti, die Luftschlangen und die Ballons sehen, die von den oberen Rängen flogen, bevor ich den Boden erreichte. Die Zuschauer machten einen absolut überwältigenden Lärm.

Ich kam ungefähr fünf Meter vor dem Linksaußen Carmelo Martinez auf und sprang vom Astroturf hoch ab. Pete beobachtete mich. Ich wollte ihm etwas zeigen. Martinez streckte die Hand aus, um mich zu fangen. Das heißt, er erreichte mich *knapp* und sah, dass Rose schon zur zweiten Base unterwegs war. Martinez warf mich zum Shortstop Gary Templeton. Ich fürchte allerdings, Martinez ist mir ein bisschen böse, denn wenn ich nicht so hoch abgesprungen wäre, hätte er ins Innenfeld laufen und Pete mit mir berühren können. Aber es war ohnehin genug los. Es wurde ein Feuerwerk gezündet. Auf der Anzeigentafel leuchtete ein großes 4192 auf. Die anderen Reds strömten aus den Katakomben, angeführt von dem fünfzehnjährigen Pete junior. Alle, auch Show und die Innenfeldspieler der Padres, umringten den neuen Treffer-Rekordler. Petey erreichte seinen Vater knapp vor dem vierunddreißigjährigen Tony Perez. „Das wurde auch Zeit", brummelte dieser gut gelaunt. „Darauf warte ich seit dreiundzwanzig Jahren." Dann kam Garvey. „Danke für diesen denkwürdigen Augenblick", sagte er.

Templeton gab mich Pete in die Hand, der mich an Petey weiterreichte. Das kränkte mich überhaupt nicht. Pete wurde umarmt, auf die Schultern geklopft und unter einer Jubelwoge begraben. Kurz darauf versuchten Perez und der Shortstop Davey Concepcion sogar, Rose auf die Schultern zu nehmen. Das hatten sie seit langem geplant. Auf halbem Wege schnaufte Perez den mehr als 90 Kilogramm schweren Rose an: „Mann, du bist vielleicht schwer!"

Die Prozession der Gratulanten setzte sich fort. Der Eigentümer der Reds, Marge Scott, kam aufs Feld, umarmte Pete lange und gab ihm einen Kuss. Dann machte er zum Außenfeld hinüber ein Zeichen. Dort öffnete sich eine Tür, und eine funkelnagelneue Corvette mit dem Kennzeichen PR 4192 rollte auf den Rasen.

Dann traten alle zurück, und Pete stand allein. Die Leute jubelten immer noch. Man konnte es sehen: Pete wusste nicht, was er tun sollte. Dann streckte er einen Finger zum Himmel und lächelte. Er lächelte, als hätte er dort jemanden gesehen – vielleicht seinen Vater, oder Cobb. Dann kamen ihm die Tränen. Er drehte sich zu Helms um, seinem alten Freund und Teamkameraden, mit dem er seit den Tagen in der Minor League zusammen spielte, und vergrub seinen Kopf an Tommys linker Schulter, als wollte er seine Tränen verbergen.

Petey kam nach fünf Minuten noch einmal und umarmte seinen Vater lange und heftig. „Mach dir keine Sorgen, meine Junge. Du wirst meinen Rekord brechen", sagte sein Vater. Es war ein ergreifender Augenblick. Jetzt kamen auch vielen Reds die Tränen. Der Applaus dauerte sieben Minuten, erst dann beruhigte sich die Menge, und das Spiel konnte fortgesetzt werden. Ich wurde in den Umkleideraum gebracht und sorgsam weggeschlossen. Den Rest des Spiels musste ich im Radio verfolgen.

Es sei nur erwähnt, dass Rose später noch drei Bases im Gehen machte und mit beiden Läufen zu einem 2:0-Erfolg in Cincinnati beitrug.

Tief in meinem Inneren bin ich so wie Pete: straff und lebendig bis zum Kern. Aber während er weiterspielt, gehe ich in Pension. Ich dachte, ich würde nach Cooperstown kommen, aber Pete will mich seinem Sohn schenken, der damit seine Ausbildung am College finanzieren kann. Es ist nett zu wissen, dass ich wertvoll bin, aber genau wie Pete möchte ich eigentlich wieder ins Spiel zurück. Ich spüre es: In mir stecken noch ein paar Treffer.

Craig Neff

Joe DiMaggio rettet mir den Tag

NIE WERDE ICH DIE HALBPROFESSIONELLE BASEBALLLIGA VERGESSEN, die vom Tucson Parks und Recreation Department in den Sommern während des Zweiten Weltkriegs veranstaltet wurde. Ich war vierzehn Jahre alt und jobbte, weil ich auf ein Auto sparte. Ich war einer der jüngsten Verkäufer im Stadion und bot Erdnüsse und Mineralwasser an. Manchmal fuhr ich zum Haus meines Chefs und half ihm, Erdnüsse für das nächste Spiel zu rösten. Unsere Ligamannschaft, die Mustangs, bestand aus Angehörigen der Streitkräfte von der Luftwaffenbasis Davis Monthan in Tucson. Ihr Pitcher, Bill Clemson von den Pittsburgh Pirates, war zu Kriegsbeginn zur Luftwaffe gegangen. Er gehörte zu den vielen Berufssportlern, die bei den Streitkräften dienten und nach Kriegsende in ihre Mannschaften zurückkehrten.

Eines Tages half ich wieder einmal beim Rösten, als mein Chef mir eine großartige Neuigkeit mitteilte.

„Es heißt, die Mustangs haben das Baseballteam der Santa Ana Air Force Base eingeladen. Sie wollen ein Freundschaftsspiel austragen. Die Einnahmen sollen zu Gunsten der Hilfskräfte im Service in Tucson verwendet werden."

„Klingt gut, Chef. Da sind die Tribünen bestimmt voll, und wir können prima verkaufen."

„Bestimmt. Aber weißt du, wer im Team unserer Gäste ist?"

„Nein, Chef. Ich habe von dem Team überhaupt noch nie gehört."

Er lächelte mich an: „Joe DiMaggio, was sagst du nun?"

DiMaggio? Mein großer Held! Die Karten für das Spiel waren gleich am ersten Tag ausverkauft. Eines Abends nach der Arbeit fand ich einen nagelneuen Baseball, der aus dem Stadion herausgeschlagen worden war. Jetzt war ich gerüstet, jetzt konnte ich mir ein Autogramm des Yankee Clippers holen!

Der Spieltag brach an. Mein Vater hatte Eintrittskarten gekauft, und wir fuhren früh zum Stadion. Auf dem Weg dorthin erzählte er, in der

Zeitung habe gestanden, die Spieler dürften nur vor dem Schlagtraining Autogramme geben.

Als wir eintrafen, war der Parkplatz schon halb voll. Schnell zog ich meine Uniform an und lief auf die Tribünen. Den neuen Baseball hatte ich in der Tasche. Während ich die Treppen hinauf- und hinunterstieg, warf ich immer wieder einen Blick nach unten, damit ich den Auftritt meines Helden nicht verpasste. Ich stand ganz oben in einem Aufgang, als die Leute plötzlich losbrüllten und klatschten. Joe DiMaggio und seine Mannschaft liefen aufs Feld. Alle Fans drängten nach unten, Basebälle, Autogrammbücher und Programmhefte in der Hand.

Und nun? Ich konnte nicht gut von meinem Job weglaufen und mich mit den anderen einreihen. Als ich die vielen Treppenstufen hinuntergestiegen war, stand Joe umringt von Fans, lächelte, plauderte mit ihnen und gab Autogramme. Ein Blitzlichtgewitter tobte. Mir klopfte das Herz bis zum Hals und ich überlegte, wie ich zu einem Autogramm kommen sollte.

Ein Platzanweiser forderte mich auf, Platz zu machen, ich würde die Kunden behindern. Mein Chef war auch heruntergekommen und entdeckte mich. „Geh an die Arbeit oder jemand anderer bekommt deinen Job“, schnauzte er mich an.

Verlegenheit und Demütigung trieben mir die Tränen in die Augen. Einige Zuschauer, die mich von anderen Spielen kannten, versuchten mich zu trösten, als sie sahen, wie gekränkt ich war. Ich stieg die Treppen wieder hinauf und pries mit nicht ganz sicherer Stimme meine Erdnüsse an.

Als ich wieder oben auf dem Rang stand, hatte ich mich gefasst. Joe DiMaggio ging auf den Schlagplatz. Die Autogrammstunde war beendet. Ich drängte mich zu meinen Eltern durch und erzählte ihnen, dass ich wohl kein Autogramm bekommen würde. Mein Vater deutete auf den Aufenthaltsraum der Gastmannschaft:

„Du verkaufst deine Nüsse doch auch da drüben, oder? Versuch’ es einfach, mein Junge.“

DiMaggio unterhielt die Zuschauer, indem er einen Ball nach dem anderen über die Stadionmauern schlug, bis sein Schlagtraining vorbei war. Alle klatschten, als er in den Aufenthaltsraum zurückging. Der Schiedsrichter rief: „Spielt Baseball!“

Joe schlug im Verlauf des Spiels einige Homeruns und verschaffte seinem Team einen bequemen Vorsprung. Ich beschloss, meine Chance wahrzunehmen, wenn er in den Aufenthaltsraum der Spieler zurückging. Ball und Füllfederhalter waren bereit. Ich lugte um die Ecke. Mein Mund war trocken. Ich riskierte meinen Job, aber es musste sein.

Dann bekam ich doch kalte Füße. Gerade als ich mich zurückziehen wollte, rief ein anderer Spieler aus dem Aufenthaltsraum: „Komm mal her, Kleiner, ich möchte ein paar Erdnüsse. Was kosten die?" Ich betrat den Aufenthaltsraum und wäre fast über meine eigenen Füße gestolpert, denn ich konnte den Blick nicht von meinem Helden wenden. Ich gab dem Spieler eine Tüte und sagte: „Zehn Cent, Sir." Er gab mir einen Vierteldollar und ließ mich das Wechselgeld behalten. Ich bedankte mich und fragte, ob Mr. DiMaggio vielleicht auch ein paar Nüsse haben wollte? Wie sollte ich sonst in die Nähe von Joe DiMaggio gelangen und mein Autogramm bekommen?

Der Spieler drehte sich um und brüllte: „Hey Joe, der Junge hier fragt, ob du eine Tüte Erdnüsse willst?" – „Ja, schick' ihn rüber", war die Antwort.

Mit wackeligen Beinen ging ich zu ihm und fischte nach einer Erdnusstüte. Joe zog seine Sporttasche unter der Bank hervor und suchte nach Kleingeld. Da griff ich in meine Tasche und zog Ball und Federhalter heraus.

„Angebot, Mr. DiMaggio: Eine Tüte Erdnüsse für Ihr Autogramm. Bitte!" Er lächelte. „Du bist ein schlauer Verkäufer. In New York könntest du viel Geld verdienen."

Er nahm Ball und Füllfederhalter, und ich war im siebten Himmel. Als er fertig war, reichte ich ihm das Erdnusstütchen, und er steckte die Kappe wieder auf den Federhalter. Gerade als er mir den Federhalter zurückgeben wollte, ging die Patrone kaputt, und die Tinte lief ihm über die Finger. Er fluchte und schüttelte den Kopf. Mir fehlten die Worte. Ich stammelte nur: „Entschuldigung, Mr. DiMaggio. Das ist noch nie passiert." Tränen liefen mir über das Gesicht, ich wäre am liebsten gestorben. Mein Held war wütend wie eine Hornisse, deshalb trat ich den Rückzug an. Einer der anderen Spieler beruhigte mich:

„Geht schon klar, Junge. Das übersteht er." Er warf Joe ein feuchtes Handtuch zu, damit er sich die Finger abwischen konnte.

Ich verließ den Aufenthaltsraum. An der Tür drehte ich mich noch einmal um und warf einen letzten Blick auf meinen Helden. Er säuberte sich die Hände und lächelte mir zu. Nie werde ich dieses Lächeln und seine Handbewegung vergessen, als er mir nachrief: „Alles in Ordnung, mein Junge. Ich werde es überleben. Mach dir keine Sorgen."

Ich lief zu meinen Eltern zurück und erzählte ihnen meine Geschichte. Die Umsitzenden hörten zu und lachten. Ein Mann glaubte mir erst, als ich den Ball aus der Tasche zog und meine Mutter bat, ihn aufzubewahren.

Joe DiMaggio war der nächste Schlagmann. Ich blieb stehen und beobachtete ihn. Er sprach mit dem Schiedsrichter und dem Catcher der Mustangs und zeigte ihnen seine tintenbefleckten Finger. So laut ich konnte brüllte ich: „Erdnüsse! Frische Erdnüsse!" DiMaggio drehte sich um und deutete auf mich. Schiedsrichter und Catcher lachten, und er trat auf den Schlagplatz.

Joe DiMaggio schlug wieder einen Homerun, aber was noch besser ist, er hatte mir den Tag gerettet.

Walter W. Laos, D. D. D.

Lasst mich auch mal!

ES PASSIERTE BEI EINEM LOKALEN GOLFTURNIER. DER ERSTE ABSCHLAG-platz war von Spielern und Zuschauern umlagert. Über den Lautsprecher kam eine Ansage: „Der Herr mit den grünen Hosen und dem weißen Hut: Bitte treten Sie hinter die Abgrenzung zurück!“

Der Spieler ließ seinen Schläger sinken, blickte sich unwillig um und nahm dann erneut seine Stellung ein. Wieder kam die Lautsprecheransage: „Der Herr mit den grünen Hosen und dem weißen Hut: Bitte beachten Sie die Abgrenzung!“

Der Spieler unterbrach seinen Schwung, drehte sich um und rief lautstark: „Macht diesem Knilch von einem Ansager klar, dass dies mein zweiter Versuch ist!“

Gene Doherty

Wohin soll ich denn sonst?

Es mag seltsam klingen, aber viele Champions wurden gerade durch Rückschläge zum Champion.
Bob Richards

ES WAR ENDE MAI 1964. KEN VENTURI BEOBACHTETE DIE 500 MEILEN von Indianapolis aus der Boxengasse. Das war für Venturi ein passender Ort, denn seine Karriere als Golfspieler war am Ende und sein Leben im Eimer. Diese Karriere hatte ihm unzählige erfreuliche Augenblicke beschert, aber inzwischen war alles anders.

Venturi war nach Indianapolis gekommen, um seinem Freund Johnny Boyd zu helfen, der das Rennen fuhr. Zwei Tage zuvor hatte Venturi wieder einen Durchbruch verpasst. Ein Spieler in der letzten Gruppe lochte am 18. Loch klar ein und verbaute ihm damit das Wochenende. Seine einst so vielversprechende Karriere hatte drei Jahre zuvor eine negative Wendung genommen. Damals wurde der Servicewagen eines Hotels auf dem Weg zum Flughafen von Cleveland in einen Unfall verwickelt. Venturi war einer der Mitfahrer gewesen. Der Unfall brachte sein Selbstvertrauen und seine Karriere ins Schleudern. Und nun saß er in Indianapolis, war leer, auf dem Heimweg, aber nicht mit Lorbeer geschmückt.

Ich hatte vom „Wer ist wer" zum „Wer ist denn das?" gewechselt, erinnerte Venturi sich später. „Es war peinlich. Es war mir peinlich. Ich war ein vielversprechender Spieler gewesen, und jetzt war ich unbrauchbar."

Venturis Leben war am Scheideweg angekommen. Die Gedanken in seinem Kopf kreisten schneller als die Rennwagen auf dem vier Kilometer langen Oval. Gedanken ans Aufgeben. Am Tag vor dem Rennen hatte Venturi mit Bill Jennings in New York telefoniert. Jennings war Besitzer der New York Rangers und Vorsitzender beim Turnier in Westchester, das am kommenden Wochenende stattfinden sollte. Venturi hatte um eine außerordentliche Starterlaubnis gebeten. „Ich brauche sie, wirklich! Mein Haus steht schon zum Verkauf, ich bin pleite." Er wusste, es blieb ihm sonst nichts übrig, als „nach Hillsborough, Kalifornien, zurückzukehren und Autos zu verkaufen". Jennings war nicht gerade begeistert. Es sei nur ein einziger Platz frei. Vor Sonntagnachmittag könne er nichts sagen. „Ruf mich morgen wieder an", riet er.

Venturi verbrachte den Sonntag an der Strecke, aber er konnte sich kaum auf das Rennen konzentrieren. Wie denn auch, wenn er kaum mehr als ein Geächteter war? Niemand konnte es Jennings verübeln, wenn er ablehnte. Ein Jahr zuvor hatte Venturi in Westchester 80 Punkte geschlagen, am nächsten Tag seine Sachen gepackt und war abgereist. Gegen Ende des Rennens ging Venturi ans Telefon in Boyds Garage und wählte New York an. Und dann hörte er „die vier wichtigsten Worte in meinem Leben: Du hast die Einladung". Er erinnert sich noch an seine Antwort: „Mr. Jennings, ich verspreche: Wenn ich es schaffe, dann zeige ich mich erkenntlich."

Kurz darauf fuhr Boyd in die Garage. Er hatte den vierten Platz gemacht und eine Schar Reporter im Schlepptau. Er sah Venturi an und fragte: „Grünes Licht?" Venturi streckte die Daumen in die Luft. Da drehte Boyd sich zu den Presseleuten um: „Ich bin heute auf den vierten Platz gekommen. Sehen Sie den Mann da drüben? Das ist Ken Venturi. In ein paar Wochen gewinnt er die Golf Open."

Am folgenden Wochenende wurde Venturi in Westchester Dritter und gewann 6400 Dollar. „Ich ging in den Umkleideraum, und die Tränen flossen. Ich konnte nicht glauben, dass ich so viel Geld gewonnen hatte. Damals war mir klar, dass ich nicht aufgeben würde. Ich hatte meine Nerven wieder im Griff." Die Nerven, und das Selbstvertrauen. Venturi war dabei, Boyds Vorhersage wahr werden zu lassen.

Immer hatte er eine Stimme im Kopf gehört – die Stimme seines Vaters. Venturis Vater war ein stolzer Mann italienischer Herkunft, der seinen Sohn nie so lobte, wie der es sich gewünscht hätte. Bei den US Open im Jahr 1964 war die geheime Stimme nicht zum Schweigen zu bringen. Am 12. Juni hatte Venturi sich im ersten Teil des 36 Löcher umfassenden Wettbewerbs als ein ernsthafter Anwärter auf den Turniersieg erwiesen. In der Runde am Vormittag hatte er es auf beachtliche 66 Schläge gebracht. Der Erfolg wurde nur durch zwei Bogeys am Ende geschmälert, die auf das Konto der erdrückenden Hitze gingen. Die Temperatur lag nahe bei 40 Grad, die Luftfeuchtigkeit war immens. Während der zweistündigen Mittagspause riet man Venturi, nicht nochmals anzutreten. Die Ärzte befürchteten einen womöglich tödlichen Hitzschlag. Venturi hörte die Stimme in seinem Kopf. Sie wiederholte: „Aufgeben tun nur Verlierer. Aufgeben ist das Leichteste der Welt.“ Also erklärte er den Ärzten, er werde auf das Grün zurückkehren. „Wohin soll ich denn sonst gehen?“

Er kämpfte sich durch, spielte die letzten achtzehn Löcher wie im Nebel und konnte sich am Ende des Tages an keinen einzigen Schlag erinnern, den sein Partner Ray Floyd gespielt hatte. Am letzten Loch gelang ihm ein Putt aus drei Meter Entfernung und besiegelte seinen Sieg. Wie im Traum sah er Floyd zu, als der den Ball aus dem Loch holte. Floyd selbst war ein Anwärter auf die Meisterschaft, aber die Augen wurden ihm feucht, als Venturi murmelte: „Großer Gott, ich habe die Open gewonnen!“ In der Geschichte des Golfspiels war dies einer der unerwartetsten und bedeutungsvollsten Erfolge.

Venturi gewann in jenem Jahr nicht nur die US Open. Er bewies, dass sein Sieg keine Eintagsfliege gewesen war, als er auch in Hartford und bei den American Golf Classics in Firestone gewann. Innerhalb von drei Monaten hatte er sich vom „besten Autoverkäufer des Jahres in Kalifornien“ zum „Sportler des Jahres“ gemausert, denn zu dem wählte ihn die Zeitschrift *Sports Illustrated.*

Die Golf-Erfolgsserie hielt jedoch nur noch zwei Jahre an: 1966 wurde bei ihm ein Karpaltunnel-Syndrom diagnostiziert, eine bewegungseinschränkende Erkrankung der Handgelenke. Er konnte einen Golfschläger im Wettkampf nur noch unter überwältigenden Schmerzen halten. Als er seinem Vater mitteilte, seine allzu kurze Karriere sei endgültig vorbei, stellte der alte Mann, der sonst mit Lob knauserte, das größte und wichtigste Kompliment aus: „Junge, du warst der Beste, den ich je gesehen habe.“

Was das Versprechen an Bill Jennings betrifft, „wenn ich es schaffe, dann zeige ich mich erkenntlich“: Mehr als zwei Jahrzehnte hindurch ist Venturi immer wieder nach Westchester gekommen und hat als Vorsitzender von Wohltätigkeitsveranstaltungen gewirkt, bei denen insgesamt mehr als 7 Millionen Dollar zusammenkamen. Ken Venturi ist der lebende Beweis dafür, dass das Wort eines Mannes und seine innere Stärke zum Besten gehören, was die Menschheit besitzt. Es macht Ken Venturi zu einem der bemerkenswertesten Sportler aller Zeiten.

Jim Nantz

Was wird denn das?

Wenn du nicht trainierst, denk daran:
Irgendwo ist irgendjemand beim Training,
und wenn ihr aufeinander trefft, wird er gewinnen.
Ed Macauley

BEVOR DIE SAINTS IHR SUPERSTADION BEKAMEN, SPIELTEN SIE IM Tulane-Stadion, der alten „Sugar Bowl". Die Fans aus New Orleans waren 1967 außer sich vor Begeisterung, weil sie endlich eine Football-Mannschaft hatten. Sie trampelten so heftig mit den Füßen, dass die alten Metallbühnen schwankten. Nicht nur einmal dachte ich: Gleich gibt es ein Unglück.

Am 8. November 1970 kam es im Tulane-Stadion zu einer großartigen Begegnung zwischen den Saints und den Detroit Lions. Die Lions erreichten den ersten Touchdown, und acht Sekunden vor Spielende stand es 16:14. Sie schienen den Sieg schon in der Tasche zu haben.

Beim Kickoff fing New Orleans den Ball in der Endzone und brachte ihn nicht nach vorn. Sie hielt ihn auf der 20-Yard-Linie. Die Uhr zeigte noch acht Spielsekunden. Bill Kilmer warf einen Pass entlang der Seitenlinie auf Al Dodd. Al trat über die Linie. Die Uhr wurde angehalten. Noch drei Sekunden. Die Saints verlangten eine letzte Auszeit.

Kilmer ging zur Seitenlinie. Das war der Augenblick der Entscheidung für den neuen Coach der Saints, J. D. Roberts. (Tom Fears, seit 1967 Coach der Saints, war Anfang jener Woche entlassen worden, und Roberts war an seine Stelle getreten.) „Wirf einfach ein", sagte Roberts. „Nein", widersprach sein Assistent Don Heinrich. „Er soll schießen." Roberts runzelte die Stirn, dann grinste er: „Okay, also ran."

Er rief: „Feldgoal, Leute!" North schickte Tom Dempsey in Position, damit er versuchte, über 63 Yards ein Feldgoal zu schießen. Ich habe in der NFL schon einige großartige Schützen erlebt – Leute wie Lou Groza und George Blanda. Damals waren mehr als 40 Yards schon ungewöhnlich, und der Rekord stand bei 54 Yards. Ich war nicht der Einzige, der dachte, Roberts weiß nicht, was er tut.

Alex Karras, einer der Verteidiger der Lions, fragte mich: „Was wird denn das?"

„Die Saints versuchen ein Feldgoal", antwortete ich.

„Das ist nicht dein Ernst. Sie müssen aus der eigenen Hälfte schießen!"

Ich zuckte die Schultern: „Das ist nicht meine Entscheidung, Alex."

Dempseys rechter Fuß war fehlgebildet, er endete auf Höhe des Ballens. Er trug eine Lederprothese über dem Stumpf. Manche gegnerische Spieler beschwerten sich, weil er nicht die vorgeschriebenen Schuhe trug. Für mich war die Sache klar: Er trug keinen Standardschuh, weil er keinen Standardfuß hatte. Schiedsrichter müssen auf unfaire Vorteilsnahme achten, aber dergleichen konnte ich in diesem Fall nicht entdecken.

Dempsey war genauso verwundert wie wir anderen, aber er trabte voller Selbstvertrauen aufs Feld. Der Mittelspieler Jerry Sturm schnappte sich den Ball, Joe Scarpetti legte ihn exakt auf der Markierung ab. Dempsey nahm einen normalen Schritt Anlauf und trat zu. Der Ball stieg wie aus der Kanone geschossen in die Luft, der Sekundenzeiger sprang auf „null". Ich zeigte einen Touchdown an und rannte vom Feld, während die Saints auf Dempsey zu stürmten und ihm gratulierten. Die Lions standen wie die Salzsäulen. Es war mehr als erstaunlich.

Die Times-Picayune aus New Orleans brachte die Sache am nächsten Tag groß heraus: „Wieder mal Dempsey-Tunney: Dempsey bringt den Zauberschuss, Tunney gibt ihn gut." Ein Foto zeigte Dempsey unmittelbar nach seinem Schuss und wie ich den Touchdown anzeige.

Dempseys erstaunliche Leistung blieb achtundzwanzig Jahre lang das längste Feldgoal (bis zum 25. Oktober 1998, als Jason Elam von den Denver Broncos ihn im Spiel gegen Jacksonville überbot, gerade als die erste Halbzeit zu Ende ging).

Jim Tunney

Der beste Türöffner

Lern' nicht nur die Winkelzüge des Geschäfts,
lern' das Geschäft selbst!
James Bennis

WIR ZOGEN ZIEMLICH VIEL UM, ALS ICH KIND WAR. VERBINDUNG schaffte in jeder neuen Stadt nur der Sport. Als wir in Maryland wohnten, war jedermann Fan der Colts, in Cincinnati jubelte man für die Reds, in Boston für die Celtics. Ich wollte immer Sportreporterin werden. Glücklicherweise sagten meine Eltern nie: „Das geht nicht, das ist kein Beruf für Frauen." Ich war von meiner Sache überzeugt, und meine Eltern ließen es über sich ergehen. Während andere Mädchen als Cinderella beim Kostümfest erschienen, ging ich als Sam Jones, der legendäre Defensespieler der Celtics! Anfang der 1970er-Jahre war ich eine der ersten Reporterinnen in der Sportabteilung des *Boston Globe*. Das war damals raues Gelände, und ich erinnere mich an viele unerfreuliche, ja sogar demütigende Momente. Nach einem Spiel der Pittsburgh Steelers wartete ich auf dem Parkplatz auf Terry Bradshaw, der mir ein Interview geben sollte (damals hatte die Presse noch keinen freien Zugang). Als Terry schließlich das Stadion verließ und mich mit meinem Notizblock stehen sah, kritzelte er schnell sein Autogramm darauf und eilte fort. Ich musste ihm nachschreien: „Das ist ein Missverständnis, ich bin Reporterin, ich möchte Ihnen ein paar Fragen stellen!"

Pat Riley, der Coach der NBA, schickte mir einmal eine Notiz, die ich immer bei mir trage. Sie lautet: „In allen Unannehmlichkeiten liegt der Keim zu etwas Gutem. Es liegt bei dir, ihn zu finden." Ich habe gelernt, dass Zähigkeit, Kenntnisse und eine gute Dosis Humor oft das Zünglein an der Waage sind.

Das Großartige am Sport ist, dass er ein echter Türöffner ist: Ob Taxifahrer oder König, sie alle können über die Chicago Bulls, die Dallas Cowboys oder die New York Yankees reden. Für den Sport sind Rassen, Glaubensbekenntnisse und auch Nationalitäten unerheblich.

Meine liebste Erinnerung aus all den Jahren als Sportreporterin stammt aus der Mitte der 1980er-Jahre, als Martina Navratilova zum ersten Mal in die Tschechoslowakei zurückkehrte, die sie 1976 verlassen hatte, um in den USA zu leben.

Als sie ihr Land verließ, wurde sie hinter dem Eisernen Vorhang zur Unperson. Niemand schrieb über ihre großartigen Siege in Wimbledon oder ihre anderen Leistungen. Offiziell war sie „gestrichen". Nicht einmal ihre Eltern konnten über ihre Erfolge lesen.

An jenem regnerischen Tag im Jahr 1986 kehrte sie als Mitglied des US Federation Cup zurück, und ich war glücklicherweise vor Ort und durfte darüber schreiben. Blitzschnell verbreitete sich in Prag die Nachricht, dass die große Martina nach Hause kam. Als das Flugzeug landete und sie die Fahrtreppe hinunterging, sah sie Tausende von Menschen am Vorfeld, die der Regierung trotzten und gekommen waren, um sie bei ihrer Ankunft zu begrüßen – Eltern, die ihre Kinder über einen Stacheldrahtzaun hoben, damit sie einen Blick auf die große tschechische Tennismeisterin erhaschen konnten. Martina war zu Tränen gerührt, und die anderen in ihrer Nähe nicht weniger. In diesem Augenblick hatte der Sport einen seiner besten, erfülltesten Momente.

Lesley Visser

Der Champion

Freundschaft, das ist eine einzige Seele,
die in zwei Körpern wohnt.
Aristoteles

ER LAG IN EINEM DÄMMERZUSTAND. DIE BLAU-WEISS GESTREIFTE Tapete verschmolz mit dem blauen Schrägsteifen auf dem mit Linoleum ausgelegten Fußboden und endete am Schrank. Dort hingen sein blaues Dodger-Hemd und der Dodger-Hut mit den Autogrammen.

Ich stand im Zimmer und beobachtete den schlafenden zwölfjährigen John in seinem Krankenbett. Seine Haut war runzlig und von blauen Flecken übersät. John lag im Sterben. Diagnose: Akute myeloische Leukämie. Er war dreimal vergeblich einer Chemotherapie unterzogen worden. Er war austherapiert. Meine Kollegen vertraten die Ansicht, es sei am humansten, ihn schmerzfrei zu halten und ihn im Schlaf sterben zu lassen. Aber sie hatten sich nie mit John unterhalten. Er hatte ihnen nicht anvertraut, wie sehr er sich wünschte, er könnte zusehen, wie seine Dodgers erst den Pokal und dann die World Series gewinnen würden.

Sein Vater war gestorben, als er zwei Jahre alt war. Ich war gerührt, dass er mich zum Ersatzvater wählte, mit dem er seine Baseball-Träume teilte.

Sanft weckte ich ihn, damit wir uns gemeinsam das letzte Spiel der Dodgers in der regulären Saison ansehen konnten. Seine Dodgers und meine Yankees hatten schon früher um den Sieg gekämpft. „Pass auf, Champ", neckte ich ihn. „Deine Dodgers hatten beim letzten Mal Glück, aber in der World Series verlieren sie bestimmt gegen meine Yankees." Als die Dodgers dann doch gewannen, quietsche John vor Freude.

„Ich möchte wirklich sehen, wie meine Dodgers spielen und deinen Yankees die Hosen ausziehen. Ich möchte miterleben, wie sie Weltmeister werden."

Ich schwor mir, alles zu tun, um John so lange am Leben zu halten, dass wir die World Series gemeinsam ansehen konnten. Wenigstens unsere Liebe für Baseball konnten wir noch teilen, nachdem ich ihm medizinisch nichts mehr zu bieten hatte. „Wir sehen uns beim Entscheidungsspiel, Champ", verabschiedete ich mich. „Und dann sehen wir, wie meine Yankees die Dodgers aufs Kreuz legen."

Am folgenden Abend saß ich zu Hause, nippte an einem Glas Wein und begann gerade, meinen ersten freien Abend nach drei Tagen zu genießen, als das Telefon klingelte. Dieser Klingelton ist mir ein Gräuel, denn er bedeutet normalerweise das Ende meiner kostbaren Freizeit.

Ich nahm den Hörer ab. Die Stationsschwester am anderen Ende entschuldigte sich: „Ich weiß, Sie sind nicht im Dienst, Doktor, aber Sie hatten gesagt, Sie wollten bei jeder Veränderung bei John informiert werden. Er sieht schrecklich aus. Er ist blass und schwitzt. Die Herzfrequenz ist extrem hoch. Er atmet schlecht und stöhnt bei jedem Atemzug."

„Bitte typisieren Sie Hämoglobin und Hämatokrit sofort und lassen Sie eine Kreuzprüfung für drei Einheiten Blut machen", erwiderte ich. „Bis das Blut da ist, geben Sie Ringers Laktat in seinen Tropf. Ich bin gleich da. Falls vorher etwas passiert, rufen Sie die Codenummer an." Ich hatte mein Versprechen nicht vergessen, dass ich John am Leben halten würde, damit er die World Series sehen konnte.

Die Blutkonserven und ich trafen zur selben Zeit auf der Station ein. John wirkte so müde – so abgeschlossen. Ich wusste, wenn ich ihm das Blut nicht schnell geben konnte, würde er die Nacht nicht überleben. Ich öffnete eine Vene an seinem Fußgelenk und führte einen großkalibrigen Katheter ein. Ich schloss die Blutkonserve an und pumpte die lebensrettende Flüssigkeit mit einer Handpumpe in seinen Körper. Bei Sonnenaufgang hatte John das gesamte Blut erhalten. Die generalisierte Blutung hatte angehalten, es war kein Herzversagen mehr zu befürchten.

John öffnete die Augen, lächelte mich an und sagte: „Hey Doc, wir sehen uns heute doch die World Series an?" Wir verfolgten alle Spiele am Fernseher in seinem Zimmer.

Gemeinsam erlebten wir die Spannung eines Entscheidungsspiels. Wir hatten unsere Teammützen aufgesetzt, tranken Cola und aßen Pizza. „Wetten, Champ", neckte ich ihn. „Meine Yankees gewinnen dieses Spiel mit der linken Hand."

„Nee, Doc", wehrte er ab. „Die Dodgers werden Weltmeister." Ich gebe zu, dass ich, ein überzeugter Anhänger der New York Yankees, der sich für Joe DiMaggio ein Bein ausgerissen hätte, insgeheim den Dodgers den Daumen hielt.

Die Dodgers gewannen an diesem Abend das Weltchampionat. Mit einem Lächeln auf den Lippen schlief John ein. Tränen traten mir in die Augen. Ich nahm seine Hand und verabschiedete mich schweigend von ihm. Auch er war ein Champion, nicht weniger als seine geliebten Dodgers.

Paul Winick, M. D.

Die rettende Hühnerbrühe

1. JANUAR 1979. DIE „COTTON BOWL". NOTRE DAME GEGEN HOUSTON. Fast –10 Grad. Eisiger Wind fegt mit 60 km/h durch die Stadt und lässt die gefühlte Temperatur noch weiter sinken. Der schlimmste Eissturm seit dreißig Jahren hatte ganz Dallas in ein riesiges Eislaufstadion verwandelt. Trotzdem waren die Fighting Irish aus Notre Dame heiß, und ihr Quarterback Joe Montana verschaffte ihnen gleich zu Anfang einen 12:0-Vorsprung. Dann wendete sich das Spielglück Houston zu, und zur Halbzeit stand es 20:12. Was war mit Joe und seinen Fighting Irish passiert?

Als die Mannschaften nach der Pause wieder aufs Feld liefen, stöhnten die Anhänger der Irish auf, denn sie sahen sofort: Joe fehlte. Gleich darauf wurde über Lautsprecher bekannt gegeben, Montana sei im Umkleideraum … und werde vom Arzt betreut.

Dr. Les Bodnar kümmerte sich seit dreißig Jahren um das Team von Notre Dame. Joe war an diesem Tag nicht schwer zu diagnostizieren: Seine blasse, feuchte Haut sagte deutlich genug, was los war. „Ich bin nicht krank", protestierte er. „Es schüttelt mich einfach nur."

Die beste Medizin, die Dr. Bodnar gerade an diesem Tag für solche Fälle in seiner schwarzen Arzttasche mitführte, war eine Tasse heißer Hühnerbrühe. Es war dem Weihnachtsgeschenk von seiner Tochter Betty zu verdanken, dass der Arzt das richtige Mittel im richtigen Augenblick zur Hand hatte. Während Joe im Umkleideraum saß, eingehüllt in die Mäntel der Teamkollegen, und heiße Hühnerbrühe schlürfte, drang aus dem Stadion der Spiellärm herein und verriet, wie es da oben lief – nicht gerade bestens.

Der Coach Dan Devine schickte seinen Assistenten Rick Slager, um zu hören, wie es Joe ging. Slager kam eilig zurück. Er bemühte sich um einen optimistischen Ton: „Jetzt hat er nur noch etwas über 37 Grad!"

Erst spät im dritten Spielviertel stieß Joe wieder zum Team. Er fühlte sich immer noch elend, aber die Temperatur war wieder normal. Der

Anfang lief allerdings nicht gut, und am Ende des dritten Viertels führte Houston 34:12.

Dabei blieb es, bis die Uhr noch 7 Minuten und 37 Sekunden Spielzeit anzeigte. In dieser Situation blockte Tony Belden von Notre Dame einen Punt der Houstoner. Der Ball schoss steil in die Luft und fiel direkt in die Arme von Steve Cichy. Der sprengte die gegnerische Mannschaft und sprintete über das ganze Feld. Touchdown für die Irish. Dann sorgte Montana mit einem Wurf für einen 2-Punkt-Verwandler, und es stand 34:20. War das die Wende? Taten die Wärme und die Heilkraft der Hühnerbrühe ihren Dienst?

Ihren nächsten Ballbesitz konnte das Team aus Houston nicht nutzen, Montana dagegen lief die 61 Yards für die Irish bis zur Endzone. Der 22-Punkte-Vorsprung der Cougars war auf sechs zusammengeschmolzen, und es blieben noch 4 Minuten und 15 Sekunden zu spielen.

In den nächsten zwei Minuten drängte Notre Dame wieder. Montana schaffte 16 Yards, verlor dann aber den Ball an Houston. Noch 1 Minute und 50 Sekunden. Houston versuchte an seiner 29-Yard-Linie ein riskantes Manöver und wurde von Notre Dame gestoppt. 29 Yards vor der Endzone bei verbleibenden 28 Sekunden Spielzeit kamen die Fighting Irish wieder in Ballbesitz. Montana brachte den Ball bis auf 11 Yards vor, gab dann an Kris Haines ab, der ihn bis auf 8 Yards brachte. Houston verlangte eine Auszeit. Noch 6 Sekunden zu spielen.

Bei seinem nächsten Lauf versuchte Joe wieder, Haines anzuspielen. Als der sich nicht frei machen konnte, schoss er den Ball ins Aus. Noch 2 Sekunden. Joe fragte Haines, ob er ihn noch einmal anspielen könne? „Klar", antwortete Haines. „Dann los", schmunzelte Joe. Und es klappte. Später sagte Joe: „Es war perfekt. Besser ging's gar nicht. Es war ein tiefer Pass, und er sah aus, als wollte er ins Aus gehen, aber so war das auch gemeint."

Hains fing den Ball in einer Ecke der Endzone. Die Uhrzeiger sprangen auf 0:00. Ausgleich.

Joe Unis, der aus Dallas stammte, sollte den entscheidenden Punkt machen. Das klappte, aber es wurde unerlaubtes Verfahren reklamiert. Zur Wiederholung mussten die Irish 5 Yards zurück, und Unis bekam einen weiteren Versuch. Zum zweiten Mal sollte seine Aktion spielentscheidend sein! Er schaffte es: 35 : 34 für Notre Dame.

Konnte Dr. Bodnars Tochter in die Zukunft sehen, ahnte sie, dass ihr Vater eine Woche nach Weihnachten ein Päckchen mit Mrs. Grass' Hühnerbrühe brauchen würde, um den Stolz der Irish zu retten und die Legende von „Joe, dem Stehaufmännchen" zu zementieren? Wahrscheinlich nicht. Wahrscheinlich war es einfach Glück für die Irish und wieder ein Beweis dafür, wie gut Hühnerbrühe für Körper und Geist ist.

Bernie Kish

Sie wagt sich auf den Iditarod

Du kannst nur dann dein Allerbestes zeigen,
wenn dein Wunsch zu siegen stärker ist
als deine Angst vor dem Verlieren.
Sammy Lee

TEKLA LIEGT NEBEN DEM SCHLITTEN. SIE IST ZU MÜDE. SIE KANN nicht mehr. Ich betrachte meinen erfahrensten Führungshund und hadere mit meinem Schicksal.

Eine falsche Kurve bei einem heftigen Schneesturm hatte mich mehr als 30 Kilometer vom Kurs abgebracht. Ich verlor vier Stunden, während ich auf die richtige Strecke zurückfuhr, und das hat mich weit hinter die Spitzengruppe im längsten Schlittenhunderennen der Welt zurückgeworfen. Der Iditarod durchquert Alaska von Anchorage nach Nome. Am schlimmsten ist, dass ich Tekla für den Rest des Rennens entbehren muss.

Für diese fürchterliche, mehr als 1600 Kilometer lange Strecke haben die Teams in der Vergangenheit zwischen 12 und 32 Tagen gebraucht. Sie folgt ungefähr einem Weg, der in den Anfängen des 19. Jahrhunderts zwischen den Goldgräberstädten Nome und Iditarod und dem eisfreien Hafen Seward ausgelegt wurde. Seit 1973 wird dieses Rennen jährlich Anfang März ausgetragen. Wir haben 1982.

Ich wurde als Kind einer gutbürgerlichen Familie in Cambridge, Massachusetts, geboren. Während meiner Kindheit verbrachten wir die Sommerferien immer am Meer, und ich war von morgens bis abends draußen. Ich hatte viele Tiere, aber mein Lieblingstier war ein Hund.

Als ich älter wurde, sehnte ich mich nach einem Leben, in dem sich Hunde und die freie Natur verbinden ließen. Tief in meinem Inneren spürte ich, dass es einen Ort gab, wo ich freier atmen konnte und wo meine eigene harte Arbeit Maßstab meines Erfolgs sein würde.

Im Jahre 1975 kam ich nach Alaska und hoffte, dort meinen Traum zu verwirklichen. Heute blicke ich aus der Tür meiner Blockhütte – 225 Kilometer nordwestlich von Fairbanks und 6 Kilometer von meinem nächsten Nachbarn entfernt – auf meine Schlittenhunde, und ich weiß, mein Traum ist so wahr geworden, wie Mount McKinley in der Ferne wahr ist. Und er ist so herausfordernd wie der Iditarod.

Drei Jahre lang hatte ich in der Wildnis gelebt, hatte Huskys gezüchtet, ein Gespann zusammengestellt und trainiert, mit dem ich 1978 zum ersten Mal auf den Iditarod ging. Ich kam auf den neunzehnten Platz und bekam gerade noch ein Platzgeld. Nur die ersten zwanzig Teams, die Nome erreichen, bekommen ungefähr 100 Dollar Prämie. Im folgenden Jahr war ich Neunte, 1980 und 1981 dann jeweils Fünfte.

Ich besitze ungefähr 50 Hunde, setze aber nur 15 von ihnen für Rennen ein. Die anderen werden jedoch ständig trainiert, damit ich immer auf diese Anzahl zurückgreifen kann. Gute Renner müssen mit 15 km/h laufen und im schnellen Trab 29 km/h erreichen. Meine Hunde sind Alaska-Huskys, Abkömmlinge von Hunden der Eskimos und der Indianer. Sie werden auf Ausdauer und Pfoten hin gezüchtet, die auf Eis nicht einreißen, und zwischen deren Ballen sich keine Schneeklumpen bilden. Diese Hunde wiegen durchschnittlich 22,5 Kilogramm, sie sind langbeinig und schmal gebaut. Sie müssen aus eigenem Antrieb gern laufen und nicht unterzukriegen sein.

Jeder Hund zeigt eine ganz eigene Persönlichkeit. Abends, wenn wir die Trainingsläufe von bis zu 100 Kilometer hinter uns gebracht haben, lasse ich einige in meine Hütte und bespreche mit ihnen die Tagesleistung. Kopilot äußert sich mit einem langen Heulton, wenn ich über ihn spreche. Die anderen klopfen mit der Rute auf den Boden, sobald sie ihren Namen hören. Wenn es Zeit ist, die Pfoten auf mögliche Verletzungen zu prüfen, rollen Tekla und Daiquiri sich auf den Rücken, strecken alle viere in die Luft und wollen als Erste behandelt sein.

Es ist Februar geworden. Ich muss 700 Kilogramm Nahrungsmittel und Ausrüstung zusammenstellen, die an 24 Kontrollpunkten entlang der Rennstrecke gelagert werden sollen: Das sind 75 Jutesäcke, angefüllt mit Lammfleisch, Rinderleber, Biberfleisch, Fett, handelsüblichem Hundefutter, Fisch, Überziehern für wunde Pfoten und Erdsatzbatterien für die Stirnlampe, die ich während des Rennens tragen werde. Das Fleisch muss in „mundgerechte" Stücke geschnitten werden, um die Fütterung auf der Strecke zu erleichtern. Aus Hackfleisch, Honig, Pflanzenöl, Vitaminen und Mineralstoffen werden Honigklöße gedreht.

Die Hunde und ich treffen in Anchorage ein und stoßen zu einem Feld aus schließlich 54 Hundeführern und 796 Hunden. Man spricht von einer vereisten Rennstrecke mit gefährlichen Kurven. Solche Geschichten machen mich noch nervöser, als ich ohnehin schon bin. Noch ein Tag, bis ich auf die Strecke gehe – allein mit meinen Hunden und dieser Art zu leben, die ich so liebe.

In diesem Jahr liegt in Anchorage wenig Schnee, sodass der Start um 84 Kilometer nordwestlich nach Settlers Bay verlegt wird. Die Mannschaften starten im Abstand von drei Minuten. Ich habe Startposition 26 gezogen.

Meine Hunde sind so laufwütig, dass zehn Helfer sie halten müssen, während die anderen Rennteilnehmer schon starten. Meine Freundin Kathy Jones, die mir geholfen hat, das Geld für diese Unternehmung einzuwerben, sucht sich einen Platz auf dem Schlitten zwischen der Ausrüstung, die alle Teilnehmer mit sich führen müssen: Schneeschuhe, eine Axt, ein Schlafsack. Das Reglement verlangt, dass auf den ersten 15 Kilometern eine Begleitperson mitfährt, falls gleich anfangs Probleme auftreten.

Jetzt ist meine Startzeit erreicht, und ab geht's! Anderthalb Kilometer weiter rutschen wir einen vereisten Abhang hinunter und in einen umgestürzten Baum. Kathy und ich beziehen nur ein paar Schrammen, aber die Hunde haben mehr abbekommen. Cracker, Ruff und Screamer laufen nicht mehr taktrein. Trotzdem überholen wir zwei Teams.

In Knik Lake verlässt Kathy uns. Von jetzt an bin ich allein. Mit Einbruch der Dunkelheit beginnt es zu schneien. Nacheinander überhole ich 22 Teams. Jetzt sind nur noch drei Mannschaften vor mir.

Cracker, Ruff und Screamer ziehen nicht mehr und hinken. Auch wenn ich dadurch langsamer werde, packe ich sie auf den Schlitten, damit sie sich nicht weiter verletzen.

Kilometer um Kilometer stehe ich hinter meinen Hunden auf den Schlittenkufen. Ich hätte Skwentna, den dritten Kontrollpunkt, längst passieren müssen. Irgendetwas ist falsch gelaufen. Bei Sonnenaufgang kommt mir ein anderer Hundeführer entgegen. „Wir sind bestimmt 16 Kilometer vom Weg ab“, ruft er mir zu.

Ich wende mein Team. Das ganze Jahr hindurch habe ich nur an eines gedacht: Gewinnen! Jetzt sind alle meine Hoffnungen zerstoben. Mit drei verletzten Hunden im Gepäck kann ich den Zeitverlust keinesfalls wettmachen. Dann beginnt Tekla zu lahmen.

Fünf Minuten vor sieben Uhr morgens kommen wir in Skwentna an, mit vier Stunden Verspätung. Meine Hunde sind erschöpft. Ich füttere sie, dann bringe ich Cracker, Ruff und Screamer zu einer Stelle, von wo aus sie zurückgeflogen werden können. Ich massiere Teklas Schulter. Ich kann es nicht riskieren, sie zu einem so frühen Zeitpunkt im Rennen zu verlieren.

Wir machen uns wieder auf den Weg. Nach 72 Kilometern, bei Finger Lake, ist mir klar, dass meine lahmende Tekla nicht weiter kann. Tränen laufen mir über die Wangen. Sie, die das Team in unseren ersten drei Rennen führte, die mir nicht nur einmal das Leben gerettet hat, die sogar meine Gedanken lesen kann, diese Hündin muss ich jetzt zurücklassen. Sie ist genau so traurig wie ich, während sie auf ihren Heimflug wartet.

Mit nur noch elf müden Hunden mache ich mich auf den Weg nach Nome, das noch 1500 Kilometer entfernt ist. Nach nur 16 Kilometern gibt es keine Frage: Wir müssen rasten. Ich liege im Schnee neben Ali und Kopilot, die jetzt das Leitgespann sind. Sie kuscheln sich an mich, und ich massiere ihre Schultern und Beine. Andere Teams rauschen an uns vorbei. Meine Vorsätze sind ins Wanken geraten, aber noch bin ich nicht bereit, aufzugeben.

Als wir uns wieder auf den Weg machen, habe ich nur den Kontrollpunkt Rohn im Sinn. Dort werde ich die vorgeschriebenen 24 Stunden Pause einlegen. In den ersten beiden Tagen auf der Rennstrecke habe ich nur 4 Stunden geschlafen.

Als wir auf dem Rainy Pass über die Alaska Range klettern, bin ich nicht ausreichend konzentriert. Ich steige vom Schlitten ab, damit die Hunde den steilen Hang ohne mein Gewicht leichter bewältigen können. Ich habe die Energie meiner Hunde gröblich unterschätzt. Sie stieben davon und sind außer Sichtweite, bevor ich die Passhöhe erreiche.

Zehn Kilometer lang verfolge ich sie, dann, hinter einer Wegbiegung, habe ich sie eingeholt. Der Schlitten liegt auf der Seite, ist aber nicht beschädigt. Die Hunde bellen und wedeln, als wollten sie sagen: Verflixt, wo warst du?

Das war knapp, und mir ist klar, dass es nur meiner Schicksalsergebenheit zuzuschreiben ist. Das soll mir nicht noch einmal vorkommen. Um 17 Uhr 01 treffen wir endlich in Rohn ein.

Nach 24 Stunden Ruhe und vier warmen Mahlzeiten ist mein Team ganz versessen darauf, wieder zu starten. Die Hunde jaulen und bellen. Fester als je zuvor bin ich entschlossen, im Rennen zu bleiben. Selbst Jimmy läuft kraftvoll, obgleich seine Pfoten wund sind und ich sie medikamentös behandeln muss.

Mit einbrechender Dunkelheit fällt mehr Schnee und überdeckt die Spur. Ich kann aber auf die Führungsgruppe aufschließen, denn sie haben die Spur verloren und warten auf den Tagesanbruch.

Bis zu diesem Zeitpunkt haben wir das Rennen individuell bestritten, jeder für sich. Ab jetzt müssen wir zusammenarbeiten. Abwechselnd bahnen wir den Weg durch den tiefen Neuschnee. Sobald es möglich ist, werden wir wieder allein weitermachen. Vier Tage und 568 Kilometer mühen wir uns in dieser zeitraubenden Form voran.

In Ruby klart es auf, aber die Temperatur sinkt auf –42 Grad, als ich mich allein auf den zugefrorenen Yukon mache. Wenn ich zu lange auf dem Schlitten bleibe, riskiere ich Erfrierungen. Wenn ich zu lange hinter dem Schlitten herlaufe, kann ich meine Lungen schädigen. Ich wechsle zwischen Laufen und Schlittenfahren ab. Jimmys Pfoten sehen schlechter aus. Ich muss ihn in Galena zurücklassen. Dann bricht ein wütender Sturm über uns herein und verschüttet die Spur. Wir in der Führungsgruppe suchen für die Nacht im Zelt eines Trappers Schutz.

Noch eine Tagesreise, und wir erreichen Unalakleet. Nur noch 436 Kilometer bis Nome. Das Wetter wird schlechter. Die Windgeschwindigkeit erreicht 95 km/h. Unsere Wimpern frieren zusammen. Ich halte oft an und säubere meine und die Augen der Hunde und überprüfe ihre Pfoten.

Es ist Mitternacht. Selbst im Schein meiner Stirnlampe erkenne ich die aus Treibholz errichteten Markierungszeichen an der Strecke kaum, die den Weg durch diese flache, konturlose Landschaft weisen. Ich hangele mich förmlich von einem hölzernen Dreibein zum nächsten. Als wir schließlich Shaktoolik erreichen, habe ich Erfrierungen im Gesicht. Im Haus von Lucy Sockpealuk finden wir freundliche Aufnahme – ich und die Hunde. Es ist so kalt, dass sie draußen nicht entspannt ruhen könnten. Ich kann sie draußen auch nicht füttern, der Wind würde ihre Schüsseln wegblasen. Gegen Morgen wütet der Sturm mit bis zu 130 km/h und türmt 9 Meter hohe Schneewehen auf.

Ich warte 52 Stunden lang im Dorf. Als der Sturm nachlässt, nehmen alle Hundeführer das Rennen mit frischer Energie auf. Nur noch 372 Kilometer liegen vor uns, aber das ist eine harte Strecke. Wir sind sieben Teams in der Führungsgruppe, und wir halten uns jetzt eng zusammen.

Dann werden die Anstrengungen im hohen Schnee für Taboo zu groß. Ich muss ihn aus dem Gespann nehmen. Von meinen ursprünglich fünfzehn Hunden bleiben mir nur noch neun. Emmit Peters fährt inzwischen mit zehn, Rick Swenson mit zwölf und Jerry Austin mit vierzehn Hunden. Trotzdem fühle ich, dass das Rennen noch völlig offen ist. Wieder beherrscht der mögliche Sieg meine Gedanken.

Als wir nur noch 65 Kilometer von der Ziellinie entfernt sind, trifft uns erneut ein Sturm wie in Shaktoolik. Als er endlich nachlässt, hat Ali, mein bester Führhund, keine Lust mehr zu gehorchen. Ich spanne um. Jetzt sind Kopilot und Stripe vorn. Die beiden Hunde werfen sich in die Riemen, und das Team nimmt wieder Tempo auf.

Ich halte jetzt den fünften Platz, nur knapp hinter Rick, Jerry, Emmit und Ernie Baumgartner. Der Endspurt hat angefangen. Noch 50 Kilometer. Mein Adrenalinausstoß ist enorm.

Ich ziehe an Ernie vorbei und gewinne Vorsprung. Ich überhole auch Emmit, aber er bleibt in meinem Windschatten. Wir jagen durch den letzten Kontrollpunkt. Nur noch 35 Kilometer. Jemand ruft mir zu, dass Rick und Jerry nur zwei Minuten Vorsprung haben. Emmit lässt sich nicht abhängen.

Stripe gibt auf. Schnell spanne ich um. Ich brauche nur 40 Sekunden, dann haben Ali und Stripe die Plätze getauscht. Emmit hat mich fast eingeholt. Ich feuere Ali und Kopilot an: „Vorwärts! Lauft, lauft!“

Meine Hunde stürzen nach vorn und ich weiß sofort: Es hat geklappt. Ich hänge Emmit ab.

Ali ist schon früher mit mir ein Rennen nach Nome gelaufen. Er spürt, dass es fast geschafft ist. Er kennt seine Aufgabe und gibt sein Letztes. Die anderen Hunde akzeptieren seine Führungsrolle. Nach 13 Kilometern habe ich Jerry überholt, aber vor mir, in der Ferne kaum zu erkennen, fährt Rick.

Meine Hunde und ich mobilisieren alle unsere Energien, aber Rick fährt 3 Minuten und 43 Sekunden früher als wir in Nome ein. Das Rennen hat für uns 16 Tage gedauert. Jubelnd werde ich empfangen. Dankbar nehme ich 16 000 Dollar als zweiten Preis in Empfang. Der letzte Hundeführer mit seinem Gespann wird erst 10 Tage später eintreffen.

Die Wildnis ist jetzt mein Lebensinhalt, und der Iditarod ein unvergleichliches Erlebnis. Mein Traum ist jetzt: Die Nummer eins sein.

Susan Butcher

[Anmerkung des Herausgebers: Susan Butcher setzte ihre Erfolge fort und gewann den Iditarod 1986 und in den folgenden fünf Jahren noch viermal.]

4

ÜBER MANNSCHAFTEN UND SPORTLICHE HALTUNG

Ich bin dafür verantwortlich,
dass meine fünfundzwanzig Kerls
für den Namen spielen,
den sie vorn auf dem Trikot tragen
und nicht für den auf der Rückseite.

Tommy Lasorda

Einmal ein Cougar ...

Wenn Menschen als Gruppe zusammenarbeiten, erreichen sie Dinge, die für jeden einzelnen allein unmöglich wären.

Franklin D. Roosevelt

DIE COUGARS WAREN DIE ASCHENPUTTEL IN DER LITTLE LEAGUE DER Stadt, aber sie arbeiteten sich bis zum Meisterschaftsspiel durch. Die Erfolgsserie der Mannschaft begann, als man bei einem ihrer Mitglieder Krebs diagnostizierte. Jimmy hatte alle Karten gegen sich, so wie seine geliebten Cougars. Zu Saisonbeginn wurden sie noch unter „ferner liefen ..." gehandelt, doch dann geschah ein Wunder. Je kränker Jimmy wurde, desto erfolgreicher waren die Cougars. Sie gewannen Spiel nach Spiel und zauberten damit ein Lächeln auf Jimmys Gesicht, wenn seine Eltern ihn im Krankenhaus besuchten und davon berichteten.

Er wollte so gern bei ihnen auf dem Spielfeld sein, aber das ging nicht, wie jedermann wusste. Seine Tage waren nun mit der Behandlung und nicht durch Training und Spiele ausgefüllt. Es war nicht einfach, nicht den Mut zu verlieren und es nicht peinlich zu finden, als nach der Bestrahlung die Haare ausfielen. Er wollte nicht, dass seine Familie ihn so sah, und seine Freunde und Mannschaftskameraden schon gar nicht.

Die Wochen vergingen, die Cougars gewannen immer wieder, und auch Jimmy gewann seinen Kampf. Trotzdem war er niedergedrückt. Wochenlang hatte er seine Kumpels nicht mehr gesehen. Er vermisste sie sehr. Andererseits wusste er auch, wie grausam Kinder sein können, insbesondere zu einem kahlköpfigen Spieler der Little League, und deshalb lehnte er es weiterhin ab, wenn sie ihn besuchen wollten.

Eines Tages hatte der Arzt fantastische Neuigkeiten für Jimmy. „Du machst so gute Fortschritte, wir können dich nach Hause entlassen", sagte er.

Jimmy war natürlich noch sehr schwach, aber er wollte doch dabei sein und sehen, wie seine Cougars um die Meisterschaft spielten. Andererseits war ihm seine Glatze peinlich, und er weigerte sich, das Haus zu verlassen. Seine Mutter und sein Vater redeten ihm gut zu, aber er blieb bei seinem Entschluss – bis kurz vor Spielbeginn. Seine Eltern sahen, wie schwer er sich tat, machten ihm immer wieder Mut, und endlich ließ Jimmy sich überreden. Er fuhr mit ihnen ins Stadion. Er wollte die Cougars anfeuern.

Als sie im Stadion eintrafen, zog Jimmy seine Cougar-Kappe tief über die Ohren und hoffte, niemand würde ihn erkennen. Keine Chance! Einige seiner Teamkameraden erspähten ihn sofort und stürmten mit Gebrüll auf ihn los. „Runter auf die Bank, Mann", hieß es. „Du bist ein Cougar!" Was blieb Jimmy übrig? Es freute ihn ja schließlich doch.

Spielzeit. Einer nach dem anderen wurden die Spieler namentlich aufgerufen und trabten aufs Feld. Dann hörte Jimmy auch seinen Namen. Überrascht und erfreut zog er seine Kappe noch tiefer über den Kopf, lief hinaus und reihte sich in seine Mannschaft ein. Sein Lächeln war strahlender als alles, was seine Mutter und sein Vater seit Monaten gesehen hatten.

Dann erklangen die ersten Töne der Nationalhymne, und Jimmys Lächeln erlosch. Er wusste, jetzt musste er die Mütze abnehmen. Er war nur kahlköpfig, aber er würde sich vor den Blicken seiner Familie, der Freunde und der Fremden wie nackt fühlen. Als er zögernd nach seiner Mütze griff, sah er, wie seine Teamkameraden mit großen, weit ausholenden Bewegungen und mit einem triumphierenden Lächeln ihre Kappen abzogen: Alle Cougars hatten sich Jimmy zu Ehren die Schädel rasieren lassen! Stolz nahm Jimmy seine Kappe ab und legte sie über das Herz.

Einmal ein Cougar, immer ein Cougar!

Tim Palesky

Als Lisa einen Wettkampf verlor

DAMIT WIR UNS NICHT MISSVERSTEHEN: ICH REDE NICHT ÜBER DIE vielen Berufssportler der heutigen Zeit, die sich diese „Erst-komme-ich"-Einstellung angeeignet haben, nachdem sie in einer Generation groß geworden sind, in der das Siegen um jeden Preis an erster Stelle steht. Dieser Generation fehlt es bitter an Leitbildern. Die meisten unsere Aufmerksamkeit erregenden Schlagzeilen haben Sportler zum Thema, die in Schwierigkeiten geraten sind. Nein, ich rede vom Schulsport, wo man noch Lektionen für das Leben lernt und wo Sportler noch aus Liebe zum Sport und um Anerkennung durch ihre Teamkameraden in den Wettkampf gehen.

Ich weiß, einige von Ihnen denken jetzt: „Die Schulsportler von heute sind genauso übel wie die Profis." Teilweise haben Sie vermutlich sogar recht. Die „Erst-komme-ich"-Einstellung sickert in den Sport an den Senior- und sogar den Junior-Highschools durch.

Aber inmitten all dessen gibt es diese junge Dame aus Wisconsin.

Ich erlebte Lisa Kincaid zum ersten Mal auf einem Volleyballfeld, als sie für eine gegnerische Schule in dem Bezirk antrat, in dem ich als Coach tätig bin. Oft habe ich seither am Spielfeldrand gestanden und mit achtungsvollem Erstaunen ihre Sportlichkeit bewundert. Sie ist schnell wie ein Panther, besitzt die Nervenstärke einer gestandenen Spielerin und springt fast einen halben Meter senkrecht in die Höhe! (Das ist für eine Schülerin der Highschool absolut ungewöhnlich, und sie besuchte damals erst die unterste Klasse!)

Als sie in die Junior-Klasse versetzt war, hatte ich das Vergnügen, Lisa als Trainer in einer der Fördermannschaften der USA für die Olympischen Spiele zu betreuen. In diesen zwei Jahren lernten meine Frau und ich sie schätzen und lieben. Wir schätzten sie nicht nur wegen ihrer vielen sportlichen Leistungen, sondern wegen ihrer Selbstlosigkeit und Rücksicht gegenüber allen Menschen in ihrer Umgebung, und das trotz der vielen Ehrungen, die ihr zuteil wurden. Als Sportlerin war sie leichter zu führen als die meisten jungen Menschen, mit denen ich sonst zu tun habe. Vor allem aber war sie eine mustergültige Mannschaftsspielerin und geradezu rührend bescheiden.

Wenn irgendjemand das Recht gehabt hätte, großspurig oder besonders stolz auf sich zu sein, dann war es Lisa. Erstens war sie eine der besten Basketball- und Volleyballspielerinnen im Bundesstaat und außerdem eine herausragende Läuferin. Wie gut war sie? Sie bestritt 64 Ligaspiele in Folge, ohne zu verlieren. Während der vier Jahre ihrer Senior-Highschool-Zeit spielte sie in allen Endspielrunden im Bundesstaat und errang sechsmal einen Titel. Oft repräsentierte sie allein ihr Team in einem Wettkampf auf bundesstaatlicher Ebene und brachte ihre Highschool dabei sogar auf den dritten Platz.

Nie gab sie mit ihren Erfolgen an. Sie sprach nicht einmal gern darüber. Geschickt lenkte sie im Gespräch auf die Leistungen ihrer jüngeren Schwester oder anderer Mannschaftsmitglieder ab. Ich erlebte sie bei vielen Volleyballspielen und außerdem bei zahlreichen Laufwettbewerben, denn der Videohersteller, mit dem ich kooperierte, hatte den Auftrag erhalten, Videos von Laufwettbewerben für andere Highschools im Verband herzustellen. Oft beobachtete ich, wie sie ihre Schuhe auslieh, weil eine andere Läuferin ihre vergessen hatte. Oder wie sie am Ende eines Laufs langsamer wurde, damit sie zeitgleich mit ihrer Schwester die Ziellinie überquerte. Beide Mädchen strahlten dann über das ganze Gesicht. Ganz lebhaft erinnere ich mich daran, wie Lisa auf eine Sportlerin aus einem anderen Team zu ging und ihr zum Geburtstag gratulierte. Mit leuchtenden Augen erzählte die andere von ihren Partyplänen für den Abend. Schmunzelnd wandte ich mich ab, denn ich wusste, dass auch Lisa an diesem Tag Geburtstag hatte, aber das verriet sie nicht.

Unter all diesen Erfolgen und Beweisen für ihre sportliche Haltung sticht ein Ereignis besonders hervor. Es passierte in Lisas Junior-Jahr und zeigte mir besonders deutlich, wofür Sport auch heute noch gut ist.

Der Wettkampf fand außerhalb der Liga statt und lag spät im Jahr. Lisas Trainer sagte, er brauche sie für die Distanz über eine Meile. Lisa war diese Strecke noch nie gelaufen, aber sie war bereit, für das Team zu starten.

Problemlos lief sie den anderen Läuferinnen davon, aber auf den letzten Metern schien sie müde zu werden. Zwei Läuferinnen aus dem gegnerischen Team überholten sie, und dann auch Jane (Name geändert) aus ihrem eigenen Team. Lisa blieb ihr an den Fersen und lief als Vierte ein.

Zum ersten Mal in ihrer Läuferinnenkarriere hatte Lisa ein Rennen verloren.

Nun muss man wissen, dass die Mitglieder in Lisas Kategorie eine bestimmte Punktzahl brauchen, um sich einen Varsity-Buchstaben zu verdienen. Lisa wusste, dass Jane, die damals ein Senior war, zumindest auf den dritten Rang kommen musste, um ihren ersten Varsity-Buchstaben zu erringen. Sie konnte auch davon ausgehen, dass zwei Läuferinnen aus dem anderen Team Jane überrunden würden, wenn sie nur annähernd die Zeiten liefen, die sie im Verlauf des Jahres erreicht hatten. Andererseits war Jane der dritte Platz sicher, sofern sie sich nicht verletzte – und bis der Trainer Lisa für den Lauf meldete.

All dies war Lisa völlig klar, als sie an den Start ging. Ich wunderte mich, weshalb sie so verschmitzt lächelte, nachdem sie zum allerersten Male überhaupt verloren hatte. Es war eben so: Nach vier Jahren harter Arbeit hatte Jane ihren ersten Varsity-Buchstaben errungen und dazu beigetragen, dass ihr Team den Wettkampf gewann.

Und Lisa? An jenem Tag, als sie verlor, gewann sie meine Hochachtung und meine Bewunderung und bestätigte sich in meiner Erinnerung als das Leitbild, das diese Generation so dringend braucht.

Michael T. Powers

Phil Espositos wilder Ausflug

IM FRÜHJAHR 1973 WARFEN DIE NEW YORK RANGERS DIE BOSTON Bruins aus den Ausscheidungsspielen um den Stanley Cup. Während dieser Spiele wurde der Star der Bruins, Phil Esposito, durch einen Angriff von Ron Harris zu Boden gebracht. In einem Krankenhaus in Boston diagnostizierten die Ärzte einen Bänderriss am Knie. Das verletzte Bein wurde eingegipst.

Als die Bostoner Spieler eine Abschiedsparty zum Saisonende planten, fand einer, das gehe eigentlich nicht „ohne Esposito, unseren Mannschaftskapitän". Die anderen stimmten zu. Der Punktekönig der NHL musste mit von der Partie sein, und wenn auch nur symbolisch. Also fuhren sie ins Krankenhaus, um ihn zu holen.

Zwei der Bruins gaben die Aufpasser und lenkten das Krankenhauspersonal ab, während mehrere andere Esposito heimlich samt seinem Krankenhausbett den Korridor entlang in den Aufzug und dann zu einem Ausgang rollten. Leider blieb bei dieser Nacht-und-Nebel-Aktion ein metallenes Geländer auf der Strecke.

Das Bett mit seinem berühmten Insassen rollte eilig über die Straße, vorbei an hupenden Autos und staunenden Fußgängern. Die Bruins, angeführt von Wayne Cashman und Bobby Orr, rollten ihren Mannschaftskapitän in ein Restaurant in der Nähe des Krankenhauses. An einer verkehrsreichen Straßenecke rief Orr: „Linksabbieger, Phil!" Espositos Arm schoss unter der Bettdecke hervor wie ein Winker.

Nach der Party wurde Esposito ins Krankenhaus zurückgerollt. Die Zuständigen dort fanden die Entführung ihres berühmten Patienten nicht lustig. Die Bruins bezogen nicht nur eine Strafpredigt, sondern auch eine Rechnung über 400 Dollar wegen Beschädigung von Krankenhauseigentum.

Sie reagierten vorhersehbar. Während Esposito schlief, schoben seine Mannschaftskameraden den Scheck unauffällig unter sein Kopfkissen.

Brian McFarlane

Wie du das Spiel spielst

Die Dinge entwickeln sich am besten für diejenigen,
die das Beste daraus machen,
wie sich die Dinge entwickeln.
Daniel Considine

IN MEINER JUGEND LAS UND HÖRTE ICH IMMER WIEDER: „ES KOMMT nicht darauf an, ob du gewinnst oder verlierst, sondern darauf, wie du das Spiel spielst." Trotz dieser ständigen positiven Versicherungen konnte ich das nicht glauben. Die Welt lehrte mich, wie wichtig das Gewinnen ist. Rang eins bei allem, was ich tat, hatte Priorität, und wenn das nicht klappte, spielte es keine Rolle, „wie ich das Spiel" gespielt hatte. Für mich bedeutete der zweite Platz, erster Verlierer zu sein.

Inzwischen habe ich gelernt, dass die Einstellung „der Gewinner bekommt alles" den Menschen in jeder Lebensphase letztendlich in Frustration und Elend führt. Es war der Sport – insbesondere das Ringen als Leistungssport –, der mir die Augen öffnete und mich begreifen ließ, wie wichtig es ist, das Beste zu geben und auf das Ergebnis stolz zu sein, wie immer die Erfolgsbilanz aussieht.

Mein Sohn Kevin war in seiner Jugend ein begeisterter Ringer. Ich erinnere mich, wie ich ihn als knapp Zehnjährigen zu seinem ersten Training brachte. An einem warmen Nachmittag im Frühjahr betraten wir den Trainingsraum der Ringer an der Father Ryan High School und er fragte sofort, was das da an der Rückwand sei. Wir traten näher und entdeckten 15 oder 20 Tafeln, die ein Porträtfoto trugen. Ich erklärte ihm, dies seien Ringer aus der Schulmannschaft, die im Bundesstaat eine Meisterschaft gewonnen hatten.

Jahre später, als Kevin in die Senior Highschool kam, stellten sich seine guten sportlichen Anlagen heraus. Schon als Freshman zeigte er sich als vielversprechender Ringer, und er machte Jahr um Jahr Fortschritte. Als Senior war er Kapitän einer Mannschaft, die einen geradezu unglaublichen Rekord aufgestellt hatte, und er nahm als Erstgesetzter am Landesturnier teil.

Er gewann seinen ersten Kampf, dann den zweiten, dann den dritten und endlich auch den vierten. Da waren wir also in der Endausscheidung dieses Wettbewerbs und an der Schwelle zur Meisterschaft. Der nächste Kampf ging leider weniger gut aus. Ich weiß nicht, ob die Anstrengungen der vorangegangenen Saison dafür verantwortlich waren, das Niveau des Kampfes oder einfach Pech. Kevin kam gleich zu Anfang in Rückstand und konnte ihn nicht aufholen. Ich sah, wie die Uhr lief und wusste, er würde nicht gewinnen.

Die Saison war vorbei, seine Laufbahn an der Highschool zu Ende, und wir hatten keine Landesmeisterschaft gewonnen. Ich war am Boden zerstört. Ich fühlte mich miserabel und ich wusste, ich würde lange brauchen, um das zu überwinden. Ich glaube, in diesem Moment hätte man mir eins über den Schädel ziehen können – ich hätte es nicht gemerkt. Ich stand wie unter Schock, unwillig zu begreifen, was sich gerade ereignet hatte, unfähig, es anzunehmen.

Das Herz zog sich mir zusammen, als Kevin langsam seinen Kopfschutz abnahm, seinem Gegner die Hand schüttelte und ruhig auf der Matte stand, während der Schiedsrichter zum Zeichen des Sieges den Arm seines Gegners in die Luft hob. Dann verließ er die Sporthalle.

Einige Wochen später erhielt ich den Rundbrief der Holy Rosary Academy, wo Kevin als kleiner Junge zur Schule gegangen war. Der Rektor schrieb in der Einleitung:

Einer unserer ehemaligen Schüler stand kürzlich im Zentrum des Sportteils unserer Tageszeitung. In den beiden Artikeln über Kevin Baltz werden seine Leistungen als Ringer hervorgehoben. Kevin genießt landesweit einen hervorragenden Ruf als Aktiver in seiner Lieblingssportart, aber vorrangig wird in den Artikeln sein feiner Charakter betont.

Uns, die wir Kevin als Schulkind in Holy Rosary kannten, kann diese Ehrung nicht erstaunen. Wir erlebten schon damals diese stille Art des Heldentums. Die beständige Höflichkeit, die die Sportreporter jetzt erwähnen, zeichnete Kevin Baltz schon vor fünf Jahren aus. Seine Uneigennützigkeit, sein respektvoller Umgang mit Gleichaltrigen, sein Einstehen für Freunde und seine Kooperationsbereitschaft traten schon damals deutlich zu Tage.

Wir sind stolz, dass Kevins Charakter auch an der Father Ryan High School und beim Ringen als Wettkampfsport im Bundesstaat Tennessee Maßstäbe gesetzt hat. Wir sind dankbar, weil er Teil unseres Schullebens war. Möge eine Begegnung mit ihm für alle, die er auf seiner Lebensreise trifft, auch weiterhin ein Segen sein.

Als ich das gelesen hatte, kamen mir die Tränen. In Bezug auf Kevin waren es Freudentränen. Müssen nicht alle Eltern stolz sein, wenn solche Worte über ihr Kind gesagt werden? In Bezug auf mich selbst waren es Tränen bitterer Enttäuschung.

Ich hatte doch jeden einzelnen Wettkampf miterlebt, den Kevin bestritten hatte, und trotzdem waren mir all die hervorragenden Qualitäten entgangen, von denen die Sportreporter und der Schulrektor sprachen. Ich hatte nur ans Gewinnen gedacht, hatte nur die Siege und die Meisterschaften gesehen, und als er diesen letzten Wettkampf verlor, war ich betroffen und enttäuscht. Es war mir entgangen, dass Kevin immer auf den Sieg hin arbeitete, dass er aber niemals seinen Grundsätzen untreu wurde, ob er nun gewann oder verlor. In diesem Augenblick wurde mein achtzehnjähriger Sohn mein Mentor. Er lehrte mich, dass es ehrenwert ist, den Sieg anzustreben, aber dass die Gewinner im Leben das Bemühen darum höher schätzen als den eigentlichen Sieg.

Ich wünschte meinem Sohn den Gewinn jener Meisterschaft und die Plakette im Trainingsraum der Father Ryan High School. Ich weiß, das war sein Ziel, das hatte er sich von Herzen gewünscht. Aber eigentlich hat er unendlich viel mehr gewonnen, weil er damals verlor. Seine Plakette wäre an die Wand geheftet worden, sichtbar nur für diejenigen, die diesen Raum betraten. Jetzt jedoch trage ich jeden Augenblick des Tages und bei allem, was ich tue oder wem ich begegne, ein viel größeres Banner mit mir, und ich bin sicher, die meisten erkennen es sofort. Es steht darauf: „Ich bin stolz auf meinen Sohn."

Ich begrüße die Bemühungen und die Erfolge meines Sohnes und seine Kraft zu akzeptieren, dass er sein Bestes gegeben hat. Er hat mir eine wichtige Lektion erteilt, die mein Leben nachhaltig beeinflusst.

Ich bin für seine Weisheit sehr dankbar. Ich habe inneren Frieden gefunden, denn ich betrachte Niederlagen nicht mehr als ein Ergebnis, sondern als eine weitere Stufe im Wachstum.

Wir alle erfahren im Verlauf unseres Lebens Widrigkeiten. Einige können uns körperlich, emotional oder finanziell vernichten. Wir sind gehalten, im Spiel zu bleiben und unsere Freude am Wettkampf zu erleben, wie immer der ausgehen mag. Ja, wir werden Schwierigkeiten und Rückschläge erleben und auch Niederlagen. Das ist unvermeidlich. Aber im Leben entscheidet nicht eine abschließende Punktzahl, ob du gewonnen hast – das bemisst sich allein daran, „wie du das Spiel spielst".

Larry Baltz

Einen Punkt machen

Mit Energie und Beharrlichkeit überwindet man alles.
Benjamin Franklin

ALS TRAINER AN EINER MITTELSCHULE LERNTE ICH RASCH, DASS man am schnellsten vorankommt, wenn man erkennt, was ein junger Mensch nicht kann. Wenn man der einzige Trainer ist und sich fünfzig Jungen für eine Mannschaft bewerben, kann man anhand einer einfachen Checkliste schon einmal die Hälfte ausschließen, und das am besten gleich während der ersten zwei bis drei Tage. Wenn ein Junge zum Beispiel nicht mit dem Ball umgehen oder ihn nicht werfen kann und auch in der Kategorie ‚Kampfgeist' keinen positiven Vermerk erhält, ist er für die Mannschaft nicht brauchbar. Das ist die kalte, harte Wahrheit in der Arbeit eines Trainers und bei der Mannschaftsauswahl.

Einmal war da ein Junge namens Tim, der rasch verschiedene Kreuzchen einsammeln konnte. Er war groß, aber ein bisschen ungelenk in der Bewegung und im Ballumgang nicht besonders geschickt. Er zeigte jedoch beträchtlichen Kampfgeist und warf erstaunlich gut. Daher bestand er die erste Auswahl, obgleich er im Bewegungstraining oder bei der Manndeckung weder als Naturtalent noch als besonders athletisch auffiel. Da war noch etwas, was er nicht konnte und was ich gleich zu Anfang auf meiner Liste vermerkte: Er konnte nicht hören. Tim war vollständig taub und damit der erste hörgeschädigte Schüler, der sich je für eines meiner Teams beworben hatte.

Die erste Auswahl war immer einfach, danach wurde es schwieriger. Es ist immer ganz offensichtlich, wer die besten Spieler sind – jeder zufällige Beobachter würde auf sie tippen. In jenem Jahr gab es aber nur drei oder vier überzeugende Anwärter für Basketball, und den Rest der zwölfköpfigen Mannschaft zusammenzustellen, war nicht einfach. Als ich die letzten Positionen im Team besetzen musste, war da noch Tim. Er gab sich immer größte Mühe, was natürlich jedem Trainer gefällt, und beim Korbwurftraining versagte er nie. Hätten wir nur E-S-E-L gespielt, wäre er vielleicht meine erste Wahl gewesen, aber er schaffte es meist nicht, sich für einen Korbwurf frei zu machen, wenn es im Spiel eng wurde – und, nicht zu vergessen, er konnte nicht hören. So wenig ich ihm das anlasten mochte, ich musste doch praktisch denken und berücksichtigen, welche Probleme sich aus diesem Handicap ergeben konnten. Nachdem ich schließlich alles reiflich überlegt und Anwesenheit und Korbwurfstatistik dagegen abgewogen hatte, nahm ich Tim ins Team auf.

Wenn ich Spielzüge oder taktische Verteidigung erklärte, stellte er sich immer so, dass er mein Gesicht sehen konnte. Er las so gut von den Lippen ab, dass er mit den anderen Spielern beim Unterricht problemlos mithielt. Ich ließ meine Spieler in der Verteidigung reden, damit jeder wusste, wann und wo abgeschirmt werden sollte usw. Das war für Tim ein Problem. Er war aber ein heller Kopf und beobachtete das Spielgeschehen aufmerksam, sodass sein Verteidigungsspiel immer besser wurde. Seine Mannschaftskameraden gaben sich in der Regel auch alle Mühe, ihn zu unterstützen.

So weit ich mich erinnere, war unser Spielstand in jenem Jahr 6:8. Tim spielte insgesamt zehn Minuten, meist in Spielen, deren Ausgang in der einen oder anderen Weise ziemlich feststand.

Zwei Begebenheiten aus jener Saison haben sich mir besonders eingeprägt. Beide hatten nichts mit Sieg oder Niederlage zu tun. In einem Fall brachte einer unserer Spieler sich knapp vor der Freiwurflinie in Ballbesitz und passte den Ball zu Tim. Der Schiedsrichter jedoch pfiff ein Foul, wenngleich ziemlich spät. Alle Spieler blieben stehen – alle bis auf Tim. In der Annahme, die Gegner seien direkt hinter ihm, raste er durchs Mittelfeld. Der Schiedsrichter stieß wieder in die Trillerpfeife, aber Tim machte weiter und schaffte einen Korbleger. Erst als der Ball durch das Netz gerutscht war und Tim sich umdrehte, begriff er, dass das Spiel unterbrochen war. Einige Zuschauer lachten. Als Tim zu mir herüber sah, klatschte ich anerkennend in die Hände und formte mit den Lippen die Worte „Guter Wurf!“ Einige unserer Spieler liefen zu ihm, reckten die Daumen in die Luft und grinsten ihn freundschaftlich an. Tim war alles ein bisschen peinlich, aber damit war es dann auch gut.

Die andere Sache ereignete sich einige Zeit später. Wir hatten einen erheblichen Rückstand und nur noch zwei Minuten zu spielen, deshalb wechselte ich die Reservespieler ein. Vor Spielende erzielte Tim einige Rebounds, und dann, wenige Sekunden vor dem Abpfiff, wurde er ohne Ball gefoult. Unsere Mannschaft vergaß den Punktestand (so weit junge Leute in diesem Alter das überhaupt können). Alle sprangen auf, rannten an die Seitenlinie und jubelten Tim zu. Er hatte als einziger unserer Spieler in dieser Saison noch keinen Punkt gemacht. Den Zuschauern leuchtete es vermutlich nicht recht ein, weshalb unser Team vor Begeisterung tobte, als der Ball ins Netz glitt, denn immerhin betrug unser Rückstand immer noch 20 Punkte. Tim jedoch trat von der Linie zurück, sah uns an, steckte einen Finger in die Luft und lächelte. In mehr als einer Hinsicht hatte er einen Punkt gemacht – laut und deutlich.

J. Michael Key

Ein Morgen im Mai

Wenn ich auf den Sportplatz ging,
suchte ich mir nie die besten Spieler aus.
Ich wählte die weniger talentierten Jungen,
die bereit waren, hart zu arbeiten,
und die gut werden wollten.
Earvin „Magic" Johnson

„BEI REGEN FÄLLT DAS SPIEL AUS." UNTER SPORTBEGEISTERTEN SORGT dieser Satz für trübe Stimmung, ich dagegen hörte ihn gern. Das war vor allem in der Junior Highschool so.

„Regen" bedeutete nämlich, dass der Sportunterricht nicht im Freien in Form eines Softball-Spiels vonstatten gehen konnte, sondern dass er in die Turnhalle verlegt werden musste und der Sportlehrer uns Achtklässlern eine weniger wettkampforientierte Betätigung anbot.

Ich war damals immer froh, wenn es beim Sportunterricht regnete, denn das ersparte mir und einigen anderen Mädchen die Demütigung, ganz zuletzt aufgerufen zu werden, wenn die (vom Lehrer bestimmten) Mannschaftsführerinnen ihre Teammitglieder wählten.

Schon damals mit meinen dreizehn Jahren leuchtete es mir nicht ein, weshalb man die Teams nicht anders zusammenstellte. Warum zählten wir nicht mit eins, zwei durch? Die „Einser" waren dann das eine, die „Zweier" das andere Team. Man hätte auch nach dem Alphabet gehen können: A–L in eine Mannschaft, M–Z in die andere. Gab es denn keine Möglichkeit, es uns weniger „sportlich Begabten", die einen Ball nicht gut werfen, fangen oder schlagen konnten, zu ersparen, bis zum Schluss wie „bestellt und nicht abgeholt" herumzustehen?

Man stelle sich das vor: Auf der einen Seite die guten, die auserlesenen Spielerinnen, auf der anderen der mickerige Rest. Es war eine ziemlich unausgewogene Aufstellung.

Sehnlichst wünschte ich mir ein neues Auswahlverfahren und erlebte das alte in immer wiederkehrenden Albträumen.

Wir unsportlichen Mädchen fühlten uns wie angeschlagenes Spielzeug ohne Karton nach Weihnachten auf dem „Grabbeltisch“ mit dem Vermerk: 75 Prozent herabgesetzt. Wir kamen uns vor wie Bücher, die zum Verramschen ausgelegt sind oder die kein anständiger Leser in die Hand nehmen würde. Wir waren wie das Kätzchen im Tierheim, das zurückbleibt, wenn alle anderen aus dem Wurf von strahlenden Besitzern mitgenommen wurden in ein weißes Haus mit Geranien am Fenster und breiten Fensterbrettern für ein genüssliches Katzenschläfchen in der warmen Sonne am Spätnachmittag. Wir fühlten uns wie ein Waisenkind, dessen Zimmernachbar eine neue Familie gefunden hat.

Doch all dies änderte sich an einem Morgen im Mai.

Sie hieß Joan. Der Sportlehrer bestimmte sie fast immer zur Mannschaftsführerin, denn sie war eine gute Spielerin. Sie war größer und schwerer als die meisten von uns und schlug den Softball mit Wucht. Da sie auch kräftiger und muskulöser war als die meisten anderen Mädchen, besaß sie Ausdauer, konnte pitchen, werfen und schnell laufen. Keine Frage, Joan war der Star und Mannschaftskapitän.

Aber Joan bewies darüber hinaus auch Mut – jedenfalls an diesem Morgen, an den ich mich so gut erinnere. Der Lehrer hatte eine Münze geworfen, und Joan durfte sich als Erste ein Teammitglied wählen, in anderen Worten, die beste Spielerin. Sie zögerte einen Augenblick und betrachtete die Kandidatinnen, bis der Lehrer daran erinnerte, dass nicht viel Zeit zum Spielen blieb. Sie traf ihre Wahl.

Sie rief mich auf. Joan hatte mich gewählt! In der nächsten Runde wählte sie noch ein anderes Mädchen, das auch keine begnadete Spielerin war.

Vielleicht war Joan einfach spontan großzügig, vielleicht auch feinfühlig – es spielt eigentlich keine Rolle. Jedenfalls zeigte sie uns allen, was sportliches Verhalten ist. Sie bewies Fairness und einen großmütigen Sinn. Und ich glaube, sie zeigte einigen der Mädchen auch, wie man mit Anstand verliert, denn wenn ich mich auch nicht mehr an den Punktestand an jenem Morgen erinnere, bin ich doch sicher, dass ihr Team verlor.

Wir alle lernten an diesem Morgen eine Lektion, die uns durch unser Berufsleben und im alltäglichen Umgang mit Menschen begleitete. Wir lernten, wie man es Menschen leichter machen kann, indem man sie nicht ausgrenzt. Und dieses Spiel kann jeder von uns für sich entscheiden, stimmt's?

Ellen E. Hyatt

Manchmal ist Schweigen Gold

Im Basketball kannst du der weltbeste Spieler sein
und trotzdem jedes Spiel verlieren,
denn ein Team ist immer stärker
als eine einzelne Person.
Bill Walton

ALL-AMERICAN-BASKETBALLSPIELER UND STUDENT IN PRINCETON, (ab) 1964 Mitglied der US-Olympiamannschaft, Rhodes-Stipendiat. In den zehn Jahren seiner Profilaufbahn mit den Knicks zweimal in einer Mannschaft, die die Weltmeisterschaft gewann. Ehemaliger Senator des Bundesstaates New Jersey. Einmal Kandidat für das Präsidentenamt: Das ist Bill Bradley, oder doch der eine oder andere Aspekt dieses Mannes.

Als Schiedsrichter der NBA am Spielfeldrand erkannte ich seine Begabung und seine Fähigkeiten, als er bei den Knicks spielte. Er besaß enorme Handkraft, und er war eine Führungspersönlichkeit, ein Champion mit ebenso ausgeprägtem Arbeitsethos wie der Fähigkeit, Sieg oder Niederlage gleichermaßen mit Stil hinzunehmen. Aber es war ein Zwischenfall während der Olympischen Spiele 1964 in Tokio, der ihn in meinen Augen besonders auszeichnete.

Im heiß umkämpften Endspiel um die Goldmedaille trafen die Mannschaften der USA und der UdSSR aufeinander. Plötzlich brachte ein großer, massiger russischer Spieler Bill aus dem Takt. Er stieß ihm den Ellenbogen so heftig gegen den Solarplexus, dass der Zwei-Meter-Mann Bradley zu Boden ging. Er stand wieder auf, trat auf seinen Gegner zu und sagte in perfektem Russisch: „Mach Platz, Großer."

Die russischen Spieler hatten sich ihre Spielanweisungen auf Russisch zugerufen. Nach Bradleys flüssig vorgebrachter Bemerkung sagten sie gar nichts mehr, denn sie befürchteten, Bradley würde sie verstehen und seine Mannschaft instruieren.

Bradley sprach gar nicht gut genug Russisch und konnte ihre knappen Zurufe nicht verstehen. Er hatte sich gerade mal einige höfliche Floskeln angeeignet. Als er „Mach Platz“ sagte, fügte er noch „bitte“ an. Typisch Bradley. In diesem Falle jedoch störte seine für ihn übliche Höflichkeit das Konzept der sowjetischen Mannschaft. Die USA gewannen die Goldmedaille.

Joey Crawford

Die Abmachung gilt

KURZ BEVOR ARNOLD PALMER 1960 DIE MASTERS GEWANN, HATTE ER zugesagt, anschließend im Rahmen der Veranstaltung eines Country Clubs zu spielen. Am Montag nach seinem Sieg nahm ich als sein Agent einen Anruf von den Organisatoren dieses Clubs entgegen. Sie meinten, nach diesem Sieg werde Arnie wohl nicht mehr bei ihnen spielen oder jedenfalls erheblich mehr Geld dafür verlangen.

Ich ging zu Arnold und fragte ihn nach seinen Absichten.

Seine Antwort war: „Erinnere sie daran, dass sie mich verpflichtet hatten, lange bevor ich einen großen Wettbewerb gewonnen hatte. Wir haben eine Abmachung getroffen, und die gilt. Und weil ich zeigen möchte, dass ich das Vertrauen dieser Leute in mich zu würdigen weiß, werde ich auch im nächsten Jahr zu demselben Preis für sie spielen."

Die Leute sagen, Arnold Palmer habe sich trotz seines enormen Reichtums und seiner Bekanntheit überhaupt nicht geändert. Diese Geschichte aus seiner Anfangszeit zeigt, wie solide die Grundlage war, von der er ausging. Es ist leichter, standhaft zu bleiben, wenn man standhaft angefangen hat.

Mark H. McCormack

Mannschaftskameraden halten ein Leben lang zusammen

VIELEN SCHULSPORTLERN WIRD ERST SPÄTER IM LEBEN KLAR, DASS die jungen Männer und Frauen, die sie jetzt ihre Mannschaftskameraden nennen, ein Leben lang zu ihren besten Freunden zählen werden.

Ich bin noch immer mit mehreren meiner ehemaligen Kameraden aus dem Footballteam der Highschool von Macon (Missouri) befreundet, mit denen ich in den 1970ern spielte. Einer von ihnen heißt Greg Hyatt.

Hyatt war Linebacker und gehörte zu den Leuten, die es in jedem Spiel irgendjemandem zeigen mussten. Wenn er schon den Ballträger nicht erwischte, dann musste eben jemand anderer zu Boden. Wir beide waren die einzigen Spieler aus unserem Jahrgang, die in allen vier Jahren auf der Highschool einen Buchstaben erwarben.

Ich erinnere mich an ein Spiel in unserer Saison als Seniors. Wir spielten gegen einen unserer Erzrivalen, und es war ein heißes Spiel, emotionsgeladen und ziemlich ruppig. Noch recht am Anfang versuchte ein gegnerischer Spieler, mich bei einem Punkt zu blocken. Ich wich aus, aber als ich an ihm vorbeilief, landete er einen Schlag gegen meine Schläfe. Ich gebe zu, ich war danach etwas benommen, aber doch so klar, dass ich mir seine Nummer merkte.

Es dauerte noch zwei Spielviertel, aber irgendwann ergab sich die Gelegenheit, und ich konnte mich für den Schlag revanchieren. Mein Kontrahent fiel in ein Gewühl von Spielern und war ziemlich wütend, als er wieder hoch kam. Plötzlich hatte ich nicht nur ihn, sondern noch zwei oder drei Leute aus seinem Team vor der Nase. Allerdings blieb ich nicht lange allein: Im nächsten Moment stand Hyatt neben mir.

Wenn du einen Freund brauchst, kannst du immer auf deine Mannschaftskameraden zählen.

Zehn Jahre später fand ich mich mit einer anderen misslichen Lage konfrontiert. Das Schicksal selbst bot mir die Stirn. Meine erste Frau war seit ihrer Kindheit Asthmatikerin. Sie hatte eben ihren schwersten Anfall erlitten und war bereits klinisch tot, als ich sie mit unserem Auto ins Krankenhaus fuhr. Das Personal in der Notaufnahme brachte ihr Herz wieder zum Schlagen, aber sie wurde im tiefen Koma in eine traumatologische Klinik verlegt.

Ich erinnere mich, wie ich dort in einem Wartezimmer stand und aus dem Fenster auf die Stadt blickte. Meine Angehörigen waren bei mir, aber manchmal möchtest du einfach nur mit einem Freund sprechen. Mit einem Male hörte ich Schritte auf der Treppe. Ich drehte mich um, und da stand mein alter Freund Hyatt, Tränen in den Augen.

Es war mir fast unheimlich, als ich ihn da so sah, und gleichzeitig war ich irgendwie beruhigt. Einen Augenblick lang stand ich wieder auf dem Spielfeld in Macon. Die Situation war kritisch, aber ich hatte Rückendeckung.

Seine Anwesenheit an jenem Abend war für mich das Wichtigste auf der Welt, und das gilt bis heute. Wann immer sich die Gelegenheit dazu ergibt, erzähle ich meinen Schülern in der Highschool, dass diese Menschen, mit denen sie in ihrer Schulzeit kritische Momente durchgestanden haben, einmal zu ihren besten Freunden gehören werden.

Seit jenem Oktober 1988 hat sich vieles in meinem Leben geändert. Zu den Konstanten gehört meine Freundschaft mit Greg.

Schließlich sind wir Mannschaftskameraden, und die sind füreinander da, auch nachdem die Schlachtenbummler längst abgezogen sind.

Jim Brown

Einsatz zahlt sich aus

Erlaube dem Gestern nicht zu sehr, das Heute zu bestimmen.
Texas E. Schramm

EINE HIGHSCHOOL IN NORD-UTAH, IN DEREN KLASSEN KÖRPERLICH oder geistig behinderte junge Menschen in Regelklassen integriert lernten, gab sich ein einzigartiges Konzept. Damit Integration nicht nur ein Wort blieb, wurde ein Mentorenprogramm aufgelegt, das je einen behinderten und einen nicht behinderten Schüler zu einem Team zusammenspannte.

Der Leiter der Sportsektion erläuterte dies dem Kapitän der Footballmannschaft. John war ein großer, starker und leistungsorientierter junger Mann – nicht gerade der geduldige, fürsorgliche Typ, der eigentlich gebraucht wurde. Er ließ keinen Zweifel daran, dass das nicht „sein Ding" war und dass er keine Zeit hatte, den Mentor zu spielen. Der Sportlehrer jedoch war vom Nutzen dieser Aufgabe gerade für John überzeugt und bestand darauf, dass er sich „freiwillig" zur Verfügung stellte.

Johns Partner wurde Randy, ein junger Mann mit dem Down-Syndrom. John war zunächst gereizt und widerstrebend und versuchte, Randy buchstäblich zu „verlieren". Doch schon bald freute er sich geradezu auf seinen ständigen Begleiter. Randy hatte dieselben Kurse belegt wie John, er ging mittags mit ihm in die Cafeteria, und er begleitete ihn auch zum Football-Training. Nach einigen Tagen bat John den Trainer, Randy offiziell zum Manager zu machen, der für Bälle, Bandagen und Wasservorräte zuständig war. Am Ende der Saison gewann die Mannschaft die Meisterschaft des Bundesstaates, und John wurde als wertvollster Spieler in Utah mit einer Goldmedaille ausgezeichnet. Randy erhielt die Schuljacke als Auszeichnung. Das Team applaudierte lautstark, als er sie überzog. Für Randy war dieses Ereignis gar nicht zu überbieten, und von diesem Tag an legte er die Jacke nie mehr ab – er schlief darin und trug sie an jedem Wochenende.

Die Basketballsaison begann, und auch in dieser Mannschaft war John der Star und Kapitän. Der Coach folgte seiner Bitte, und wieder wurde Randy Manager. Die ganze Basketballsaison hindurch waren die beiden unzertrennlich. John nahm Randy zu besonderen Anlässen mit, zum Beispiel als Eskorte für seine Freundin, wenn sie tanzen gingen. Außerdem ging er mit Randy in die Bibliothek und gab ihm Nachhilfeunterricht. Das zahlte sich auch für seine eigenen schulischen Leistungen aus, und er kam zum ersten Mal auf die Liste der besten Schüler seines Jahrgangs. Das Mentorenprogramm erwies sich als das fruchtbarste Jahr in Johns bisherigem Leben.

Mitten während der Basketball-Ausscheidungsspiele in Utah schlug das Schicksal zu. Randy holte sich eine Virusinfektion und starb unerwartet an einer Lungenentzündung. Die Trauerfeier fand am Tag vor dem Endspiel statt, und John wurde um einen Beitrag gebeten. In seiner Ansprache erzählte er von seiner Freundschaft mit Randy und von seiner Hochachtung für den Freund. Er erzählte, wie er durch Randy gelernt hatte, was wahrer Mut, Selbstwertschätzung und bedingungslose Zuneigung sind und wie wichtig es ist, immer 100 Prozent zu geben. John widmete Randy das bevorstehende Endspiel um die Meisterschaft im Bundesstaat und schloss mit dem Bekenntnis, es sei ihm eine Ehre, die MVP-Auszeichnung für Football und die Ehrenplakette als Kapitän des Basketballteams erhalten zu haben.

Dann setzte er hinzu: „Aber in Wahrheit war Randy der Anführer des Football- und auch des Basketballteams, denn er erreichte mit dem, was er zur Verfügung hatte, mehr als irgendjemand, den ich kenne. Randy hat uns alle inspiriert."

John verließ das Podium, nahm das unersetzliche 24-Karat-Goldmedaillon vom Hals, beugte sich über den offenen Sarg und legte es Randy auf die Brust. Seine Kapitän-Plakette legte er daneben.

Randy wurde in seiner Schuljacke beerdigt, zusammen mit Johns Auszeichnungen, Fotos und Briefen, die seine Bewunderer ihm mitgeben wollten.

Am folgenden Tag gewann das Team die Meisterschaft von Utah, und John übergab den Ball Randys Angehörigen. John erhielt ein

Sportstipendium und schloss sein Universitätsstudium mit dem Grad eines Masters ab. Heute ist er Sonderschullehrer und betreut freiwillig zehn Stunden pro Woche die Kandidaten für die Paralympics.

Dan Clark

5

INNENANSICHTEN VOM SPIEL

Morgen fahren zwei Busse vom Hotel zum Stadion.
Der Bus um 14 Uhr befördert diejenigen,
die zusätzlich etwas tun wollen.
Der leere Bus fährt um 17 Uhr.

David Bristol

Mein Leben als Berufssportler

Was zählt, ist das, was du lernst, wenn du schon alles weißt.
John Wooden

DAS TELEFON KLINGELT. ICH WÄLZE MICH IM BETT HERUM UND nehme den Hörer ab. Die Telefonistin des Hotels sagt: „Sie wollten geweckt werden, Sir. Es ist 9 Uhr. Ihr Bus fährt um 10." Wir sind in Cleveland, wo wir, die New York Knicks, am vergangenen Abend gegen die Cleveland Cavaliers verloren haben. Ein kalter Sprühregen hüllt die Stadt ein. Ich nehme ein heißes Vollbad und bleibe fünf Minuten lang im Wasser liegen, um meine steifen Muskeln zu lösen. Meine Socken, Schuhe und das Trikot sind zum Trocknen über Stühlen, Heizkörper und sogar der Stehlampe drapiert. Mein Mund ist trocken und brennt, meine Beine schmerzen. Ich habe schlecht geschlafen.

Am nächsten Tag, einem Dienstag, spielen wir zu Hause. Vor dem Spiel im Madison Square Garden erzählt mir ein leidenschaftlicher Fan, nach der Arbeit in der Post seien die Knicks das, worauf er sich den ganzen Tag lang freue. Ich bin sein Lieblingsspieler. So ähnlich geht es auch anderen Fans, die sich mit unserer Mannschaft und mit mir identifizieren. Sie leiden mit uns, wenn wir verlieren, und sie sind außer Rand und Band, wenn wir gewinnen. Sie sind das Rückgrat unseres Lebens als Berufssportler.

An diesem Abend gewinnen wir mit 20 Punkten Vorsprung. Nach dem Spiel nehme ich ein ausgedehntes Duschbad. Dann verstaue ich meine feuchte Spielerkleidung in meiner Reisetasche und mache mich zur Busfahrt zum Flughafen bereit.

Wir landen um 1 Uhr 30 in Atlanta. Draußen herrscht beißender Frost und lässt die Landebahn glitzern, als wäre sie mit winzigen Glassplittern übersät. Wir müssen 40 Minuten auf unser Gepäck warten. Dadurch verzögert sich unsere Ankunft im Hotel bis 3 Uhr morgens.

Die Straßen sind wie leer gefegt. Im Verlauf des Tages kommt vielleicht ein Bekannter vorbei. Wir plaudern ein bisschen über vergangene

Zeiten, über seinen Job und darüber, was ich so treibe. Weiter reicht der Gesprächsstoff nicht. Wir haben uns nichts mehr zu sagen, wenig gemeinsame Interessen. Manchmal besuche ich eine Kunstausstellung oder ein sehenswertes Stadtviertel, oder ich bleibe im Hotel, lese oder höre Radio.

Irgendwann, sage ich mir, irgendwann werde ich nicht mehr 100 Tage pro Jahr unterwegs sein. Irgendwann wache ich jeden Morgen an demselben Ort auf. Mir fehlt dieses Gefühl von Zugehörigkeit, das entsteht, wenn Menschen zusammen an einem Ort leben. Ich vermisse die Beständigkeit.

Von Atlanta fliegen wir nach Chicago. Ich bin zu einem Mittagessen eingeladen, das der Förderverein der Chicago Bulls ausgerichtet hat. Ich bin der Hauptredner. Es sind ungefähr 200 Menschen anwesend. Es gehört zu den Aufgaben eines professionellen Basketballspielers, zu allen möglichen Gelegenheiten Reden zu halten: Zur Eröffnung von Einkaufszentren, bei Wohltätigkeitsveranstaltungen, Banketten von Sportorganisationen, Bar-Mizwas und den jährlichen Festessen irgendwelcher Betriebe. Die Anwesenden lachen über meine Scherze. Auch wenn die Geschichten gar nicht witzig sind, die ein Sportler von sich gibt, kugeln sich die Zuhörer vor Vergnügen.

Wir verlieren mit 16 Punkten gegen die Bulls. Unser Flugzeug landet um 3 Uhr 45 in New York. Der Portier in meinem Apartmenthaus drückt mir sein Bedauern über unsere Niederlage aus. Allerdings ist er jetzt 1000 Dollar reicher, weil er gegen uns gewettet hatte. Gegen 5 Uhr 30 falle ich ins Bett. Noch ein Spiel in dieser Woche, dann haben wir zwei Tage frei. Wir haben dann in sieben Tagen fünf Spiele in vier verschiedenen Städten bestritten.

Der Sonnabend beginnt für mich um 13 Uhr. Immer wenn wir erst spät nach einer Reise ankommen, ist der folgende Tag völlig durcheinander. Um 15 Uhr nehme ich, wie immer vor einem Spiel, Steak und Salat zu mir (ich werde erst wieder nach dem Spiel gegen Mitternacht etwas essen). Ich lege mich noch einmal aufs Ohr. Der Wecker klingelt um 18 Uhr. Eine Stunde vor Spielbeginn bin ich im Stadion.

Der Umkleideraum ist mir zur zweiten Heimat geworden. Oft komme ich gespannt und nervös an, in Gedanken noch mit Ereignissen des

Tages beschäftigt. Allmählich tritt das alles in den Hintergrund, wenn ich sehe, was das für meine Mitspieler bedeutet. Ich entspanne mich, und meine Sorgen treten hinter die Konstanten eines Sportlerlebens zurück. Sportler sind vielleicht ungeschliffen und unreif, aber wenn es um Loyalität, Verantwortungsgefühl und Ehrlichkeit geht, sind sie unübertroffen. Die Mitglieder meiner Mannschaft haben mich und ich sie in mehr Stimmungen und misslichen Verfassungen erlebt, als ich erinnern mag. Unser Leben ist auch außerhalb der Stadien verzahnt. Es ist ein gutes Leben in Gesellschaft gleich gepolter Menschen. Wenn eine Mannschaft Siege und Einigkeit vereint, wird das Leben ein Vergnügen. Dieses Leben macht aber nur so lange wirklich Sinn, wie man es lebt.

Ich wickle Tape um meine Sprunggelenke und ziehe die Spielerkleidung an. Dann greife ich nach der Post, die gerade eingegangen ist. Üblicherweise bekomme ich wöchentlich ungefähr vierzig Briefe, meist von Menschen, die ich nicht kenne. Es sind einige Autogrammbitten darunter.

Der letzte Brief kommt aus Kentucky. Der Vater eines jungen Mannes hat ihn geschrieben, den ich kennenlernte, als er Sophomore an der Universität von Kentucky war. Er war von Kentucky angereist und bat mich, ihm zu zeigen, wie man den Basketball werfen kann. Er stand einfach eines Tages vor meiner Wohnungstür. Wir fuhren zum Riverside Park und warfen eine Stunde lang auf den Korb. Er dankte mir für meine Unterstützung und fuhr mit dem Bus wieder nach Hause. Im Verlauf des Jahres traf ich ihn in Cincinnati. Er war vom Kentucky-Team ausgeschlossen worden, war sehr deprimiert und überzeugt, es hätte etwas mit seinem verstauchten Fußgelenk zu tun.

Ich schrieb ihm zwei Jahre später, nachdem ich durch seine Schwester erfahren hatte, dass er an Krebs erkrankt war. Jetzt dankt mir der Vater für diesen Brief und teilt mir mit, sein Sohn sei gestorben. Ich lasse den Brief sinken. Coach Red Holzman beginnt seine Anweisungen, wie immer vor dem Spiel. Ich kann mich nicht konzentrieren. Ich hätte früher schreiben sollen. Ich bin stumpf vor Ärger und Trauer.

Von Mitte September bis Mai vergeht meist höchstens ein Tag ohne Basketball. Für uns gibt es keine langen Wochenenden oder Feiertage.

Man kann nicht einfach in die Berge fahren oder auch nur für zwei Tage nach Florida fliegen. Wir sind Teil des Showbusiness und tragen zur Unterhaltung der Öffentlichkeit bei. Wir arbeiten am Weihnachtsabend und an Silvester.

Wir treffen in Los Angeles ein. Es ist die erste Station einer Spielereise in den Westen der USA mit insgesamt fünf Spielen. Am Tag vor dem Spiel in einer fremden Stadt suche ich mir normalerweise einen Ort mit Dampfbad, Whirlpool und Massage. Die Spiele und das Training bringen Verletzungen mit sich, das Reisen macht müde. Bäder im warmen Whirlpool, Elektrotherapie, Ultraschall, Kühlpackungen, elastische Binden, Aspirin, Medikamente gegen Erkältungen, Vitamine und Schlaftabletten gehören zum Alltag.

Ein professioneller Basketballspieler muss im Verlauf eines Spiels knapp zehn Kilometer laufen, und das einhundert Mal pro Jahr. Dabei springt er hoch und dreht sich in der Luft und hat ständig Körperkontakt. Der Körper wird fortwährend gestoßen und geschlagen. Allein in diesem Jahr hatte ich einen ausgerenkten Finger, eine Faszienentzündung im Fußgewölbe, eine Verletzung des Nasenknorpels, fünfmal eine gespaltene Lippe, einen Ellenbogenstoß in die Kehle, sodass ich eine Woche lang keinen Ton herausbrachte, eine Prellung an der rechten Hüfte, ein verstauchtes Sprunggelenk, eine Verrenkung der linken Hüfte und eine Zerrung am linken Handgelenk.

Bei jedem Training fürchtet man sich vor einer erneuten Verletzung, jeden Abend hofft man, dass es morgen besser geht. Ich wache mitten in der Nacht auf und beuge mein Knie, um zu prüfen, ob es schmerzt, und ich knete meinen Oberschenkel und hoffe, dass der Muskelkater abklingt.

Ich frage mich oft, weshalb ich immer noch dabei bin. Als ich 1967 den ersten Vertrag unterschrieb, war ich sicher, ich würde nur vier Jahre lang spielen, nämlich für die Dauer dieses Vertrages. Wir haben jetzt 1976, und ich habe nicht aufgehört. Das Geld spielt natürlich eine Rolle. Derzeit beträgt das durchschnittliche Jahresgehalt in der National Basketball Association (NBA) knapp 100 000 Dollar, und manche Spieler verdienen mehr als 150 000 Dollar. Ohne Frage gibt mir dieses Geld ein Gefühl von Sicherheit, von Freizügigkeit und Erfolg. Aber ich spiele nicht allein wegen des Geldes. Die Antwort liegt tiefer, sie hat damit zu tun, wie das Spiel abläuft und was in mir vorgeht.

Ungefähr zum fünfzigsten Mal in dieser Saison erinnere ich mich daran, wie es war, als wir 1970 zum ersten Mal die NBA-Meisterschaft gewannen. Ich stand mitten auf dem Spielfeld im Madison Square Garden, hatte beide Fäuste in die Luft gereckt, und es lief mir kalt über den Rücken. Seit ich neun Jahre alt war, hatte ich Basketball gespielt, und ich wollte der Beste sein. Persönliche Ehrungen waren willkommen, aber nicht genug. Eine Goldmedaille bei den Olympischen Spielen war befriedigend, aber sie belohnte keinen Basketball der Spitzenklasse. Die NBA war fraglos die höchste Kategorie in dieser Welt, und da stand ich nun, als Mitglied des besten Teams.

Alle diese Äußerungen über Mannschaftsgeist, die seit den Jahren in der Highschool gefallen waren, alle die einsamen Stunden in Sporthallen irgendwo auf der Welt, angefüllt mit Dribblings und Korbwürfen, all die knappen Ergebnisse bei kleineren Meisterschaftsspielen – in Highschool und College – im Rahmen der amerikanischen Sporthierarchie, all die versäumten Gelegenheiten in anderen Bereichen, die verpassten persönlichen Freuden, die verdrängten Konflikte, der geschluckte Ärger – für das Gefühl im Centre-Court am 8. Mai 1970 war es das alles wert.

Ich erinnere mich an die raren Momente nach einem Sieg, wenn das Team im Umkleideraum zusammen und mit der Welt eins war. Die Eigentümer und Politiker feiern im Umkleideraum des Siegers, aber nur die Spieler, der Coach und vielleicht der Trainer erleben die ganz besondere Befriedigung, die der Erfolg mit sich bringt. Sie haben neun Monate zuvor im Trainingslager angefangen. Sie bestreiten die Spiele und stehen die Reisen durch. Sie werden von der Öffentlichkeit kritisiert und überwinden ihren persönlichen Ehrgeiz. Das Hochgefühl bei einer Meisterschaft ist unvergleichlich, und allein die Möglichkeit, es erneut zu erleben, verleitet zum Weitermachen. Das Geld ist wichtig, aber die Aussicht, dieses Gefühl wieder zu erleben, wiegt mehr als Dollars.

Und wie schnell ist alles vorbei! Im Flugzeug nach Phoenix lese ich in einer Zeitschrift ein Interview mit Mickey Mantle in seinem Haus in Dallas, Texas, mehrere Jahre nach seinem Abschied vom professionellen Baseball.

„Ich habe es geliebt", zitiert der Verfasser Mantle, und seine Stimme habe dabei vibriert. „Ich glaube, wenn ich nicht verletzt war, hat niemand so gern Baseball gespielt wie ich. Ich habe bestimmt fünfzig Fotoalben. Manchmal setze ich mich nach dem Frühstück hin und blättere einfach darin. Mir sträuben sich die Haare, und ich bekomme eine Gänsehaut. Ich erinnere mich, wie es war und wie ich gedacht habe, es werde immer so weitergehen."

Die Worte springen mich förmlich an. Hinter dem Dasein als Berufssportler lauert das Entsetzen. Es schleicht sich an als Erkenntnis von seiner Endlichkeit und davon, welches unbekannte Gelände sich hinter dem Ende der Sportlerkarriere auftun wird.

Wenn die Zeit der Spiele zu Ende geht, ahnt man, dass man seine Jugend mit Spielen verbracht hat, und jetzt sind die Spiele und die Jugend vorüber.

Im Alter von fünfunddreißig Jahren hat man wenige Chancen, außerhalb des Basketballs noch Fähigkeiten zu entwickeln. Das Bild vom „feinen Kerl" verblasst. Es bleibt die andere Seite vom faustischen Pakt: Den Rest des Lebens zu verbringen und die Welt und sich selbst nie wieder zu fühlen wie in jenen Jahren der gesteigerten Jugend. Der Sportler nähert sich dem Ende seiner aktiven Zeit, wie alte Menschen dem Tod entgegensehen. Er regelt seine Finanzen, er pflegt seine Erinnerungen. Er gibt jungen Leuten gute Ratschläge. Was den Sportler vom alten Menschen unterscheidet, ist, dass er weiterleben muss. Hinter all den Jahren des Trainings und den siegestrunkenen Stunden steht als unabwendbares Schicksal ein Leben ohne das Spiel.

Bill Bradley

Danke für alles!

Wenn du das Wasser trinkst, gedenke der Quelle.
Chinesisches Sprichwort

VON DEN SECHZEHN JAHREN, DIE ICH ALS PROFESSIONELLER FOOTballspieler verbrachte, spielte ich neun Jahre für Vince Lombardi. Ich kenne seine Leistungen als Coach der Green Bay Packers und sein Geschick, den Spielern etwas beizubringen und sie zu motivieren. Über „Coach“ und seine Methoden und Erfolge werden mehr Geschichten erzählt als über irgendjemand anderen innerhalb der National Football League, damals und überhaupt.

Ein Zeichen für die Hochachtung und Zuneigung, die Lombardi genoss, ist, dass *alle* ihn einfach „Coach“ nannten: Spieler, Trainer, das Betriebspersonal, alle, die irgendwie mit den Packers zu tun hatten, die Sportreporter und die Medienvertreter und natürlich die eingeschworenen Fans von Green Bay. Selbst Passanten, die noch nie ein Spiel in Lambeau Field miterlebt hatten, nannten Lombardi „Coach“, und wenn sie das sagten, klangen Dankbarkeit und Stolz in ihrer Stimme mit.

Er hatte seinen Ruf verdient, und das gilt auch heute noch, drei Jahrzehnte nach seinem Tod. Er war ein echtes Original, eine facettenreiche Persönlichkeit, ein Mann, der das Spiel liebte und alle, die das Spiel liebten. Für lässiges Spielen und Nonchalance hatte er nichts übrig. Er erwartete und honorierte Hingabe ans Spiel. Mir am liebsten jedoch ist eine weitaus persönlichere Erinnerung an „Coach“.

„Coach“ verließ 1969 die Packers und wurde Chefcoach und leitender Manager der Washington Red Skins. Im Mai 1970 kam er zu Besuch nach Green Bay zurück, weil er befreundete Golfer treffen wollte. Meine Frau Cherry und ich waren überrascht, als er uns am Sonnabendvormittag anrief und fragte, ob er uns in unserem gerade bezogenen neuen Haus besuchen dürfe. Welche Frage!

Er begrüßte uns herzlich und bat um eine „Hausbesichtigung“. Anschließend saßen wir im Wohnzimmer, tauschten Anekdoten aus und erinnerten uns an die gemeinsamen wunderbaren Jahre. Cherry und ich freuten uns, dass wir Zeit mit ihm verbringen durften, und das zeigten wir auch. „Coach“ wirkte entspannt, machte Cherry Komplimente dafür, wie sie das Haus eingerichtet hatte, und sagte, wie sehr er sich für uns freute.

„Coach“, antwortete Cherry von Herzen. „All das wäre nicht zustande gekommen, wenn Sie nicht immer an Bart geglaubt hätten, wenn Sie ihm nicht die Chancen gegeben hätten. Danke für alles!“

Zu meiner Überraschung füllten sich seine Augen mit Tränen. Unvermittelt stand er auf und sagte, er müsse nun gehen. Er umarmte uns beide und verließ das Haus.

Wenig später erfuhren wir, dass bei ihm die Krebserkrankung diagnostiziert worden war, die ihm weniger als vier Monate später, am 3. September 1970, das Leben nehmen sollte.

Cherry und mir bleibt „Coachs“ letzter Besuch unvergesslich. Unverhofft und zur richtigen Zeit konnten wir ihm danken und ihm sagen, wie sehr wir zu schätzen wussten, was dieser große Mann für uns getan und damit unser Leben verändert hatte.

Bart Starr

Angst hat auch gute Seiten

BEVOR JOE MONTANA SICH FÜR DIE SUPER BOWL XXIV (1989) IN SAN Diego fertig machte, das Spiel seiner San Francisco 49er gegen Denver, konnte ich ein bisschen mit ihm im Jack-Murphy-Stadion sitzen und plaudern. Wir ahnten es damals nicht, aber es sollte Joes letztes Spiel in einer Super Bowl sein, seine vierte Meisterschaft und ein weiterer Höhepunkt in einer der bemerkenswertesten Karrieren nicht nur im professionellen Football, sondern im Sport überhaupt.

Joe wirkte unruhig. Er hatte schon alles gewonnen, was man beim Football nur gewinnen kann, die Anerkennung von Mannschaftskameraden und Gegnern, Coaches und Eigentümern, und vor allem der Fans, dazu noch jede Menge Auszeichnungen: Mehrfach wurde er zum „wertvollsten Spieler der Liga" (MVP) ernannt, erhielt Meisterschaftspokale und wurde MVP bei Meisterschaften.

„Joe, du hast doch nicht etwa Lampenfieber?", fragte ich ungläubig.

Seine Antwort, glaube ich, zeigt den Schlüssel zu seinem Erfolg und verdeutlicht, weshalb er in meinen Augen einer der besten Quarterbacks aller Zeiten ist. Er sagte: „Wenn du keine Angst vor dem Verlieren hast, dann bedeutet dir eine Niederlage auch nichts."

Jedes Mal, wenn Joe Montana auf das Spielfeld ging, hatte er Lampenfieber. Diese Angst hielt ihn seine ganze Laufbahn hindurch wach und aufmerksam. Wenn wir unser Bestes geben wollen, brauchen wir diese Art von Angst. Sie schärft die Sinne und hält uns auf dem Sprung.

Joe Theismann

Der Cart-Fahrer

ICH HABE IN DEN TENNYSON PARK GOLF LINKS IN DALLAS, TEXAS, das Golfspielen gelernt. Ich investierte viel in meinen Sport und wurde gut. Ich wurde besser als alle anderen Spieler und kam an einen Punkt, wo niemand mehr mit mir spielte, weil ich nur etwas mehr als 60 Schläge brauchte.

Im Jahr 1965 wurde ich dann zu einem Spiel gegen Fred Hawkins nach El Paso eingeladen und lernte Martin Lettage kennen. Ich besiegte Fred in zwei Runden, und man machte mir einen Vorschlag: „Warum kommst du nicht zu uns? In Dallas hast du alle Spieler besiegt, aber hier kennt dich praktisch niemand. Komm zu uns." Und das tat ich dann auch.

Einige Monate später arbeitete ich im Horizon Hills Country Club, als ein Mann eintrat, den ich schon seit einem Jahr nicht mehr getroffen hatte. „Man sagt, die Leute hier haben viel Geld und würden gern auf dich wetten", eröffnete er mir.

„Na ja", erwiderte ich. „Normalerweise finanzieren sie mich bei allen meinen Spielen."

„Glaubst du, sie würden auf dich wetten, wenn du gegen einen Spieler von der Profitour spielst?", wollte er wissen. „Warum nicht?", sagte ich. „Wie wäre es mit Raymond Floyd?" Floyd war erst zweiundzwanzig Jahre alt und hatte bereits seinen ersten PGA-Sieg errungen.

Also luden sie Floyd ein. Ich kannte Raymond Floyd nicht, und er wusste nicht, wer Lee Trevino war, und da kam er also in einem neuen, blank geputzten weißen Cadillac angefahren. Unser Parkplatz war noch nicht einmal geteert, einfach nur mit Kieseln ausgestreut. Ich holte mir einen Cart und fuhr damit zu seinem Auto. Dort lud ich Raymond Floyds mit Schuhen und extra Schlägern prall gefüllte Wilson-Tasche auf und fuhr in den Umkleideraum. Ich putzte seine Schuhe und brachte sie ihm zurück. Er sah zu mir auf: „Gegen wen spiele ich überhaupt?" – „Gegen mich", sagte ich.

Raymond sah mich scharf an und meinte: „Du machst Witze." Gerade da kam eines der Clubmitglieder herein und sagte: „Hallo Raymond! Willst du dir den Golfplatz ansehen, bevor du gegen diesen Knaben da antrittst?" „Nein", entgegnete er. „Ich bin professioneller Golfer, und heute trete ich gegen den Schuhputzer an. Ich muss mir den Golfplatz nicht ansehen." Also ging er frühstücken und ich auf den Übungsplatz zum Abschlag.

Um es kurz zu machen: Ich brauchte 65 Schläge und deklassierte Raymond. Er wollte noch neun Löcher spielen, aber ich lehnte ab: „Mr. Floyd, ich kann nicht weiterspielen, ich muss die Carts bereitstellen." „Richtig", sagte er. „Ich spiele ja mit dem Cart-Fahrer."

Am folgenden Tag besiegte ich Floyd erneut. Am dritten Tag ging Floyd in die Vollen, und wir hatten bei den ersten neun Löchern Gleichstand. Am letzten Loch schlug er dann einen Eagle und besiegte mich um einen Punkt. Nie werde ich seinen Kommentar vergessen, als er den Ball aus dem Loch holte. „Leute", sagte er seinen Helfern. „Auf der Tour ist es für mich einfacher."

Raymond ging wieder auf die Tour und erzählte den Profis: „Ich habe kürzlich in El Paso, Texas, gegen einen kleinen Mexikaner gespielt. Ich sage euch, wenn der mal vorbeikommt, müsst ihr Platz machen." Raymond und ich sind seither dicke Freunde.

Lee Trevino
im Gespräch mit *Charlie Jones*

Ganz einfach

Konzentration heißt,
an absolut gar nichts zu denken,
wenn es absolut wichtig ist.
Ray Knight

ICH ERINNERE MICH AN EINES DER ERSTEN MALE, ALS ICH ZUR SEItenlinie ging, um mit dem Trainerstab eine dieser „Absprachen in letzter Minute vor der Halbzeit" zu treffen. Es war in Don Coryells erstem Jahr als Chefcoach bei den San Diego Chargers. Er hatte einen beeindruckenden Stab und einige prima Sprecher, mit denen ich zusammenarbeiten musste. Am Telefon war sein Assistent Jim Hanifan, der mit den anderen Assistenten Joe Gibbs und Ernie Zampese in Verbindung stand.

Ich bin also an der Seitenlinie und erwarte, dass Coryell mir genau sagt, was ich tun soll. Aber von Coryell höre ich keinen Ton, das Wort führt Hanifan. Gibbs berichtet ihm und Zampese berichtet Gibbs, sie beraten sich hin und her und stopfen alle diese Informationen in einen überwältigten jungen Quarterback.

Hanifan sagt: „Also, beim nächsten Spiel laufen wir 8-40-4. Achte auf den Weak Safety. Wenn der in der Mitte bleibt, spiel' Charlie Joiner an. Wenn der Weak Safety an der schwachen Seite hängt, dann versuch', Kellan Winslow durch die Mitte anzuspielen, und dann ist da noch J. J. (John Jefferson), der die Ecken läuft. Und wenn die Linebacker zu weit zurück sind, dann gib unten herum an Chuck Muncie ab. Alles klar, Dan? Hast du verstanden?"

Die Coaches reden alle auf einmal: „Also, noch mal." – „Hast du's? Joiner, Winslow, Jefferson und dann an Muncie. Joiner, Winslow, Jefferson, Muncie."

Es ist eine kritische Situation im Spiel, und ich bekomme alle diese Informationen, aber von Coryell höre ich nichts.

Ich zurrte meinen Helm wieder fest und dachte: *Da haben wir den innovativsten Coach im Football, und ich erfahre kein einziges Wort von ihm ... ich höre nur seine Assistenten ...* Da zupft mich jemand am Hemd. Ich drehe mich um, und da steht Coryell. *Endlich sagt er mir, was ich eigentlich tun soll,* denke ich.

„Ach was", sagt er nur. „Wirf einfach zu J. J."

Dan Fouts
im Gespräch mit *Charlie Jones*

Das war mir neu

BRISTOL, CONNECTICUT, 1991. MITTEN IM WINTER, MITTEN IN DER nacht. In der Sendestation von ESPN arbeitete nur noch eine Rumpfbesetzung: Tim Kiley, der Produzent des *SportsCenter*, das um 2 Uhr 30 ausgestrahlt werden sollte, der Koordinator und Produzent Barry Sacks und eine Handvoll Produktionsassistenten, die für Kopien und andere Belange des Programms sorgten. Die Monitore, über die vor kurzem noch Programme aus allen Teilen des Landes gelaufen waren, waren inzwischen dunkel. Mein Partner für die Sendung um 2 Uhr 30, Mike Tirico, lieferte Daten von den Spielen und andere Informationen, die wir unserem Publikum anbieten wollten. Es reichte nicht. Wir ließen das Video nochmals laufen, sichteten die Zuschauerstatistiken und trugen Hintergrundinformationen zusammen – wir wollen immer etwas mehr wissen.

Am Ende der Sendung an jenem Abend hatten wir immer noch Zeit übrig. Mike Tirico brachte schließlich ein Prachtstück von Information bei, genau das Passende und geeignet, den ewigen Hunger nach Neuem zu stillen. Was sagte ich dazu? „Das war mir neu!" So reagierte Johnny Carson immer, einer meiner Helden aus der nicht-sportlichen Welt, der einstige König der nächtlichen Fernsehsendungen, wenn einer seiner Gäste einen besonders aufschlussreichen Beitrag machte.

Kaum waren wir nicht mehr auf Sendung, zogen wir uns ins Konferenzzimmer zurück, denn wir wussten, wir hatten etwas zu fassen. Kein Zweifel, die Fans sind nicht weniger erfolgsorientiert als die von ihnen bewunderten Sportler. Auch wenn man nur über Sport plaudert, will man sich doch beweisen, will man mehr wissen als der Gesprächspartner.

Barry Sacks meinte, wir sollten in jeder Sendung um 2 Uhr 30 einen besonderen Leckerbissen auswerfen. Produktionsassistent Edwin van Duesen schlug vor, dafür ein besonderes Logo zu entwerfen. Irgendjemand wollte diesen Teil der Sendung *Das war mir neu* nennen. Ich änderte Carsons Worte ein wenig ab und schlug *Wussten Sie schon?* vor – und damit war ein kleines Stück *SportsCenter*-Geschichte geschrieben.

Der Erfolg war überwältigend. Welches Thema immer an einem Tag die Sportseiten beherrscht hatte, wir versuchten, noch eine Extra-Information draufzusetzen. Wir wollten nicht schlauer als unsere Zuschauer sein. Wir verstanden uns als die Zuschauer: Immer bereit, sich überraschen zu lassen, begierig nach neuen Informationen, freizügig mit dem, was wir wussten. Die Zuschauer schrieben uns oder riefen an und gaben uns ihre Beiträge zu *Wussten Sie schon?* Das war einer der ersten interaktiven Kontakte zwischen den Mitarbeitern von ESPN und dem Publikum. Wo sonst außer bei *SportsCenter* erfuhr man, dass Bob Feller der einzige Pitcher der Major League war, der in einem Spiel genauso viele Strikeouts wie Lebensjahre zusammengebracht hatte? Das war 1936 gewesen, und Bob Feller zählte damals siebzehn Jahre. Oder wer wusste, dass die Brooklyn Dodgers – das Footballteam – 1934 den NFL-Rekord für die wenigsten Rushing Touchdowns in einer Saison aufgestellt hatten?

Vor einigen Jahren traf ich Johnny Carson dann endlich bei einem Star-Tennisturnier an der University of California, Los Angeles. Während einer Spielpause in Andre Agassis Match ging ich zu der Hollywoodlegende und erzählte ihm, welchen Anteil er am Titel von einer der beliebtesten amerikanischen Fernsehsendungen hatte. Seine Antwort kam spontan. Mit einem Lächeln sagte er: „Das war mir neu."

Chris Myers

Ein wichtiger Anruf

SPEEDY MORRIS, DER BASKETBALLCOACH DER MÄNNERMANNSCHAFT von La Salle University, erzählt folgende Geschichte: „Als ich gerade den Job bei La Salle bekommen hatte, klingelte das Telefon, und meine Frau rief, *Sports Illustrated* sei am Apparat. Ich schnitt mich mit dem Rasiermesser und fiel fast die Treppe hinunter, so schnell rannte ich ans Telefon. Ich nahm den Hörer und hörte am anderen Ende eine Stimme sagen: ‚Für nur 75 Cent pro Heft ...'"

M. G. Misanelly

Der Kiosk

AN DER TÜR HING EIN SCHILD: ZUTRITT ZUM KIOSK NUR FÜR BEfugte. Ich schmunzelte. Damit war ich gemeint, ein Elternteil, das freiwillig zugunsten des weltweiten Little League Baseball mitarbeitete. Ich klopfte. Die Tür wurde einen Spalt breit geöffnet.

„Was ist?"

„Ich bin für die Mitarbeit im Kiosk eingeteilt", sagte ich stolz.

„Wo ist Ihre Frau?"

„Sie kann nicht, ich springe für sie ein."

Die Tür öffnete sich gerade so weit, dass ich hineinschlüpfen konnte. Ich brauchte einen Augenblick, bis meine Augen sich an die Dunkelheit gewöhnt hatten, dann sah ich drei Frauen mit Schürzen: Rose, Juanita und Theresa.

„Hi", grüßte ich vergnügt und klaubte ein Pommes frites aus der Wärmeschüssel und schob es mir in den Mund. „Das ist also der Kiosk. Sieht von außen größer aus." Ich machte mit beiden Armen eine weit ausholende Bewegung und fegte etliche Kartoffelchiptüten vom Regal.

„Sie machen das heute zum ersten Mal, stimmt's?", forschte Rose.

„Ich … na ja … aber so schwer ist es wohl nicht, oder?"

„Können Sie Wechselgeld herausgeben?", wollte Juanita wissen.

„Wechselgeld? Na klar."

„Sie machen Verkauf, da, am Schiebefenster."

„Verkaufen. Aha." Ich entwendete ein weiteres Pommes frites. „Zum Kochen werde ich nicht gebraucht?"

„Nein", tönte es einstimmig.

Sie huschten in dem kleinen Raum umher und bereiteten alles für einen ereignisreichen Nachmittag her. Rose spießte Würstchen für Hotdogs auf einen Rotisseur, Juanita füllte Becher mit Soda. Theresa warf die Popcornmaschine an und goss roten und grünen Sirup in eine Zentrifuge, die „Trinkeis" herstellte. Es klopfte am Fenster, und ich öffnete.

„Hotdog, Cola, Fritten und Hamburger Speck."

Ich blickte auf eine breit lächelnde Zahnspange, flankiert von runden, rosigen Wangen und den Ansätzen zum Doppelkinn.

Ich schloss das Fenster: „Woher weiß ich, was das kostet?“

„Süßigkeiten kosten einen Dollar, Popcorn 50 Cent. Hotdogs und Getränke kosten 75 Cent, Fritten 50, Trinkeis kostet 25 Cent.“ Rose holte tief Luft.

„Chips kosten 75 Cent, Kaffee 50, nachfüllen kostet nichts“, setzte Juanita fort. Ich suchte hektisch nach einem Kugelschreiber.

„Und wir schreiben nicht an“, ergänzte Rose.

„Also wie viel?“

„Drei Dollar.“

„Ja, klar.“

Gesichter kamen und Fritten gingen. Ich kam in den Rhythmus: Ich wiederholte die Bestellung laut und wartete darauf, dass man mir aus dem Hintergrund die Summe zurief. Einige kleinere Missgeschicke unterliefen mir natürlich, etwa die beiden Hotdogs, die zu meinen Füßen herumkullerten, oder die Portion Pommes frites, die ich mit einer Gruppe ehrgeiziger Ameisen teilen musste.

Der Pummel mit der Zahnspange kam zum dritten Mal: „Noch mehr Hamburger Speck.“ Er schob zerknitterte Scheine durch das Fenster.

„Hab’ ich nicht mehr. Ausverkauft.“

„Ooch, nö. Was is’ noch da?“

Ich suchte auf dem Regal mit den Süßigkeiten nach einer Eingebung. „Karamellbonbons mit Erdbeergeschmack, vielleicht?“

„Cool. Gib mal zwei.“

Ich war mit meinem Verkaufstalent sehr zufrieden, die drei Frauen im Hintergrund eher weniger. Ich zuckte die Schultern, schob einem kleinen Mädchen zwei Becher Soda und ihrer Freundin einen Hotdog hinüber. Danach bediente ich eine Dreiergruppe, wobei ich bei der Cola zu viel Schwung hatte und sie gleich auf dem Boden landete. Das machte ich jedoch durch zwei problemlose Lieferungen von Trinkeis wieder gut.

Vor dem Fenster erschien eine Frau. Ich präsentierte ihr mein lächelndes Gesicht. Sie ergriff mich am Hemdkragen und zog mich halb durch das Fenster.

„Haben Sie schon mal eine Zahnspange bezahlt?“

„Ahh … ich … nein."

„Ich habe im letzten Jahr zwei bezahlt. Die sind nicht billig."

„Bestimmt nicht, aber …"

„Wissen Sie, was die kleinkriegt?"

„Ich … äh … eigentlich nicht."

„Karamellbonbons. Karamellbonbons, die schaffen das."

Jetzt bemerkte ich die Ähnlichkeit. Bevor ich etwas sagen konnte, erschien eine weitere Mutter.

„Ist das der Mann?", fragte sie ein kleines Mädchen mit einer sehr dicken Backe. Ich erinnerte mich. Sie hatte nur 25 Cent und ich hatte ihr von diesen harten Lutschbonbons gegeben.

„Sind Sie Zahnarzt?", wollte diese Mutter wissen.

„Nein, ich …"

„Arbeiten Sie für einen Zahnarzt?"

„Auch nicht, ich habe nur …"

Hinter mir klopfte es an der Tür.

„Wir haben mal einen Zahnarzt geschnappt, der im Einkaufszentrum Dauerlutscher verteilte. Wir haben ihn aus der Stadt gejagt."

Die erste Mutter ließ meine Kehle los.

„Ich habe nur meine Pflicht als freiwilliger Verkäufer hier im Kiosk getan …" Ich spürte einen vertrauten Händedruck auf meiner Schulter.

„Was machst du denn hier?", fragte ich meine Frau. „Ich dachte, du bist krank."

Halblaut sagte sie: „Sie … sie haben mich angerufen."

„Aber …"

„Ist schon in Ordnung, Schatz. Es geht mir wieder besser. Außerdem brauchen sie draußen einen Schiedsrichter für das Spiel um sieben Uhr."

Ich beugte mich vor und sah noch einmal zu den erzürnten Frauen vor dem Fenster hinaus. Ich umarmte meine Frau, dann zog ich mich rasch zur Tür zurück, entriegelte sie und legte die Hand auf die Klinke.

„Haben Sie schon mal den Schiedsrichter gemacht?", erkundigte sich Rose.

Ich lächelte: „Nein, aber … so schwer ist es wohl nicht, oder?"

Ernie Witham

Was sollen wir klauen?

DIE FOLGENDE GESCHICHTE EREIGNETE SICH VOR ETLICHEN JAHREN, als unsere Söhne ungefähr acht Jahre alt waren. Es war das erste Spiel der Saison und auch das erste, in dem die Jungen pitchen durften. Während ich mit dem Umpire die Regeln besprach, wurde mir klar, dass die Jungen in diesem Jahr auch zum ersten Mal Bases stehlen durften. Darüber hatten wir aber noch gar nicht gesprochen. Also eilte ich in den Aufenthaltsraum zurück, versammelte meine Spieler um mich, erklärte ihnen nochmals die Regeln und schloss mit der Ankündigung: „Und in diesem Jahr dürfen wir Bases stehlen." Die Jungen jubelten so begeistert, dass ich sicher war, es würde schon klappen. Endlich beruhigten sich alle wieder. Die Mannschaft wollte gerade aufs Spielfeld laufen, als einer der Spieler laut fragte: „Also, was sollen wir klauen?" Ich stöhnte auf: Diese Frage kam von meinem Sohn!

Cary McMahon

Ein klasse Kerl

Wenn kein Wind weht, rudere!
Lateinisches Sprichwort

WIR LEBTEN IN SÜDKALIFORNIEN, UND MEIN DAD WAR SCHIEDSrichter bei Footballspielen, die von Highschool- und College-Mannschaften bestritten wurden. Seit ich vier Jahre alt und groß genug war, seine Tasche mit Unterlagen und Ausrüstung zu tragen, stapfte ich mit ihm zu allen Spielen. Richtig spannend wurde es, als ich acht Jahre alt war, denn damals lernte ich Jackie Robinson kennen. Wir wohnten nur etwas mehr als sechs Kilometer von der Rose Bowl entfernt, dem Stadion, wo das Pasadena Junior College spielte, und deshalb begleitete ich meinen Vater fast immer. Jackie Robinson war Runningback und der Star.

Ich saß auf der Bank neben Jackie. Ich beobachtete, wie er spielte und alle diese Kunststücke auf dem Feld zustande brachte. Wie schaffte ein schlaksiger Kerl mit Krallenzehen und X-Beinen es nur, so schnell zu laufen und so geschickt auszuweichen? Mit allen Poren saugte ich seinen Zauber auf.

Als ich aufs College ging, verloren wir den persönlichen Kontakt, aber ich verfolgte seine Karriere, die ihn vom College-Football an der UCLA zum professionellen Baseball führte. Ich war begeistert, als Branch Rickey ihn 1947 vom externen Team der Dodgers, den Montreal Royals, nach Brooklyn holte. Jackie überwand die Rassenschranken mit demselben Geschick und derselben Eleganz, mit der er über die Homeplate sprang.

Nach der World Series von 1952, in der die New York Yankees nach sieben mitreißenden Spielen, die bis zuletzt auf Messers Schneide standen, den Sieg davontrugen, lehrte uns Jackie, wie man verliert. Mickey Mantle war damals noch ganz jung und spielte im ersten oder zweiten Jahr bei den Yankees. Aber noch viele Jahre später erinnerte er sich glasklar an das, was Robinson ihm damals beibrachte:

Nach dem Spiel kam Jackie Robinson in unser Clubhaus und schüttelte mir die Hand. „Du bis ein Ass von einem Spieler, du hast eine große Zukunft vor dir“, sagte er. Ich fand, das war eine klasse Geste, dazu wäre ich nicht fähig gewesen. Ich war ein schlechter Verlierer. Noch wichtiger war, was Jackie der Presse sagte: „Mantle hat uns besiegt, er war ausschlaggebend in den beiden Mannschaften. DiMaggio hat den Yankees nicht gefehlt.“ Ich gebe zu, in diesem Moment wurde ich ein Fan von Jackie Robinson. Wenn ich mich an jene World Series erinnere, denke ich auch immer an seine Geste. Da war ein Spieler, der bestimmt mehr Beleidigungen, Angriffe und Hassgefühle hatte über sich ergehen lassen müssen als jeder andere Spieler in der Geschichte des Baseballs. Trotzdem ließ er es sich nicht nehmen und gratulierte einem jungen weißen Spieler aus Oklahoma und machte ihm Mut.

Das gibt genau den Jackie Robinson wieder, den ich kannte, als er noch das Junior College besuchte: Er arbeitete an seinem Können, er brannte vor Ehrgeiz, aber er war immer zuvorkommend – sogar einem Kind gegenüber, das mit großen Augen auf der Spielerbank sitzen durfte, weil sein Dad Schiedsrichter war. Dad und ich wussten beide, dass Robinson einmal groß herauskommen würde.

Jim Tunney

Unvergesslich: Jim Valvano

JIM VALVANO GEHÖRTE ZU DIESEN SELTENEN MENSCHEN, DIE LICHT ins Dunkel bringen. Ich lernte ihn kennen, als wir beide Coach im College-Basketball waren. Ich ging schließlich zum Fernsehen und machte Sportsendungen. Das tat Jimmy auch, aber vorher erreichte er Auszeichnungen, von denen ich nur träumen konnte.

Er war der brillanteste, energievollste und phantasievollste Mann, dem ich je begegnet bin. Gutmütige Neckereien waren immer Bestandteil unserer Freundschaft. Zum Beispiel 1988, als ich „Ehrengast" bei einem Grillfest war. Jimmy, damals Chefcoach an der North Carolina State University, grillte mich ganz schön! Aber mit keinem Wort spielte er auf ein Geheimnis an, das ich meinte, all die Jahre vor ihm verborgen gehalten zu haben: Ich hatte mich ebenfalls um den Job an North Carolina State beworben, aber man hatte ihn vorgezogen.

Als Jim nun zum Ende seiner lockeren Ansprache kam, zog er einen Brief aus der Tasche. „Ich habe hier etwas über euren Mann, Dicky V", sagte er und las vor: „Lieber Dick, wir müssen Sie leider davon in Kenntnis setzen, dass wir Valvano zum Chefcoach an North Carolina State ernannt haben ..."

Ich war sicher gewesen, dass niemand von diesem Brief wusste. Jimmy hatte ihn anscheinend aufbewahrt und auf den richtigen Moment gewartet. Die Anwesenden lachten so laut, dass Jimmy nicht zu Ende lesen konnte. In der kurzen, aber reichhaltigen Geschichte von „Jimmy V."-Kabinettstückchen wurde das ein Klassiker.

Basketball war Jimmys große Liebe. Schon früh wusste er, dass er Coach werden wollte. Im Jahr nach seinem Examen am Rutgers College begann er als Assistent, und im Alter von dreiundzwanzig Jahren war er Chefcoach an der Johns Hopkins University, deren Team seit fünfundzwanzig Jahren keine Gewinnsaison mehr erlebt hatte. In Jimmys erstem Jahr dort gewannen sie zehn Spiele und verloren neun. Von dort ging er nach Bucknell und dann nach Iona, ein kleines katholisches College am Rand von New York. Es gelang ihm, die Spieler in allen diesen Teams sozusagen aufzuwecken, ihre Liebe zum Spiel und ihren Siegeshunger anzustacheln. In fünf Jahren erreichte Iona einen Punktestand von 95:46 und trat zweimal in Wettbewerben der National Collegiate Athletic Association (NCAA) an.

Als Jimmy erst vierunddreißig Jahre alt war, 1980 nämlich, berief ihn die North Carolina State University. Entgegen allen Vorhersagen besiegte das Team die Mannschaften von North Carolina und Virginia und erreichte 1983 das NCAA-Turnier. Während der Ausscheidungsspiele hämmerte Jimmy seinen Spielern immer wieder ein: „Wir sind hier richtig. Wir können gewinnen. Gebt nicht auf!"

Das Wolfpack schaffte den Weg nach Albuquerque, New Mexico, und ins Endspiel gegen die Universität von Houston. Die Sportreporter sprachen von einer bevorstehenden „Beerdigung erster Klasse". „Regen am Spieltag würde die Sache perfekt machen", schrieb einer. „Bei Hinrichtungen regnet es immer."

Zur Halbzeit führte das Wolfpack mit acht Punkten, und Jimmy feuerte seine Mannschaft an: „Nie wieder im Leben, egal wo ihr geht und steht, werdet ihr wieder so etwas erleben und fühlen wie wenn der Schlusspfiff kommt und wir gewonnen haben."

Aber Houston zog nach, und in der zweiten Halbzeit waren die Teams punktgleich. North Carolina State erzielte den letzten Korb, als das Spiel abgepfiffen wurde. Das Wolfpack hatte 54:52 gewonnen und war US-Meister! Unter Jimmys Leitung errang die Mannschaft noch zwei Titel in der Verbandsliga und spielte siebenmal im Rahmen der NCAA. Doch dann zogen dunkle Wolken am Horizont auf. Es wurde behauptet, North Carolina State habe mehrere NCAA-Regeln verletzt.

In einer langen und eingehenden Untersuchung wurde Jimmy von jedem Verdacht eines persönlichen Fehlverhaltens freigesprochen, und man entdeckte nur drei Regelverstöße, aber das Team erhielt zwei Jahre Spielsperre. Für Jimmy wurde es Zeit, sich etwas anderes zu suchen.

Nachdem er mit dem College zu einer Einigung gekommen war, erhielt er viele Angebote, als Coach weiterzumachen, aber er beschloss, im Fernsehen zu arbeiten. Dafür sprachen auch noch andere Gründe. In seinem Bestreben, der beste Coach zu sein, hatte er sich so vollständig auf Siege und Niederlagen konzentriert, dass für ein Privatleben keine Zeit blieb. „Ich erinnere mich an einen Vatertag, als ich zufällig zu Hause war", erzählt er einmal. „Die Familie hatte nichts vorbereitet. Warum denn auch? Wahrscheinlich war ich an diesem Tag nie zuvor zu Hause gewesen. Wahrscheinlich war ich in Atlanta und hielt eine Rede zum Vatertag oder nahm in Chicago eine Auszeichnung als „Vater des Jahres" entgegen – zu Hause war ich bestimmt nicht."

Das sollte sich nun ändern. Jetzt hatte Jim Zeit für ein beschauliches Dinner mit seiner Frau Pam und konnte sich mit seinen Töchtern Lee Ann, Jamie und Nicole befassen. Und so wurden Jimmy und ich Kollegen bei ESPN und ABC und produzierten Sportsendungen. Unsere Zuschauer nannten uns „V und V".

Basketball wurde immer beliebter, und damit tauchten wir immer häufiger im Fernsehen auf. Wieder ritt Jimmy hoch auf der Erfolgswelle, aber diesmal dauerte es nicht lange.

An einem Tag im Juni 1992 rief ich Jimmy zu Hause an. Er sagte, er warte auf einen Anruf seines Arztes.

Der Arzt kam unumwunden zur Sache: „Coach, mit neunzigprozentiger Sicherheit ist es Krebs." Bei weiteren Untersuchungen wurde Knochenkrebs diagnostiziert. Jimmy war sechsundvierzig Jahre alt. Er ging diese Krankheit auf die einzige ihm geläufige Weise an: Mit aller Energie. Während er chemotherapeutisch behandelt wurde, las er jedes erhältliche Buch über Krebs. Sein Leben lang hatte er seinen Spielern eingebläut, nie aufzugeben. Jetzt hielt er sich selbst jeden Tag diese Predigt.

Er trug seinen Kampf in aller Öffentlichkeit aus und wollte seine Arbeit trotz der Krankheit fortsetzen. Im Hotelzimmer am Abend vor einem Planungstreffen der ESPN zu Beginn der Saison nahm er Schmerzmittel, um zu lindern, was er als „Zahnschmerzen im ganzen Körper" bezeichnete. Am folgenden Tag ertrug er seine Schmerzen mit solcher Würde, dass die Anwesenden überhaupt nicht mehr daran dachten. Einmal beklagte ich mich bei ihm über meinen hektischen Arbeitsplan für den kommenden Tag.

„Kommst du morgen mit?", antwortete er. „Du fährst mich zur Chemotherapie, erlebst, wie ich mich übergebe, und lernst Menschen kennen, die echte Probleme haben."

Das war wie ein K.-o.-Schlag. Dann sagte er etwas, was ich nie vergessen werde: „Du verpasst die wichtigen Sachen, Dickie. Du hast es zu eilig. Geh die Dinge langsamer an, mein Junge." In meinem Büro steht sein Foto. Immer, wenn ich es ansehe, denke ich an diese Worte.

Bei der Verleihung der American Sports Awards im März 1993 stellte ich dem Publikum Jimmy Valvano als Gewinner des „Arthur Ashe Award for Courage" vor. Der Krebs war fortgeschritten, und Jimmy befürchtete, er würde die Festveranstaltung nicht bewältigen, aber er kam: im Rollstuhl.

Die Rührung überwältigte mich, als Mike Krzyzewski, Basketballcoach an der Duke University und einer von Jimmys engsten Freunden, ihm aufs Podium half, damit er seine Dankesrede halten konnte.

„So niedergeschmettert habe ich Dick Vitale zuletzt gesehen, als die Eigentümer der Detroit Pistons ihm nahelegten, zum Fernsehen zu gehen", spöttelte Jimmy, und die Zuhörer tobten.

Einen Tag zuvor hatte er kaum sprechen können, und jetzt riss er Witze! Als wieder Ruhe eingekehrt war, schien Jimmy die letzten Energiereserven zu mobilisieren, um noch einmal zu sagen, was ihm ein Leben lang am Herzen gelegen hatte:

„Ich bin davon überzeugt, es gibt drei Dinge, die wir alle jeden Tag tun sollten. Erstens: Lachen. Wir sollten jeden Tag lachen. Zweitens: Nachdenken – eine gewisse Zeit mit Nachdenken verbringen. Drittens: Uns von unseren Gefühlen zu Tränen rühren lassen. Wenn wir gelacht, nachgedacht und geweint haben, dann war das ein erfolgreicher Tag."

Er machte eine Pause und setzte dann hinzu, mit Unterstützung der ESPN werde eine Stiftung zur Krebsforschung gegründet. Ihr Motto: „Gib nicht auf. Gib niemals auf."

Jimmy V ließ den Blick über seine Zuhörer schweifen und fügte noch einen Satz hinzu: „Der Krebs kann mir meine Körperkräfte rauben, aber er kann gegen meinen Verstand, mein Herz und meine Seele nichts ausrichten. Und diese drei Dinge werden immer bleiben."

Weniger als zwei Monate später, am 28. April, starb Jimmy Valvano. Seine Frau und seine Familie waren bei ihm. Ein Mitschnitt der Ansprache, die er kurz zuvor gehalten hatte, wurde zur Saisoneröffnung im Yankee-Stadion auf einem riesigen Schirm gezeigt – Jimmy hatte gehofft, dort noch den ersten Ball einwerfen zu können. In anderen Städten im ganzen Land geschah dasselbe.

In den folgenden Monaten wurde mit Jimmys Ansprache eine enorme Unterstützung für die Krebsforschung gewonnen. Tausende von Krebskranken inspirierte der Satz, den Jimmy Valvano seinen Spielern sein ganzes Berufsleben hindurch gesagt hatte: *Gib nicht auf. Gib niemals auf.*

Dick Vitale

6

ALLEN WIDRIGKEITEN ZUM TROTZ

Gewinne Weisheit aus deinen Wunden.
Oft im Leben wird man dich verletzen.
Du wirst Fehler machen.
Einige … werden das als Versagen bezeichnen.
Ich jedoch habe gelernt,
dass sich hinter diesem Versagen
Gottes Botschaft verbirgt,
und er sagt dann:
„Entschuldige bitte,
aber du gehst in die falsche Richtung."

Oprah Winfrey

Der Unterschied bist du

ALS MIR AUCH DER *ZWEITE* ARZT ERÖFFNETE, MEINE KARRIERE IM baseball sei vorbei, war das wie ein Schlag in den Magen. Ich hatte gerade mein bestes Jahr in der AAA-Liga hinter mir und war nur noch einen Schritt vom „großen Ding" entfernt. Bei fast allen Ligaspielen führte ich (52) und hatte in der Saison ein ERA von 3.30 erreicht. Man redete davon, dass ich noch vor Saisonende in die höhere Kategorie berufen würde. Alle Tage waren mit freudiger Erwartung angefüllt ... alle, bis auf die Tage, die ich beim Mannschaftsarzt oder bei den Fachärzten für Orthopädie verbrachte. Bei diesen Besuchen ging es darum, „es bleiben zu lassen". Auch zwei Operationen hatten das Problem an meinem Wurfarm nicht beheben können. Immer häufiger musste ich immer höhere Dosen Cortison nehmen. Mein zwanzigjähriger Traum endete in einem Sturm aus Enttäuschung und Selbstmitleid.

In mürrischer und verdrießlicher Stimmung kehrte ich nach Fresno, Kalifornien, zurück. Meine Frau Linda, mit der ich seit zweieinhalb Jahren verheiratet war, ließ sich vom Ende meiner Baseballkarriere nicht erschüttern. Sie wollte nur, dass ich endlich wieder glücklich war. Sie erinnerte mich daran, dass unser Leben in Gottes Hand liegt, dass wir bisher auch fantastisch damit gefahren waren, ihm zu vertrauen, und dass wir auch weiterhin glauben sollten, es würde sich alles zum Besseren wenden. Sie schlug vor, ich sollte mich als Lehrer bewerben. „Warum widmest du dein Leben nicht der Aufgabe, jungen Menschen zu helfen, damit sie ihres gestalten können?"

Ein vornehmer Gedanke, allerdings kein Ersatz für die Erregung, die der professionelle Baseball zu bieten hat, wie ich fand. Da ich mich genötigt fühlte, *irgendetwas* zu unternehmen, bewarb ich mich und wurde prompt angestellt.

Immer noch missgestimmt durch meine Grübeleien meldete ich mich bei der Schule. Ich sollte, wie zu erwarten, als Coach für drei verschiedene Sportarten arbeiten: Mit Football und Baseball war ich vertraut.

Die dritte Sportart war Ringen, und davon hatte ich null Komma null null Ahnung. Vielleicht hätte ich mich um diesen Job noch irgendwie drücken können, aber das versuchte ich nicht einmal. Niedergeschlagen nahm ich diese Aufgabe als einen weiteren Beweis dafür, wie mir das Schicksal mitspielte und mich zwang, „meine Pillen zu schlucken". Erst später begriff ich, wie Gottes Hand mich leitete.

Ich wusste, ich konnte den Jungen nichts vormachen, die zur Ringermannschaft gehörten. Selbst der Unerfahrenste unter ihnen hatte vom Ringen zehntausendmal mehr Ahnung als ich. Also sagte ich die Wahrheit: Die Schule hatte nicht das Geld, einen richtigen Coach für das Ringen einzustellen, deshalb musste ich den Job machen, und dafür brauchte ich ihre Hilfe.

Die Jungen fanden sich damit besser ab als erwartet: Sie unterrichteten sich gegenseitig, die erfahreneren Ringer jeweils die noch unerfahreneren. Mein Beitrag bestand darin, einen jungen Mann aufzutreiben, Ed Davies, der an einem College in der Nähe studierte und bereits bundesweit auf sich aufmerksam gemacht hatte. Ich heuerte ihn zu meiner Unterstützung an und versprach ihm dafür die Hälfte meines Gehaltes.

Diese Kombination aus „sofort reinen Wein einschenken" und „mein Gehalt mit jemandem teilen" kam bei der Mannschaft gut an. Wir wurden eine feine Gruppe. Alle waren mit Nachdruck bei der Sache und lernten, wann und wo immer es etwas zu lernen gab. Aber nur einer unserer Ringer, Alan Katuin, qualifizierte sich für den wichtigsten Wettbewerb der Saison.

Alans Gegner war Major Edwards, ein bislang unbesiegter, viel erfahrenerer Ringer von einer größeren Schule. Beide Jungen waren für ihre ausgezeichnete körperliche Verfassung und ihr Talent bekannt, doch aufgrund seiner größeren Erfahrung hatte Edwards eine um Haaresbreite bessere Chance auf den Sieg.

Alan war motiviert, intelligent und erfolgsorientiert. Er war ein eher stiller junger Mann und redete im Umkleideraum während der Vorbereitung auf einen Kampf meist nicht viel. Deshalb war ich überrascht, als er vor dem Kampf mit Edwards zu mir kam. „Wo ist Coach Davies?", fragte er.

„Er musste dringend woandershin, er kann leider nicht kommen." Ich fühlte mich damit etwas unwohl und setzte hinzu: „Aber er glaubt an dich, und ich glaube auch an dich."

Ein Offizieller steckte den Kopf zur Tür herein. „Fertig?", erkundigte er sich. „Du bist dran."

Wir wurden in die Turnhalle geführt. Der Raum war nur schwach beleuchtet, ein Scheinwerfer auf die Matte gerichtet. Mein Magen verschraubte sich. So viel Adrenalin war nicht mehr durch meine Adern geflossen, seit ich bei einer Regionalmeisterschaft der NCAA gegen die an erster Stelle gesetzten USC Trojans pitchen musste. Die vierzehn Strikeouts, die ich damals erzielte, waren nichts im Vergleich mit Alans Wettkampf an diesem Tag.

Plötzlich blieb Alan stehen, packte mich am Arm und fragte in seiner ruhigen Art: „Coach, glauben Sie, ich kann gewinnen? Haben Sie einen Rat für mich?"

Eine Ewigkeit lang, wie mir schien, war ich sprachlos. Dies war nicht der Augenblick für Unwahrheiten, das war mir klar, und deshalb sagte ich schließlich: „Alan, du hast vom Ringen mehr Ahnung als ich, das weißt du. Aber ich kenne dein Herz, und ich glaube an dich. Wenn du heute ringst wie sonst auch, dann kannst du gewinnen."

Es folgte die spannendste Begegnung des gesamten Wettkampfes. Die Zuschauer waren von Anfang an dabei, machten einen unbeschreiblichen Lärm und heizten damit die Stimmung an. Alan verlor drei zu zwei.

Ich war am Boden zerstört. Wie die meisten Zuschauer war auch ich überzeugt, der Schiedsrichter hätte einige Punkte nicht korrekt vergeben. Edwards hatte sich nämlich, nachdem er in Führung gegangen war, auf eine „Hinhaltetaktik" zurückgezogen. Ich fand, ich hätte Alan taktische Ratschläge geben sollen, die ihn in dieser Situation vorangebracht hätten, aber das konnte ich nicht.

Als der Schiedsrichter den Kampf wie üblich beendete, indem er den Arm des Siegers in die Luft hob, fühlte ich wieder einen Schlag in den Magen. Es wurde auch nicht besser, als Alan zu Edwards ging und ihm gratulierte. Er war dabei ganz gelassen, keinesfalls über die Niederlage verbittert.

Anschließend kam er zu mir und sagte einfach: „Danke, Coach." Keine Entschuldigung, keine Ausrede – nur ein fester Händedruck und der Blick eines Siegers. Ich spürte, wie mir die Tränen in die Augen stiegen, und ich fürchtete, es würde ihm peinlich sein, wenn ich meine Bewegung so deutlich zeigte.

Das war Alans einzige Niederlage in jener Saison. In den nächsten Tagen beobachtete ich ihn aufmerksam. Er wirkte nie trübsinnig, im Gegenteil, er war ein Beispiel für seine Teamkameraden ebenso wie für seinen Anfänger von Coach.

Alan erwarb immer mehr Kraft und „Mattenerfahrung" und war Mitte seines Senior-Jahres zum beherrschenden Ringer geworden. Nach dem Abschluss an der Highschool studierte er an der Fresno State University und beeindruckte auch dort Gegner und Trainer durch seinen herausragenden Charakter und seine enormen Fähigkeiten.

An jenem Abend, als Alan mir nach einer Niederlage die Hand schüttelte und aufrichtig „Danke, Coach" sagte, entzündete er in mir ein Feuer, das auch heute noch, dreiunddreißig Jahre später, brennt. Durch Alan festigte sich mein Entschluss, als Coach zu arbeiten, mich den Herausforderungen zu stellen und den Lohn entgegenzunehmen, den es einbringt, wenn du im Leben eines Menschen den Unterschied ausmachst.

Dieses Erlebnis veränderte mein Leben, denn es zeigte mir, wie stark ein Mensch einwirken kann. Natürlich hatte ich auch danach noch schlechte Phasen. Meist waren dann die Erinnerungen an vergangene Zeiten wie dicker Qualm aufgestiegen und verschleierten mir die Sicht auf das, was ich selbst ausrichten kann. Das sind aber immer nur kurze Zwischenspiele, und sie können jenes Feuer nicht löschen. Ich denke dann immer an Alan Katuins Anstand und Reife.

Gott hat mich einem jungen Mann begegnen lassen, dessen unfehlbares Gespür für das, was wichtig ist, mir wieder zu einer gesunden Lebenseinstellung verhalf – zu einem Leben, in dem ich etwas *gebe*, in dem ich den Unterschied ausmache.

Ich kann nur sagen, und ich sage es tagtäglich: „Danke, Linda. Danke, Alan. Danke, Gott."

Jack Hannah

Lyles zweiter Versuch

IM JAHR 1982 WAR ICH COACH BEI DEN RAIDERS. DAMALS FRAGTE Cleveland an, ob wir Lyle Alzado einkaufen wollten. Ich sah mir ein Videoband von ihm an und war nicht gerade vom Stuhl gerissen, aber Al Davies, der Eigentümer der Raiders, meinte, die richtige Umgebung werde Lyle schon auf Touren bringen. Also war der Handel perfekt.

Im Trainingscamp in jenem Sommer, wo wir uns auf unser erstes Jahr in Los Angeles vorbereiteten, erlebte Lyle ein mentales Tief. Seine Augen hatten einen Ausdruck, den man von Anfängern und von langjährigen, gestandenen Spielern kennt, wenn die Dinge nicht so gut laufen. Ihr Blick ist furchtsam, wie vereist, und das macht keinem Coach Spaß.

Eines Vormittags kam Lyle in mein Büro und schloss die Tür hinter sich. Er sah aus, als hätte er die ganze Nacht wach gelegen. Da stand nun dieser Riese von einem Mann vor mir und ließ den Kopf hängen. Wir unterhielten uns, genau gesagt, ich hörte zu. Was er zu sagen hatte, lief darauf hinaus, dass Lyle das Gefühl hatte, seine Karriere sei zu Ende und dass es für ihn und die Mannschaft am besten wäre, wenn er sich zurückzöge. Er entschuldigte sich für die Enttäuschung, die er uns bereitete, wo wir ihn doch gerade erst eingekauft hätten, aber … nun ja.

Lyle war ein gefühlsstarker Mann. Unter anderem deshalb war er in der Verteidigung so gut. Seine ganze emotionale Energie lag immer knapp unter der Oberfläche und brach hervor, sobald er den Ball geschnappt hatte. Nun saß er vor mir und war den Tränen nahe.

Ich überlegte einen Moment lang, denn mir war klar, dass wir sein Feuer schüren mussten. In aller Ruhe legte ich ihm dann dar, weshalb er sich meiner Meinung nach *nicht* vom Profisport zurückziehen sollte. Er spielte damals in der zweiten Verteidigungslinie. Ich versprach ihm, das werde sich ändern, wenn er richtig Dampf gäbe und dass er dafür sein derzeitiges seelisches Tief überwinden müsse. Zum Ende unserer Unterredung sagte ich: „Geh jetzt und Spiel wie der Teufel, und dann entscheiden wir beide, ob du's noch packst. Ich persönlich glaube, du packst es."

Wir machen einen Zeitsprung in den Januar 1984. Tampa-Bay-Stadion. Super Bowl XVIII. Ich laufe die Seitenlinien auf und ab. Weniger als zwei Minuten zu spielen, und wir führen 38 : 9. Es ist geschafft! Wir sind Weltmeister im professionellen Football. Ich gewinne als Chefcoach meine zweite Super Bowl.

Während ich so auf und ab lief, sah ich die Spieler und meine Assistenten. Sie konnten jeden Augenblick vor Jubel explodieren, hielten sich gerade noch hinter den Seitenlinien, bis das Spiel offiziell abgepfiffen war. Dann entdeckte ich Lyle. Er stand bei der Spielerbank und weinte wie ein Kind. Ich musste mich abwenden, sonst wären auch meine Tränen geflossen.

Mir fiel jener Vormittag in meinem Büro ein und was Lyle und die Raiders erreicht hatten, seit er zu uns gestoßen war: 8 : 1 im Jahr 1983, 12 : 4 ein Jahr später. Auf geradem Wege durch die Play-offs zum AFC-Titel im Spiel gegen Seattle und nun ein Sieg über Washington in der Super Bowl XVIII, womit wir Weltmeister waren. Wenn Lyle nicht in die Gänge gekommen wäre und einen zweiten Anlauf zu seiner Karriere genommen hätte, dann hätte er diesen Sieg nicht miterlebt. Vielleicht hätten die Raiders diesen Sieg gar nicht errungen. In diesem Augenblick, inmitten der annähernd hysterischen Begeisterung des Teams und der ganzen Organisation, erlebte ich einen der befriedigendsten Momente meiner Laufbahn als Coach.

Lyle ist nicht mehr unter uns. Er erlag einem aggressiven Hirntumor, der ihm früh das Leben raubte – aber erst, nachdem er Weltmeister geworden war.

Tom Flores

Ein Wettlauf aus Liebe

Vor allem musst du dir selbst Herausforderungen stellen.
Du wirst überrascht sein,
wie viel Kraft du besitzt
und was du erreichen kannst.
Cecile M. Springer

AN DER STARTLINIE TRATEN 140 LÄUFER DER VERSCHIEDENEN HIGH-schools unruhig von einem Fuß auf den anderen. Sie dachten an die knapp 6 Kilometer lange Geländestrecke, die vor ihnen lag, und an die Chance, in der Geländelaufmeisterschaft der Michigan High School auf einen der vorderen Plätze zu kommen.

Es war Bills letzter Wettkampf. Er war blass und nervös, und ich fragte mich, ob er wirklich am richtigen Ort war? Bestimmt brachten die anderen Läufer mehr Kraft und Tempo auf. Aber es gibt noch keine Skala, um abzulesen, wie stark das Herz eines jungen Mannes ist oder wo seine Wünsche enden. Würden Bills Qualitäten ihn so weit tragen, dass er „All State"-Läufer wurde? Um diese Auszeichnung zu erringen, musste er unter die ersten 15 Läufer kommen.

Theoretisch und wenn man die Zeit, mit der er sich qualifiziert hatte, mit der seiner Konkurrenten verglich, würde er als einer der letzten die Ziellinie überqueren. Eine Niederlage schien unausweichlich. Und in seinen 18 Lebensjahren hatte Bill schon so viele Rückschläge hinnehmen müssen!

Die Grundschule war für ihn ein einziger langer Albtraum gewesen. Er beklagte sich nicht, als die Erwachsenen entschieden, er solle die erste Klasse lieber wiederholen. Er strengte sich noch mehr an. Im Verlauf der Jahre baten uns seine Lehrer mehrfach zum Gespräch über seine schulischen Leistungen. Als er in die sechste Klasse ging, eröffnete uns eine seiner Lehrerinnen: „Ich sage es nicht gern, aber Bill gibt sich keine Mühe mehr. Er hat vollständig aufgegeben." Ihre Worte machten mich traurig. Vor allem befürchtete ich, mein Sohn hätte das gute Gefühl für sich selbst verloren, dieses kostbare und gefährdete Selbstbild, das allein ihn in späteren Jahren vor dem Versagen bewahren konnte.

Zur Schlafenszeit an jenem Tag erzählte ich ihm von meinen eigenen Erfahrungen in der Grundschule. Ich war damals Klassenletzter, aber gehalten von der Liebe und dem Verständnis meiner Eltern und meiner Lehrer war ich durch diese Schuljahre gestolpert und konnte schließlich sogar Jura studieren. Ich sagte auch, man stelle sich gern vor, die anderen kämen ganz einfach zu ihren Erfolgen, dass es im Leben jedoch meist ganz anders sei. Die meisten Triumphe erwachsen aus der Asche der Niederlage. „Bill", sagte ich zum Abschluss. „Ich bin sicher, letzten Endes überwindest du irgendwie deine Schwierigkeiten."

„Weißt du, Dad", erwiderte er. „Ich glaube, es ist eigentlich nicht schlimm, wenn man nicht so richtig gut ist, wenn nur jemand dich liebt und zu dir hält."

Ein Schuss. Der Startschuss für das Rennen. Meine Knie waren weich, und eine fremde und heisere Stimme tönte aus meiner Kehle gegen den kühlen Novemberwind: „Vorwärts, Billy Blue!" Mein Sohn trug die Farben der Royal Oaks Kimball High School. Zusammen mit den anderen Zuschauern eilte ich zu einer flachen Strecke am Fuß eines Hügels, wo wir die Läufer wieder trafen. Ich konnte den ersten Läufer noch nicht am Gesicht erkennen, aber sein Laufstil sagte mir, dass es nicht Bill war.

Endlich kam auch Bill über den Hügel. Er lief sehr aufrecht. Seine rechte Schulter hob und senkte sich bei jeder Bewegung seiner locker schwingenden Arme. Der Schritt war unverkennbar. Es waren 39 Läufer vor ihm. Plötzlich lief Bill nach außen und überholte einige seiner Konkurrenten.

Das erinnerte mich daran, wie er sich in der Schule trotz aller Widrigkeiten immer Mühe gegeben hatte. Letztendlich stellte sich heraus, dass die schwer verständlichen schulischen Probleme unseres Sohnes ihren Grund in einem gelähmten Augenmuskel hatten. Dadurch sah er gelegentlich doppelt und hatte schwerwiegende Wahrnehmungsprobleme. Kurz vor dem Übergang in die Junior Highschool kam Bill in Therapie zu einem Augenarzt und erhielt professionelle Lesehilfe. Allein aufgrund seiner enormen Anstrengungen machte er beachtliche Fortschritte und kam sogar auf die Liste der besten Schüler.

In der achten Klasse begann er mit dem Geländelauf, denn aus diesen Mannschaften wurde niemals jemand ausgeschlossen, und alle kamen an den Start. In der ersten Saison verlor Bill jedes Rennen, aber das steigerte nur seine Entschlossenheit. Im folgenden Jahr wurde er Mitglied des Freshman-Geländeteams seiner Highschool. Er blieb das ganze Jahr lang ohne Erfolge, ließ aber niemals locker. Der Mannschaftskapitän und beste Läufer, Phil Ceeley, erkannte und würdigte seinen Einsatz und unterstützte ihn. Bald wurde unser Sohn eine bekannte Gestalt auf den Straßen: Er lief bis zu 25 Kilometer täglich – an jedem Tag! In Bills Senior-Jahr an der Highschool zahlten dieser unermüdliche Einsatz, diese Tausende von Kilometern sich allmählich aus. Er wurde der schnellste Läufer seiner Mannschaft und wurde zu einem der Ko-Kapitäne gewählt. Aber für einen Erfolg bei der Landesmeisterschaft musste er buchstäblich Hunderten davonlaufen.

Gemeinsam mit den anderen Zuschauern rannte ich zur 1,5-Kilometer-Marke, wo wir das Feld als Nächstes sehen konnten. Ein einsamer Läufer kam über den Hügelkamm – es war nicht Bill – und lief mit weit ausholenden Schritten den mit Gras bewachsenen Abhang hinab. Dann tauchte ein Schwarm dünner Jungen mit roten Gesichtern auf. Ich zählte: 10 … 13 … 16 … 19. Da kam Bill! Mein Herz sank. Bill hielt Platz 20 und war im Feld eingeschlossen. *Du musst jetzt raus, später geht es nicht mehr*, dachte ich. Als hätte er mich gehört, schob Bill sich plötzlich zur Seite und spurtete in weniger als 100 Meter vom 20. auf den 6. Platz.

„Weiter so, Ba-ee!“, brüllte ich. „Ba-ee“ war unser Kosename für Bill. Er war mir einfach herausgerutscht. Als seine jüngeren Brüder Dave und Jim zu sprechen begannen, nannten sie den Großen „Ba-ee“, denn den richtigen Namen konnten sie noch nicht aussprechen.

Meine Hochstimmung verwandelte sich plötzlich in Sorge, als Bill auf das Wäldchen zu lief. Es lagen noch mehr als 3 Kilometer vor ihm. Ich konnte nur warten und hoffen. Am Ausgang des Wäldchens lag er sozusagen Kopf an Kopf im Kampf um den vierten Platz mit einem Jungen, der ihn das ganze Jahr hindurch regelmäßig abgehängt hatte. Mein Herz klopfte wie ein Hammer. Vierter Platz, auch der fünfte, das würde für einen Meisterschaftsrang reichen. Die Anstrengung, die Spannung und der Ehrgeiz zeichneten Bills schmales Jungengesicht.

„Vorwärts, Billy-Blue! Weiter so, Ba-ee!" Konnte er mich hören? Spürte er meinen liebevollen Rückhalt?

Als ich zur nächsten Marke lief, kam ich an der Ziellinie vorbei, wo meine Frau wartete. „Er ist Vierter", stieß ich hervor und wandte mich schnell ab, denn mir stiegen die Tränen in die Augen.

Keuchend erreichte ich den Einlauf, wo die Strecke mit zwei langen Tauen zu einem großen „V" eingeengt war, das auf die Ziellinie mündete. Ich war kaum da, als der erste Läufer auftauchte und selbstbewusst unter dem Jubel der Zuschauer die Ziellinie überquerte. Dann kamen der zweite und der dritte Läufer.

Schier eine Ewigkeit später kam Bill, der immer noch mit seinem Konkurrenten kämpfte, Schritt für Schritt. Die beiden erschöpften jungen Läufer überquerten die Ziellinie zeitgleich. Ich sah Billy ins Gesicht. Die jungenhaften Züge waren von der Anstrengung verzerrt, und er stolperte ziellos weiter.

Ich befürchtete, er werde zusammenbrechen, tauchte unter den Tauen durch, lief zu ihm, nahm seinen Arm und zog ihn mir über die Schultern. Unkontrollierbar keuchend sank er wie leblos gegen meinen Körper, aber schon nach wenigen Sekunden richtete er sich wieder auf. „Es geht schon, Dad", sagte er und trabte weiter, um „auszulaufen". Er hatte sich erholt.

Ich allerdings noch lange nicht. Ich war überwältigt, ich konnte die Tränen nicht zurückhalten. Durch den Tränenschleier konnte ich Billy nicht einmal mehr sehen, ich brachte kein Wort heraus.

Einen Augenblick lang schämte ich mich. Die Alltagsmaske war vom Gesicht geglitten und ich fragte mich einen Moment lang, was die anderen wohl von mir dachten. Aber tief innen wusste ich, dass meine Tränen für jeden verständlich und gerechtfertigt waren, ja, man kann sagen, sie hatten Klasse.

Richter Keith J. Leenhouts

Eine perfekte Vorstellung

Du musst jeden Morgen
entschlossen aufstehen,
wenn du abends zufrieden zu Bett gehen willst.
George Horace Lorimer

SIE STOLPERTE VOM EIS, UNTERSTÜTZT VON EINER IHRER MANNschaftskameradinnen. Ich lief zu ihr, hängte Heidi ihre Jacke über die Schultern und hielt sie fest, bis wir einen Stuhl gefunden hatten. Sie war fünfzehn Jahre alt und litt seit einem Jahr an Krebs. Man hatte uns die Diagnose mitgeteilt, als wir aus Chicago zurückkamen, wo Heidi gerade in einem internationalen Wettbewerb zum ersten Mal auf den ersten Platz gekommen war.

Es schlossen sich Tests, invasive Verfahren und eine Operation an. In all dieser Zeit war ihr am wichtigsten, dass sie weiter Schlittschuh laufen konnte. Glücklicherweise willigte ihr Arzt ein und erlaubte ihr ihren Sport, so gut sie ihn ausführen konnte.

Heidis Freund Greg und ich zogen ihr die Schlittschuhe aus. Anfänglich hatten sich die Kinder vor Heidis Krankheit gefürchtet, aber allmählich schlug die Angst in das Bemühen um, ihr zu helfen.

„Ist alles in Ordnung?", erkundigte sich Greg.

„Ja, sie muss nur ein bisschen schlafen, bevor wir sie zum Auto bringen können", erklärte ich ihm.

Vergnügte Kinder tobten um uns herum. Sie versuchten, leise zu sein, aber die Aufregung über die bevorstehenden Landesmeisterschaften war ihnen anzumerken. Wie sehr wünschte ich, auch Heidi könnte solche Tage wieder erleben!

Sie hatte hart an ihrem Programm gearbeitet und wollte unbedingt am Wettbewerb teilnehmen, aber jetzt war die Meldefrist abgelaufen. Ich weckte Heidi, und wir gingen langsam zum Auto. „Mom", sagte sie auf dem Weg. „Coach Barb sagt, ich laufe mein Programm gut. Ich möchte an der Landesmeisterschaft teilnehmen!"

Ich fühlte einen Stich im Herzen. Ich erinnerte sie daran, dass die Meldefrist abgelaufen war, aber sie meinte, ihr Coach könne das für sie regeln. „Mom, ich erwarte ja keine Medaille", bat sie. „Ich möchte nur mitmachen und ein paar Tage lang wie die anderen sein, ist das so schlimm?" Sie schluchzte leise.

„Wir reden mit dem Arzt", sagte ich ausweichend.

Während des Arztbesuchs am nächsten Tag erzählte sie in allen Einzelheiten, was sie bei den Meisterschaften zu erwarten hatte.

„Also gut", sagte der Arzt schließlich. „Ich stimme zu, sofern deine Mutter einverstanden ist. Wir müssen allerdings regeln, dass du den Bestrahlungstermin auslassen darfst."

„Ich habe auch noch Wünsche", setzte ich hinzu. „Du musst ordentlich essen, ausreichend schlafen und gut auf dich aufpassen."

„Das verspreche ich", lautete die Antwort.

Der Onkologe gab sein Einverständnis, die Meldung wurde in letzter Minute nachgereicht, dann konnte Heidi zu den Landesmeisterschaften fahren. Der große Abend kam, und sie war bereit, das Eis zu betreten und ihre Kür zu laufen. Ich schickte ein Stoßgebet zum Himmel.

Durch die Lautsprecher tönte ihr Name. Ich umklammerte die Kamera, als Heidi graziös auf das Eis glitt, wie in alten Tagen. Sie stellte sich auf und grüßte. Dann erklang die Titelmelodie aus *Steel Magnolias*, und sie begann ihre Vorstellung.

Sie setzte die Kufenspitze ins Eis und drückte sich zum Sprung ab. Er geriet so hoch, dass sich sekundenlang der Schrecken in ihrem Gesicht malte. Ich verkrampfte mich und flüsterte nur, „guter Gott, hoffentlich bricht sie sich bei der Landung nichts".

Sie landete perfekt, ein Bein in einer Arabeske hinter sich ausgestreckt, wie die professionellen Läuferinnen. Sie strahlte über das ganze Gesicht, als wollte sie sagen, „Ich habe es geschafft!" Die Zuschauer jubelten „Super, Heidi!" Sie setzte zu den nächsten Bewegungen an, einer gedrehten Arabeske nach innen und nach außen. Sie gelangen fehlerfrei.

Die Zuschauer applaudierten begeistert. Wir konnten es nicht glauben. Noch ein hoher Sprung. Sie sammelte Punkte im Überfluss für ihr Team. Sie glitt in eine wunderschöne Pirouette, ein Bein angehoben wie eine Flagge. Ihre Wangen waren vor Anstrengung gerötet und sie glühte vor Stolz. Heidi hatte sich mit dieser Vorstellung selbst übertroffen.

Selig glitt sie vom Eis und fiel ihrer Trainerin in die Arme. Beide vergossen Freudentränen über diesen Erfolg. Dann folgte der Schock. Heidi lag leblos in ihren Armen.

Kein Laut mehr im Stadion. Ich rannte.

Ich kam gerade rechtzeitig, als Barb Heidi nicht mehr halten konnte. Ich lehnte mich gegen ein Geländer und stützte sie. Arme streckten sich aus, um uns zu helfen. Behutsam legte ich Heidi auf den Boden und fühlte am Hals nach einem Puls. Er war da.

Wie erstarrt vor Schrecken warteten alle, während ich Heidi schnell untersuchte.

Und dann unterbrach ein leises Schnarchen die Stille. Die Halle tobte! Die Ränge vibrierten unter dem Applaus. Eltern ihrer Konkurrentinnen boten Decken an, und wir hüllten Heidi ein, die sich ihr verdientes Schläfchen gönnte. Sie schlief immer noch tief und fest, als ihre Mannschaftskameradinnen kamen, um zu gratulieren: Heidi hatte im Eistanzen die Goldmedaille gewonnen!

Nancy E. Myer

Die großartigste Baseball-Geschichte aller Zeiten

Ein Held ist jemand,
der durch seine Tat
über sich selbst hinausgewachsen ist.
Joseph Campbell

IM JAHR 1937 WURDE LOU GEHRIG, DER HERAUSRAGENDE MANN AN der ersten Base für die New York Yankees, gebeten, einen Jungen zu besuchen, der in Chicago mit Polio in einem Krankenhaus lag. Die Yankees waren gerade in Chicago und sollten gegen die White Sox spielen. Der zehnjährige Tim weigerte sich, die vorgesehene Therapie anzunehmen. Lou war sein Held, und Tims Eltern hofften, er könne ihren Sohn zum Einlenken bringen.

Tim war überwältigt, als sein Held ins Zimmer trat. Lou sagte: „Ich möchte, dass du gesund wirst. Mach' die Therapie mit und lern' wieder laufen!"

„Lou, wenn du heute einen Homerun für mich schlägst, lerne ich wieder laufen", versicherte der Junge. Lou versprach sein Bestes.

Auf dem Rückweg zum Stadion war Lou angespannt. Er fühlte sich verpflichtet und wollte sein Versprechen unbedingt halten. Würde es gelingen? Er schlug an diesem Tag nicht einen Homerun, sondern zwei.

Zwei Jahre später war Lou Gehrig an der unheilbaren Muskelkrankheit erkrankt, die seither seinen Namen trägt. Am 4. Juli 1939 wurde im Stadion der Yankees der Lou-Gehrig-Tag gefeiert.

Da waren 80 000 Fans, der Gouverneur und der Bürgermeister Lou zu Ehren versammelt. Er war einer der Helden Amerikas.

Gerade als man ihm das Mikrofon reichen wollte, damit er sich bedanken konnte, kam Tim, der inzwischen zwölf Jahre alt war, aus den Katakomben. Er ließ seine Gehhilfen fallen und ging mit Schienen an den Beinen selbstständig zur Homeplate und umarmte Lou.

Keine Frage, was Lou meinte, als er die unvergesslichen Worte ausrief: „Heute bin ich der glücklichste Mensch auf Erden!“

Mark R. Douglas

Einfach eine nette Geste

Predigen kannst du überzeugender dadurch,
wie du lebst, als durch das, was du sagst.
Oliver Goldsmith

VINCE DESMOND NAHM DEN ANRUF ENTGEGEN. ES WAR EINER VON Hunderten, die er als Zuständiger für den Publikumskontakt der Detroit Tigers in diesem Jahr schon beantwortet hatte. Ein Vater fragte an, ob nicht einer der Spieler einmal seinen Sohn begrüßen könnte. Diesmal handelte es sich um eine besondere Bitte, denn das Kind hatte bestenfalls noch eine Woche zu leben. Vince versprach, sein Bestes zu tun und zurückzurufen.

Vince ging aufs Feld, wo die Spieler beim Schlagtraining waren. Er sprach einen von ihnen auf die Sache an. „Okay, ich treffe mich mit dem Jungen", lautete die Antwort.

Vince rief den Vater an und fragte, ob er am folgenden Tag gegen elf Uhr mit seinem Sohn ins Stadion kommen könne? Selbstverständlich!

Vater und Sohn waren eine Stunde früher als vereinbart da. Nach Ende des Schlagtrainings ging Vince zu dem besagten Spieler und sagte ihm, der Junge sei draußen und erwarte ihn. „Ich habe jetzt keine Zeit", war die Antwort. „Ich muss jetzt Feldspiel üben." Er lief hinaus. Es gibt eine ungeschriebene, aber strenge Regel: Wenn ein Spieler die weiße Linie überquert hat, darf ihm niemand mehr folgen. Vince wandte sich an einige andere Spieler, aber alle waren „zu beschäftigt". Die Zeit wurde knapp. Bald sollte ein Spiel beginnen.

Vince verließ den Aufenthaltsraum der Spieler. Ihm graute bei dem Gedanken, dem Jungen sagen zu müssen, dass keiner der Spieler einen Moment Zeit hatte, um ihm „Hallo" zu sagen. Als er am Clubhaus vorbeiging, bemerkte ihn der einzige Spieler, der sich dort gerade aufhielt. Er sah, wie bedrückt Vince war. „Hey Vinnie, was ist los?", wollte er wissen.

„Du fängst heute an, dich kann ich nicht bitten", erwiderte Vince.

„Schieß los."

Vince erzählte von dem Jungen. Hatte er eine Minute Zeit, um das Kind zu begrüßen?

Der Pitcher lächelte, stand auf und ging zu dem kleinen Gast. Zwanzig Minuten später kam er zurück. Er holte Geld aus seinem Spind, ging zum Ausrüster, kaufte eine Teamjacke der Detroit Tigers und kehrte zu dem Jungen zurück.

Der Pitcher gewann an diesem Tag, nachdem er das Herz eines neuen Fans erobert hatte.

Der Vater rief am folgenden Tag wieder an und erzählte, sein Sohn habe die Jacke selbst im Bett nicht ausgezogen und besser geschlafen als seit langem. Dann äußerte er noch einen Wunsch: „Würde einer der Spieler ein Foto von sich unterschreiben?"

Wie immer versprach Vince auch diesmal, sein Bestes zu versuchen.

Mit dem Foto in der Hand suchte er den Pitcher auf, der am Vortag mit dem Kind gesprochen hatte.

„Na, Vince, was gibt es jetzt?" wurde er vergnügt empfangen.

„Gibst du dem Jungen von gestern ein Autogramm?", fragte Vince.

„Na klar", war die schlichte Antwort, und dann schrieb er: „Für meinen neu gefundenen Freund, für immer. Jack Morris."

Der Junge starb wenige Tage später. Er wurde mit seiner Tigers-Jacke und dem Foto begraben.

John Gross

Die Stärke eines Albinos

Auf lange Sicht landest du nur einen Treffer,
wenn du auch darauf abzielst.
Deshalb ist es besser,
das Ziel hoch zu stecken,
auch wenn du es nicht erreichst.
Henry David Thoreau

ICH KAM 1945 IN SCRANTON, PENNSYLVANIA, ALS ALBINO ZUR WELT. Niemand aus meiner Familie hatte bis dahin gewusst, was ein Albino ist, was es bedeutet, als Albino zu leben, was man anders machen musste, weil ich ein Albino war.

Meine Eltern, Verwandten und Freunde behandelten mich wie jeden anderen auch, und das war wahrscheinlich genau richtig so. Auf diese Weise gewann ich Selbstvertrauen, und als irgendwann die Unannehmlichkeiten begannen, konnte ich damit umgehen.

Es stimmt, auf den Fotos im Jahrbuch der Schule sah ich immer aus wie ein Schneeball mit zwei Kohlestückchen als Augen. Wie die meisten Albinos konnte ich schlecht sehen, aber das störte mich nicht besonders.

Die Kinder neckten mich, fragten, ob ich zum Zirkus wollte und riefen mich „Schneeweißchen". Meine Schulnoten waren ziemlich schlecht, bis ich mich irgendwann überwand und begriff, dass ich ruhig um einen Platz in der ersten Stuhlreihe im Klassenzimmer bitten durfte, damit ich bessere Sicht auf die Wandtafel hatte. Die Leute starrten mich an, wenn ich den Lesestoff fast an meine Nase hielt, damit ich die Buchstaben entziffern konnte. Als ich erst acht oder neun Jahre alt war, wollte man mir an der Kinokasse den Preis für Erwachsene berechnen, weil ich „älter" aussah.

Am ärgerlichsten war für mich, dass ich wegen meiner schlechten Augen nur eingeschränkt Sport treiben konnte. Ich versuchte es aber immer wieder. Ich warf auf den Korbring und ich spielte Prellball (denn dabei kann nicht viel passieren) – und ich strengte mich in der Schule an.

Irgendwann wurden meine Noten besser, und von da an machte mir Schule richtig Spaß. Als ich aufs College kam, hatte ich gleich zwei Schwerpunktfächer, ich besuchte die Sommeruniversität und stürzte mich in alle nur denkbaren außerschulischen Aktivitäten. Ich hatte gelernt, stolz darauf zu sein, dass ich ein Albino war. Ich gab mir alle Mühe, damit „Albino" ein positiver Ausdruck wurde. Außerdem suchte ich mir ein Berufsfeld, in dem ich meine Augen brauchte – und mit Sport zu tun hatte.

Für eine Berufslaufbahn im aktiven Sport konnte ich nicht gut genug sehen, aber auf der Basis einer soliden Ausbildung und bei meinem dringlichen Wunsch ließ sich in dem von mir so geliebten Feld ein Auskommen finden. Dort bin ich nun seit mehr als dreißig Jahren – erst bei der Presse und im Videofilm und jetzt auch im Cyberspace. Die Leute lästern, ich sei ihres Wissens der einzige „blinde Herausgeber", aber das sind gutmütige Witzeleien, oft auch ein Ausdruck von Hochachtung. Ich reiße übrigens selbst Witze über mein Dasein als Albino. Ich habe sozusagen eine Ganz-in-Weiß-Nummer entwickelt.

Früher einmal war ich einfach ein Albinojunge aus dem Kohlenpott in Pennsylvania. Heute ist mir klar, wie mir die Existenz als Albino geholfen hat, Widrigkeiten zu überwinden, Selbstvertrauen zu gewinnen, stolz zu sein auf meine persönlichen Errungenschaften und bescheiden, was meine beruflichen Erfolge betrifft.

John A. Walsh

Ein Herz aus Gold

IHRE FREUNDE UND ANGEHÖRIGEN VERSICHERTEN IHR IMMER WIEDER, ihre Zeit werde kommen. Sie antwortete darauf mit einem schwachen Lächeln und leichten Kopfnicken und schien nicht recht daran zu glauben. Das war nicht unverständlich, denn annähernd am Höhepunkt ihrer Karriere angekommen, schien sie das Rampenlicht immer gerade um einige Zentimeter zu verpassen. Die Scheinwerfer richteten sich immer eher auf die tonangebenden Turnerinnen ihrer Zeit, etwa auf Shannon Miller und Kim Zmeskal. Aber es hatte auch mit ihren Leistungen zu tun, dass sie nicht recht ins Rampenlicht rückte, denn sie verfehlte die Qualifikationen immer um ein Geringes. Bei den Olympischen Spielen 1992 verpasste sie das Finale um 0,0014 Punkte. Sie als sichere Verliererin der Olympischen Spiele 1996 zu bezeichnen, wäre schon fast eine Untertreibung gewesen.

Nach den Olympischen Spielen 1992 zog sich ihr Coach, Bela Karolyi, vom Sport zurück. Nun wanderte Kerri auf der Suche nach einem geeigneten Ersatz von einem Team zum nächsten. Zur anstrengenden Suche nach einem neuen Trainer und Betreuer kamen zahlreiche Verletzungen. Kerri erlitt einen Muskelanriss in der Bauchwand und verrenkte sich die Lendenwirbelsäule. Heute bezeichnet sie diese Jahre zwischen den Olympischen Spielen als die „schlimmste Zeit meines Lebens". Ein Lichtblick ergab sich jedoch, als Karolyi Ende 1994 zum Sport zurückkehrte. Ein Jahr später, nicht lange vor den Spielen in Atlanta, trainierte Kerri wieder bei ihm und fasste die Olympischen Spiele 1996 ins Auge.

Als es auf die Spiele zu ging, fixierten sich die Medien auf die „sicheren" Kandidatinnen wie Shannon Miller und Dominique Dawes. Kerris Chance kam, als sie die letzte US-Turnerin am letzten Gerät am letzten Tag des Mannschaftswettbewerbs war. Von ihrem Sprung hing die Mannschaftsgoldmedaille ab. Durch die vorzeitige Landung nach dem ersten Sprung verletzte Kerri sich das Sprunggelenk. Jetzt war der Druck da. Sie, ihre Mannschaftskameradinnen und der Coach meinten, der Sieg sei nur durch den zweiten Sprung zu sichern. Sie verkannten, dass die Punktwertung für den ersten Sprung dafür bereits ausreichte.

Kerri ging zu Bela und sagte ihm, sie habe kein Gefühl im Bein. Er antwortete, es sei ein zweiter Sprung nötig. „Muss ich das noch einmal machen?“, wollte sie wissen. „Schaffst du es?“, fragte er zurück. Sie zögerte. „Ich weiß es noch nicht.“ Dann setzte sie hinzu: „Ich mache es. Ich mache es in jedem Fall.“ Kerri wusste, dies war die Gelegenheit, ihren Mannschaftskameradinnen und allen, die an ihr zweifelten, zu beweisen, dass sie siegen konnte. Sie wollte den Titel.

Also führte sie den zweiten Sprung trotz einer schmerzhaften Verletzung aus und entschied den Wettkampf. Mit diesem Sprung erreichte sie, was *USA Today* so beschrieb: „Der größte amerikanische Mannschaftssieg bei Olympischen Spielen, seit das US-Eishockeyteam 1980 die Sowjetunion bezwang.“

Zur Siegerehrung trug Coach Bela Karolyi Kerri auf das Podium. Ihre Mannschaftskameradinnen stützten sie, und sie balancierte auf einem Bein, während die Nationalhymne gespielt wurde. Zum ersten Mal in der Geschichte hatte die Turnerinnenmannschaft der USA eine Goldmedaille gewonnen. Zum ersten Mal stand Kerri Strug im Rampenlicht.

Chris Tamborini

Der künftige Coach

„WIE EIN STAPEL PFENNIGE", SO BESCHRIEB SEIN VATER IHN. ER WAR dünn, zu groß für sein Gewicht und hatte nur eine Leidenschaft: Alles, was mit einem Ball, Korb, Schläger oder Handschuh zu tun hatte.

Sein Kalender wies drei Jahreszeiten aus: Football, Basketball und Baseball. Damit war das Jahr für diesen Jungen vollständig ausgefüllt.

Zu Beginn einer Footballsaison, er war ungefähr zwölf Jahre alt, wurde ihm klar, dass sein Körper niemals massig genug werden würde, damit er als Footballspieler den Supersportler abgeben konnte. Für Football war er zu leicht, selbst für einen Quarterback. In jenem Alter war er für Basketball groß genug. Es zeichnete sich aber nicht ab, dass er einmal die lichte Höhe des Empire State Building erreichen würde.

Eine Weile erwog er, beim Baseball einzusteigen. Sicherlich liebte niemand das Spiel so sehr wie er, niemand war rechtzeitiger als er beim Training, niemand blieb länger, niemand bestürmte den Coach mit mehr Fragen, ja sogar *Vorschlägen*.

Und doch spürte dieser Zwölfjährige im Innersten, dass er nie erahnen würde, wie der Pitcher als Nächstes warf und dass er nie Berufssportler sein konnte. Die Frage war also, welche Rolle der Sport in seinem Leben spielen sollte?

Lange dachte er darüber nach. Es brauchte seine Zeit. Die Lösung kam dann so schnell und einfach, wie er es sich immer vorgestellt hatte: Er wollte Coach sein!

Der Entschluss, nicht der nächste Babe Ruth zu werden, hielt ihn jedoch nicht vom Baseballspielen ab. Ganz im Gegenteil. Jetzt, da er ein realistisches Ziel hatte, war er noch stärker motiviert. Er achtete nun aber nicht nur auf seine eigene Leistung. Er beobachtete, wie die Organisation funktionierte, wie unterschiedlich die Coaches mit Spielstrategien und Motivation umgingen. Er begann, auf *alles* zu achten.

Dabei erlebte er eine Überraschung: Er konnte von einem schwachen Coach mindestens so viel lernen wie von einem sehr guten. *Mann, das würde ich nicht so machen*, sagte er sich erstaunlich oft, und dann überlegte er, weshalb nicht und was er stattdessen gemacht hätte. Die Spiele erhielten für ihn eine ganz andere Dimension.

In den folgenden zehn Jahren blieb er bei seiner Entscheidung. Er war sportlich aktiv, erwarb einige geringere Auszeichnungen und orientierte seine Kurse im College auf eine Lehrbefugnis hin, damit er direkt nach dem Abschluss seine Laufbahn als Coach beginnen konnte. Das klappte. Man machte ihm das Angebot, als Chefcoach einer Varsity-Basketballmannschaft an einer Highschool im Stadtzentrum zu arbeiten.

In dieser ersten Saison gewannen sie – er und seine streitsüchtigen Spieler, die sich mehr durch Energie als durch Disziplin auszeichneten – einige Spiele und verloren die meisten. Er verabscheute Niederlagen! Die Jungen verabscheuten Niederlagen! Sie nahmen es so schwer, als wären Niederlagen eine Schande.

Eines Tages bekannte er das gegenüber einem anderen Coach. Der Kollege lachte nur: „Niemand verliert gern, aber sei klug: Aus Niederlagen lernt man mehr als aus Siegen. Du erkennst dabei, woran du noch arbeiten musst. Außerdem müssen diese Jungen lernen zu verlieren, damit sie lernen, wie sie eine Scharte auswetzen können. Sport ist für sie ein Lebenstraining."

An einem Dienstag gegen Ende der Saison bestieg das Team den Bus, um gegen eine Mannschaft von einer Schule am anderen Ende der Stadt zu spielen. Beim letzten Zusammentreffen waren sie ihr haushoch unterlegen gewesen. Sie waren als Team inzwischen besser geworden, aber die gegnerische Mannschaft vermutlich auch. Der Coach dachte schon über Spielzüge nach und merkte anfangs nicht, dass es vor einer der Türen zum Tumult kam. Ein junger hispanoamerikanischer Mann, der aufgrund seines Alters kein Schüler mehr sein konnte, zerrte an Cheo, ihrem besten Stürmer. Der Coach eilte zur Tür und sah, dass der Angreifer schwankte und stockbetrunken war.

Cheo, ein Junior, war im Team bereits der schnellste und gewandteste Werfer, erzielte pro Spiel durchschnittlich 20 Punkte und war ein beispielhafter Spieler. Er kam immer rechtzeitig zum Training, arbeitete hart, half seinen Mannschaftskameraden, drängte sich beim Punkten nie vor, warf die besten Pässe, dribbelte am besten und besaß ein überragendes Spielgefühl. Er traute sich anscheinend nicht, sich dem Fremden zu entziehen. Auf ein Zeichen des Coaches hin machte er sich jedoch frei und stieg in den Bus ein.

Der Coach legte dem Fremden einen Arm um die Schultern und fragte, was los sei. Der junge Mann konnte nicht antworten. Entweder war er zu betrunken oder er sprach zu wenig Englisch. Der Coach brachte ihn zum Leiter der Sportabteilung und bat ihn, sich um den Fall zu kümmern.

Als er zum Bus zurückkam, saß Cheo wie üblich auf seinem Sitz in den hinteren Reihen. Er wirkte ganz ruhig, deshalb ließ sich der Coach auf seinen Sitz fallen und widmete sich wieder strategischen Überlegungen.

Später, als alle ausstiegen, fragte der Teammanager: „Was passiert mit dem Kerl?"

„Warum fragst du?"

„Na ja, das ist Cheos älterer Bruder."

Der Coach war wie vor den Kopf geschlagen. Davon hatte Cheo kein Wort gesagt.

Nachdem die Spieler sich umgezogen hatten und sich mental auf die bevorstehende Begegnung vorbereiteten, rief der Coach Cheo beiseite. Was er geahnt hatte, bewahrheitete sich: Cheo war der Auftritt seines Bruders unendlich peinlich. Er war ein stolzer Junge, der für seinen schulischen Erfolg viel tat. Seine Familie wohnte in einer ärmlichen städtischen Siedlung, von den jungen Leuten als „Hundehütten" bezeichnet. Kinder kennen keine Schonung.

Der Coach und sein Spieler sprachen über Loyalität zwischen Familienmitgliedern und über gesellschaftliche Beschränkungen, die Cheo als „Mauern" bezeichnete. Sie sprachen darüber, was Cheo einzigartig machte und weshalb auf ihn kein Makel fiel, wie immer der Bruder sich auch verhielt, der doch eigentlich Hilfe und Verständnis brauchte. Der Coach lenkte Cheos Aufmerksamkeit zum bevorstehenden Spiel zurück und darauf, was er genau in diesem Moment tun könne. Sie sprachen darüber, wie er seiner Familie und sich selbst helfen würde, wenn er jetzt nicht zusammenbrach, sondern stark blieb und so gut spielte wie sonst auch.

Cheo erzielte bei diesem Spiel 29 Punkte, und sein Team gewann.

Der Coach begegnete Cheos Bruder nie wieder, hielt aber Kontakt mit Cheo, der mit vollem Namen Eliseo Nino heißt. Er machte seinen Schulabschluss als Ligaspieler im Basketball, spielte auch im Junior College Basketball und dann an einer staatlichen Universität. Er machte einen ordentlichen Abschluss und wurde Lehrer und Basketballcoach an seinem Junior College. Einige Jahre später wechselte er als Chefcoach im Varsity-Basketball an ein anderes Gemeindecollege.

Diese Geschichte begann mit dem Bericht über einen Jungen, der begriff, dass Coaching kein Ersatz für Sport ist, sondern Sport auf einer anderen Ebene. Aber eigentlich ist es Cheos Geschichte, die Geschichte von einem jungen Mann mit der festen Absicht, den Widrigkeiten seiner Herkunft aus dem Barrio zu begegnen und sich nichts bieten zu lassen.

Natürlich, der „Stapel Pfennige" war ich. Meine Laufbahn reichte vom Lehrer und Coach im Highschool-Sport über den Offiziellen im College-Basketball und -Football bis zum Schiedsrichter in der National Football League – ein Posten, den ich 31 Jahre lang ausgefüllt habe.

Meine Leidenschaft für den Sport ist nie erloschen.

Jim Tunney

Spielregeln

SPORT. EIN WORT MIT FÜNF BUCHSTABEN MIT DER BEDEUTUNG „VERsagen". Vielleicht steht das in Ihrem Wörterbuch anders, aber so lautete meine Definition. Ich war ein dünnes, linkisches Mädchen, das in den 1970er-Jahren heranwuchs.

Der Sportunterricht in unserer katholischen Grundschule bestand aus Spaziergängen um den Parkplatz in den Schulpausen. Als wir älter wurden, streiften wir uns senfgelbe Gymnastikkleidung über, zogen flache Leinenschuhe an die Füße, legten uns auf den kalten Boden der Turnhalle und machten Bauchmuskelübungen. Es gab weder Tanzen noch Aerobic noch Schwimmen im Kursangebot.

Dann kam ich auf die Highschool, und der Sportunterricht wurde richtig übel. „Mr. Luther" war ein kleiner, großspuriger Mann. Er empfand es als Strafe für Missetaten in einem vorigen Leben, dass er Mädchen unterrichten musste.

Erste Sportart: Baseball. Der praktische Unterricht hatte immer dieselbe Einleitung: „Zuhören! Hier sind die Spielregeln. Ihr macht, was ich euch sage. Keine Widerreden, sonst fliegt ihr raus. Alles klar? Fragen?" Eisiges Schweigen. „Also los, ihr Weicheier von Mädchen. Lauft los, und zwar JETZT, wenn's denn geht", höhnte er.

Aus seinen Spielregeln war niemals zu erfahren, wie ein Spiel gespielt wurde. Das hatte man zu wissen. Wenn man es nicht wusste, war man blöd. In all den Jahren als Lehrer hatte er noch nicht begriffen, dass Kinder nur lernen, wenn man ihnen etwas beibringt.

Mr. Luther gab mir einen Schläger in die Hand und bellte mich an: „Weißt du noch nicht einmal, wie man so ein Ding hält?" Ich war zu schüchtern zu erwähnen, dass ich zum ersten Mal einen Baseballschläger anfasste. Ich hielt den Schläger hin und hoffte auf das Wunder, dass er seinen schnellen Ball treffen möge und nicht die Luft. Das Wunder blieb aus. Mr. Luther schüttelte voller Abscheu den Kopf. Er nahm mich nicht in sein A-Team auf.

Das Fangtraining war noch schlimmer. Ich wurde schließlich ins rechte Feld abgeschoben. Mir war das nur recht. Ich stand da draußen und sandte Stoßgebete zum Himmel, damit ich von allen Bällen unbehelligt blieb. Ich blinzelte in die Sonne und auf meine Uhr und wartete, bis es vorbei war. Durch die gesamte Highschool-Zeit und den gesamten Sportunterricht wartete ich auf das Ende der Stunde.

Der Abgang nach bestandenem Abschlussexamen bedeutete auch den Abschied von den Erinnerungen an alle diese Niederlagen und Demütigungen. Glaubte ich jedenfalls.

Zwanzig Jahre später, ein anderer Tag, eine andere Stadt. Mein Sohn war sechs Jahre alt und wollte Baseball spielen.

Ob man es wahr haben will oder nicht: Wir alle erleben durch unsere Kinder die Vergangenheit erneut. Ihre Erlebnisse rufen unsere schmerzlichen Erfahrungen wieder wach, Dinge, die wir längst begraben geglaubt hatten. Ich schwor, mein Sohn würde nicht das gleiche Schicksal erleiden wie ich.

Erster Trainingstag. Ich war auf den Coach vorbereitet, wer immer das sein mochte. Um nichts in der Welt sollte er das Selbstvertrauen meines Sohnes zerstören, bevor es richtig gewachsen war. Ich war auf Kampf gebürstet. Falls Sie je eine Bärin mit ihrem Jungen erlebt haben, dann kennen Sie meine Verfassung. Der Coach hatte keine Ahnung, worauf er sich einließ, falls er meinem Kind übel mitspielte.

Der Coach kam zu uns Eltern herüber und begrüßte uns. „Ich will Ihnen gleich die Spielregeln sagen“, begann er. Mein Herz krampfte sich zusammen. *Oh nein, nicht schon wieder! Müssen alle Männer so sein?* Er fuhr fort: „Dies ist keine Wettkampfliga. Wir zählen keine Punkte. Wer die Kinder anbrüllt, wird gebeten, das Stadion zu verlassen. Denken Sie daran, die Kinder sollen bei diesem Spiel Spaß haben.“

Ich war sprachlos. Was hatte er gesagt? Hatte ich richtig gehört? Hatten sich Coaches so sehr verändert? War das vielleicht nur sein Text, um die Eltern zu besänftigen? Noch mochte ich meine Hut nicht aufgeben.

Mein Sohn trat auf den Schlagplatz, und ich hielt den Atem an. Der Coach warf ihm einen langsamen Ball zu, direkt über die Plattform. Er tat das immer und immer wieder. Nach zehn Wiederholungen ohne Treffer reichte er seinem Assistenten den Ball. Mein Herz gefror, als er zu meinem Kind ging. *Jetzt kommt die Predigt*, dachte ich und zwang mich, sitzen zu bleiben.

Der Coach stellte sich hinter meinen Sohn und legte die Arme um ihn. Er forderte einen Ball an. Gemeinsam trafen sie. Mein Kind jubelte und raste zur ersten Base. Die Eltern applaudierten, und der Coach rief mit breitestem Lächeln: „Super, mein Junge!"

Am Ende des Spiels durften alle, die einen Treffer erzielten, über alle Bases laufen. Mit Unterstützung des Coachs hatte jeder einen Treffer. Homeruns für alle! Die Kinder waren begeistert. Sie fuhren nach Hause und schwärmten von Baseball.

Ich sah bei allen Trainingsstunden zu und bewunderte die Geduld und Umgänglichkeit des Coachs. Manch andere Mutter war dagegen weniger zufrieden. Ein ehemaliges Mitglied einer Cheerleadergruppe zählte verbissen Punkte und versuchte nachzuweisen, dass ihr Junge gewonnen hatte und der Star war. Sie war nicht glücklich. Irgendjemand hatte die ihr vertrauten Spielregeln geändert.

Zum Ende der Saison hatten alle Jungen sich verbessert. Im nächsten Jahr würden sie in die „offiziellen" Spielregeln eingeführt werden, aber für den Anfang hatten sie gelernt, Baseball zu lieben.

Über all der Schwärmerei für die „gute alte Zeit" vergessen wir, dass manches sich auch zum Besseren geändert hat. Und da liegt die Hoffnung für unsere Kinder.

Danke, Coach, dass mein Sohn – und ich – durch Sie das Baseballspiel lieben gelernt haben!

Laura Ishler

Ein übler Aufsetzer

DER BALL SCHNELLTE VON DEM ALUMINIUMSCHLÄGER WEG UND IN die Lücke zwischen Shortstop und dritter Base. Es war die Sorte Ball, die der Shortstop der Junior Highschool, unser Sohn Chris, schon unzählige Male zurückgeworfen hatte. Diesmal allerdings prallte der Ball auf einen Kieselstein und von da gegen seinen Kopf. Mit einem merkwürdig knackenden Geräusch landete er auf seinem linken Auge. Chris sank in sich zusammen. Übler Aufsetzer, ganz üble Unterbrechung.

Ein Krankenwagen fuhr aufs Spielfeld und brachte Chris fort – etwas, was eigentlich nicht in diese friedliche Welt des Highschool-Baseballs passt. Im Krankenhaus diagnostizierte man eine Blow-out-Fraktur der Augenhöhle – eine klassische Sportverletzung, die sich durch einen einfachen chirurgischen Eingriff korrigieren lässt.

Nur leider ging etwas daneben. Als der Chirurg endlich allen Mut zusammengenommen hatte und meiner Frau und mir mitteilte, was vorgefallen war, lief es, kurz gesagt, hierauf hinaus: Ein nicht erkannter Thrombus hatte die Sauerstoffversorgung des Augennervs unterbunden, sodass Chris mit einiger Wahrscheinlichkeit lebenslang auf dem linken Auge blind sein würde. Mit einem Schlag lösten sich die Aussicht auf Sportstipendien fürs College und eine erträumte Karriere als professioneller Baseballspieler in nichts auf.

Chris war von der Narkose noch benommen, als wir in sein Krankenzimmer kamen. Der Verband über seinem linken Auge verbarg ein Geheimnis, das wir ihm nun entdecken mussten. Wir plauderten über belanglose Dinge, bis er so wach war, dass er die unausweichliche Frage stellen konnte: „Ist alles gut gegangen?“

Sue, meine Frau, umklammerte meine Hand, als ich offenbarte, dass es *nicht* gut gegangen war. Es hatte Komplikationen gegeben. Die Ärzte hatten ihr Bestes getan, aber die Medizin ist eben immer mehr eine Kunst als eine Wissenschaft …

Irgendwann unterbrach Chris mich in meiner halb improvisierten, halb vorbereiteten Rede.

„Dad, bin ich blind?"

„Ja, mein Sohn, ich fürchte, so ist es."

„Werde ich auf diesem Auge überhaupt nicht mehr sehen können?"

„Das wissen wir nicht – die Ärzte wissen es nicht. Vielleicht ein bisschen. Irgendwann. Erst mal aber nicht." Das war meine härteste Prüfung.

Chris nickte nachdenklich und sah zum Fenster hinaus. Es war Frühling. Einige Minuten lang lauschten wir einem Rotkehlchen, das mit seinem Gesang sein Revier verteidigte.

„Kann ich eine Cola haben?"

Die Schwester brachte Chris das Getränk und ein Glas mit Eis. Chris' Mutter goss ein. Chris richtete sich im Bett auf und trank durch den Strohhalm. Dann fixierte er die Getränkedose auf seinem Nachttisch.

„Dad, könntest du mal fragen, ob sie auf der Station Papier und einen Bleistift für mich haben?"

Ich ging hinaus ins Schwesternbüro und kam mit dem Gewünschten zurück. Chris und seine Mutter unterhielten sich in gedämpftem Ton. Ich gab meinem Sohn Papier und Bleistift, und wir richteten das Kopfteil seines Bettes auf. Er zog die Knie an, legte den Block dagegen, betrachtete die Dose auf dem Nachttisch und begann zu zeichnen. Lange Minuten verstrichen. Sue und ich beobachteten ihn schweigend. Schließlich riss Chris ein Blatt ab und reichte es mir. Sue und ich sahen eine absolut naturgetreue Abbildung der Coladose.

Chris hatte schon immer eine unbestechliche künstlerische Fähigkeit bewiesen: Er konnte zeichnen, was seine Augen sahen. Die bildende Kunst war seine zweite Leidenschaft – nach Baseball. In jenem kurzen Augenblick, als Chris einen üblen Aufsetzer abbekam, fiel eine Entscheidung, die sein Leben veränderte.

„Alles in Ordnung, Leute. Ich kann noch zeichnen."

Damit senkte er sein Bett wieder ab, drehte sich auf die Seite und schlief ein.

Das ist elf Jahre her. In der Zwischenzeit hat Chris auf dem linken Auge 40 Prozent der normalen Sehfähigkeit wiedererlangt. Auch mit diesem Handicap, das seine Tiefenwahrnehmung erheblich einschränkt, erreichte er noch eine Trefferquote von .385 und konnte als Shortstop bei einer Landesmeisterschaft spielen, was ihm erhebliche Auszeichnungen einbrachte.

Aber sein Schwerpunkt hatte sich verlagert. Chris machte seinen College-Abschluss – gefördert durch ein Stipendium aufgrund von akademischen und nicht sportlichen Leistungen – in Fischerei und Forstwirtschaft. Das war die Grundlage einer Berufstätigkeit als bildender Künstler im Bereich Natur, Tiere und Sport. Heute zieren seine Malereien und Zeichnungen die Seiten und Titelseiten von Zeitschriften und mehr als einem Dutzend Bücher, und sie hängen in Museen und Galerien in New York und Tennessee. Auftraggeber für seine Öl- und Aquarellbilder müssen mit mindestens einem Jahr Wartezeit rechnen.

Der Mut eines Menschen kann sich unterschiedlich ausdrücken. Unzählige Male an jedem Tag, in jeder Klein- und Großstadt und jedem Dorf überall auf der Welt. Ein übler Abpraller, ein ganz gewöhnlicher Aufsetzer, ein Moment lang Schmerzen und dann womöglich Monate voller Verzweiflung. Doch stattdessen änderten der üble Aufsetzer – und der Mut zu akzeptieren, was sich nicht ändern ließ – einen Lebenslauf zum Besseren.

Im Sport nennen wir dergleichen das große Comeback. Warum sollte man es in Chris' Fall anders bezeichnen? Er hat bewiesen, finde ich, dass man manche üble Aufsetzer doch noch sauber weiterspielen kann.

Steve Smith

7

FAMILIENTAG

Ein Leben ist nicht bedeutungsvoll,
es sei denn durch die Wirkung,
die es auf andere Leben ausübt.

Jackie Robinson

Die beſten Plätze

Nicht Fleisch und Blut,
sondern das Herz macht uns zu Vätern und Söhnen.
Friedrich von Schiller

DER BESTE KAUF IN MEINEM LEBEN WAR DAS SAISONABONNEMENT. Genau gesagt waren es drei Karten für die ganze Saison.

Ich war damals dreizehn Jahre alt und ein glühender Anhänger der New Yorker Football Giants. Sie wurden so genannt, damit man sie von den Baseball Giants unterscheiden konnte, die gerade nach San Francisco gegangen waren.

Wie kommt ein Dreizehnjähriger zu dem nötigen Kleingeld, um sich drei für die ganze Saison gültige Eintrittskarten zu leisten? Mit Köpfchen.

Meine Bar-Mizwa stand bevor, und alle Mitglieder meiner ziemlich großen Familie riefen an und fragten, was sie mir schenken sollten. Ich wusste genau, was ich wollte. Ebenso genau wusste ich, dass niemand es mir schenken würde. Also schlug ich meinem Vater folgenden Handel vor: Ich würde von den Geldgeschenken zur Bar-Mizwa so viele Dauerkarten für die Saison kaufen wie möglich, wenn er verspräche, die Abonnements jährlich zu verlängern, bis ich alt genug war und jobben durfte. Mein Vater willigte ein. Immerhin war auch er ein Fan der Football Giants. Daraufhin sagte ich allen Familienmitgliedern, ich wünschte mir Bargeld.

Als der große Tag vorüber war und ich meine Einnahmen zusammenzählte, hatte ich das Geld für drei Dauerkarten zusammen, und es blieben noch etwa 15 Dollar übrig. Ich hatte fast erwartet, mein Vater würde noch etwas dazugeben und die Sache sozusagen abrunden, damit ich auch noch das vierte Abo kaufen konnte, aber das tat er nicht. Abmachung ist Abmachung. Außerdem wollte er mir wohl auch eine Lehre erteilen. Nun gut. Als die Saison von 1958 begann, besaßen wir drei Plätze in der oberen Tribüne auf Höhe der 5-Yard-Linie im überdachten Teil des Yankee-Stadions.

In jenem Jahr spielten die Giants das berühmte Meisterschaftsspiel mit Verlängerung gegen die Baltimore Colts, und es kam zum ersten Mal in der Geschichte der NFL zum „Sudden Death". Der professionelle Football gewann danach enorm an Popularität, und plötzlich wollten alle Mode-Anwälte und leitenden Geschäftsleute Karten für die Spiele. Aber es gab keine mehr. Die Spiele der Giants waren ausverkauft. Saisonabonnements wurden sozusagen zu Erbstücken, die der Vater dem Sohn weiterreichte. Und davon besaß ich drei Stück. Na ja, *wir* besaßen drei davon.

In den ersten Jahren nutzten immer mein Vater und mein bester Freund Richie die Karten, dann mein bester Freund Bob, danach mein bester Freund Philly und dann wieder mein bester Freund Richie. Aber in jedem Fall waren mein Vater und ich dabei.

Wir trugen Pullover in Giants-Blau, noch bevor man sie kaufen konnte. Meine Großmutter strickte sie für uns. Wir heizten richtig ein, mein Vater und ich. Wir brüllten uns an den Spieltagen heiser. Ich weiß nicht mehr, ob das besonders kalte Jahre waren oder ob ich nur unzureichend gekleidet war, aber ich erinnere mich gut, wie ich trotz des Pullovers alle Spiele hindurch vor Kälte zitterte. Wir probierten alles aus: heißen Kaffee, Wolldecken, ein Stövchen für die Füße. Damals nahm ich meinen ersten Schluck Brandy aus einem Flachmann. Die Spiele in Begleitung meines Dads waren herrlich.

Dann kam der Krieg – Vietnam – und ich rollte in einem Panzer der Dritten Division mit. Und was tat mein Vater? Er gab die drei Karten an meinen Cousin Bernie! Nicht für immer, nur für so lange, bis ich zurückkam. Wir haben nie darüber gesprochen, mein Vater und ich. Ich weiß daher nicht, ob er abergläubisch war oder einfach kein Spiel sehen wollte, wenn ich nicht dabei war.

Nicht lange nach meiner Rückkehr heiratete ich. Und wir holten die Karten von Cousin Bernie zurück. Jetzt bestand die Sonntagsbande aus meinem Vater, mir und meiner Frau. Genau gesagt waren es mein Vater, meine Frau und ich mit einem Picknickkorb und endlosen Fragen.

Es war nicht gerade die beste Zeit für ein Abonnement, denn die Giants befanden sich mitten in einem ausgedehnten Erfolgstief. Genau gesagt waren sie horrende schlecht. Meine Frau verstand nicht, weshalb mein Vater und ich uns Woche um Woche diese schmerzlichen Niederlagen antaten, vor allem, wenn es kalt war. Mein Vater verstand nicht, wieso meine Frau das nicht verstand.

Wir überstanden auch diese Krise. Mein Vater hatte meine Frau herzlich gern, und wenn sie sich auch nicht besonders für das Spiel erwärmen konnte, so liebte sie eben uns. Sie strickte uns Giants-Schals aus 100 Prozent Wolle mit dem Teamlogo, an das sich meine verstorbene Großmutter nie herangetraut hatte. Die Leute blieben stehen und fragten, wo man denn so etwas bekomme. Wir zeigten auf meine Frau, und die wurde dann gefragt, ob man Bestellungen bei ihr abgeben könne?

Dann bekam ich einen Sohn. Ivan erlebte sein erstes Footballspiel, als er sechs Jahre alt war. In der ersten Spielhälfte saß er auf dem Schoß seines Großvaters, in der zweiten auf meinem. Das war fraglos die schönste Zeit mit dem Saisonabonnement: Drei Generationen saßen auf der oberen Tribüne – immer noch auf Höhe der 5-Yard-Linie, aber jetzt im neuen Stadion der Giants in den Jersey Meadowlands, und die Mannschaft war auf bestem Wege, zweimal die Super Bowl zu gewinnen.

Jeden Sonntag trafen sich Großvater, Vater und Sohn – entweder im Stadion oder vor dem Fernseher (bei Auswärtsspielen). Wir machten Stimmung, wir feuerten das Team an und wir diskutierten über die Spieler.

Wie kommt es nur, dass es Männern leichter fällt – ob sie nun 6, 36 oder 66 Jahre alt sind – ihre innigsten Empfindungen nicht direkt, sondern durch einen Schutzschild aus Anekdoten und Einschätzungen anderer Personen mitzuteilen? Wir ließen einander wissen, wer wir sind oder wer wir gern sein wollten, indem wir unsere Vorliebe für ein Teammitglied aussprachen (den Quarterback, den Linebacker, den Receiver). Durch unsere Reaktion auf nicht genehme Entscheidungen der Schiedsrichter gaben wir zu verstehen, was wir als Fairness oder Unfairness betrachteten, ob wir die Welt für gerecht oder für ungerecht hielten. Indem wir zu unserem Team standen, auch wenn es schlecht spielte, sagten wir einander und auch uns selbst, wie wichtig Loyalität und Vertrauen sind.

Einmal buhte ich einen Spieler der Giants aus, der aufgegeben hatte. Ich wollte damit gegenüber Ivan (oder meinem Vater) deutlich machen, dass ein echter Mann auch unter Schmerzen weiterspielt.

Bei anderer Gelegenheit bewiesen wir drei unsere Standfestigkeit an der Seite unseres Teams, indem wir trotz eines heulenden Hagelsturmes auf unseren Plätzen blieben. Danach fühlten wir uns wie echte Helden, keine Frage. Und als die Giants dann auch noch gegen die Eagles gewannen, kamen wir uns vor, als wären auch wir Mitglieder der Mannschaft.

Dann erlitt mein Vater einen Herzinfarkt. Die Giants spielten gegen die Rams. Es war bitterkalt an jenem Nachmittag 1984. Im zweiten Spielviertel bemerkte ich, dass mein Vater blaue Lippen hatte.

„Alles in Ordnung?", erkundigte ich mich.

Langsam, als befürchtete er, irgendetwas zu zerbrechen, schüttelte er den Kopf. Ich wandte mich zu meinem neunjährigen Sohn und sagte ganz ruhig: „Opa hat einen Herzanfall. Ich brauche deine Hilfe."

Und Ivan half. Während ich meinen Vater in den Waschraum für die Männer brachte, wo er sich aufwärmen konnte, lief Ivan zur Stadionaufsicht. Er kehrte in Begleitung von zwei stämmigen Aufsehern mit einem Rollstuhl zurück. Über den Lautsprecher tönte die Ansage: „Dr. …, bitte kommen Sie …"

Wir fuhren meinen Vater in den Vorbereitungsraum der Spieler, wo der Arzt schon auf uns wartete. Ich hatte recht gehabt, es war sein Herz. Wir begleiteten ihn zum Krankenwagen, der normalerweise verletzte Spieler zum Röntgen ins Krankenhaus transportiert. Mein Sohn kletterte zu ihm in den Wagen. Als sie abfuhren, machte er das Zeichen für Sieg, und ich lächelte unter Tränen.

Mein Vater überstand den Infarkt, aber von da an wollte er sich keine Spiele mehr im Stadion ansehen. Er fürchtete sich vor der Kälte. Außerdem fürchtete er sich vor der langen Kletterpartie, die erforderlich war, um zu unseren Plätzen zu kommen.

Während der nächsten Jahre versammelten wir uns im Haus meiner Eltern vor dem Fernseher, wann immer die Giants ein Auswärtsspiel bestritten. Im Stadion nahmen meine Schwester oder verschiedene Freunde den dritten Platz ein. Die Super Bowl XXI sahen wir alle gemeinsam, mein Vater, mein Sohn und ich. Als die Giants die Denver Broncos besiegten, jubelten wir und tobten ausgelassen durchs Zimmer.

Mein Vater starb bald darauf – an einem zweiten Herzinfarkt. Seither, neun Jahre lang, haben mein Sohn und ich die drei Karten genutzt. Wir haben uns gefreut und erinnert und in jeder Saison jene geheimsten Dinge ausgetauscht.

Jetzt wird mein Sohn aufs College gehen. Plötzlich wird mir deutlich, wie diese drei Karten, diese magischen Karten eine Art Klammer dargestellt haben: Zuerst verbanden sie meinen Vater und mich, dann meinen Vater, meinen Sohn und mich. In diesem Jahr, zum ersten Mal in der Geschichte dieser drei Karten, werde ich allein meinen Platz einnehmen.

Ich frage mich, was meinen Vater veranlasste, meinem Cousin Bernie die Karten zu geben, während ich im Krieg war. Und ich überlege, ob ich sie nicht meinem Cousin Sam geben soll.

Aber dann stellt Ivan fest, dass er bei einem der Heimspiele der Giants zu Hause sein kann. „Dieses Spiel kann ich mit ansehen, Dad", freut er sich. Vielleicht sollte ich das Abonnement doch noch eine Saison lang behalten. Vielleicht noch für ein Spiel. Vielleicht.

Barney Cohen

Das ist die Erinnerung wert

Selbstvertrauen ist für dieses Spiel
oder irgendein anderes wichtig.
Wenn du nicht glaubst, dass du es packst,
dann packst du es auch nicht.
Jerry West

IM RÜCKBLICK IST ES EINFACH, MEIN ERSTES UND EINZIGES ERLEBNIS als Schiedsrichter im Baseball groß herauszustellen.

Der Umstand, dass es ein wunderschönes Erlebnis war, mag meine Sentimentalität entschuldigen. Falls ich Tatsachen beschönige, bitte ich um Verzeihung.

Schuld daran ist mein Stolz.

Meine beiden Kinder, Nikki und Dean, sind aufstrebende Baseballspieler in der Pee-Wee-Liga der Jugend-Sportvereinigung von Racine, Wisconsin. Wie die meisten Acht- und Siebenjährigen sind sie nebenbei auch aufstrebende Stuntleute auf dem Skateboard, Lego-Ingenieure und Zauberer beim Videospiel. Man sollte sich eben nicht zu früh spezialisieren.

Das Team von Nikki und Dean sind die Pirates. Ihr Coach, ein Mann von bemerkenswerter Geduld, war nicht mit einer Spielerbank voll künftiger Sammy Sosas und Mark McGwires gesegnet. Wir reden über Kinder, die mal gerade ihre Schuhbänder binden, aber keine Aufsetzer im Loch abfangen oder abglitschende Bälle halten können.

Nikki vor allem hatte ihre Probleme am Schlagplatz. Zwar pitchen die Betreuer für die Kinder und jeder Schläger hat fünf Versuche, trotzdem ließ sie ihren geplagten, in hohen Bögen werfenden Coach in diesem Sommer wie Sandy Koufax aussehen.

Dean ist der bessere Schlagmann, dafür liegt sein Feldspiel schätzungsweise 300 Punkte tiefer. Macht nichts. Die Pee-Wee-Liga legt Wert auf das Mitmachen und die sportliche Haltung, und das allein zählt.

Trotzdem fällt es nicht eben leicht, mit erhobenem Kopf vom Spielfeld zu gehen, wenn man 39:1 verliert, wie es den Pirates am Anfang dieser Saison passierte. Jeder gewinnt doch gern von Zeit zu Zeit, oder kommt zumindest in Sichtweite eines Sieges.

Ich denke, damit ist zur Einstimmung auf das, was sich kürzlich ereignete, alles gesagt: Pirates gegen Yankees und der hier Unterzeichnende als Schiedsrichter an der Homeplate. Diese verantwortungsvolle Aufgabe wurde mir vorrangig deshalb zugewiesen, weil ich als erstes Elternteil am Spielfeld eintraf.

Glücklicherweise verlief das Spiel glatt. Es gab kein enges Spiel an der Homeplate, genau gesagt, es gab überhaupt keines. Es gab keine verdrehten Schläge, keine haarscharfen Würfe der Pitcher, keine geplatzten Bälle und keinen Aufruhr, der die Spieler von den Bänken getrieben hätte.

Es gab nur einen schwierigen Moment, als ich den Catcher verwarnen und ihn anweisen musste, keine Bilder in den Sand zu zeichnen, während das Spiel lief.

Nikki, deren Chancen ich so auf 3:30 geschätzt hätte, erzielte gleich zu Anfang einen Treffer. Ihr Überschwang brach aber gleich wieder zusammen und sie in Tränen höchster Betroffenheit aus, als sie sich in der Strecke von einer Base zur nächsten vertat und „aus" gemacht wurde.

Ich hätte sie gern getröstet, aber weil die Yankees nicht sagen sollten, die Pirates hätten mich in der Tasche, biss ich mir auf die Zunge und schwieg.

Die Pirates lagen 16:12 zurück, als sie noch einmal zum Schlagen kamen. Das erregte vorsichtigen Optimismus auf der Bank, denn normalerweise hatte das Team zu diesem Zeitpunkt einen Rückstand von 10 bis 15 Punkten.

Erstaunlicherweise sammelten sie neue Kräfte.

Sie punkteten viermal und sorgten so für den Ausgleich. Den Ausschlag dabei gab ein Treffer von Dean, der an drei oder vier Handschuhen vorbeihüpfte und dann ins linke Außenfeld trudelte.

Ein Läufer zum Sieg an der dritten Base, zwei weitere draußen, und Nikki trat an den Schlagplatz. Das Spiel stand auf Messers Schneide, vor allem aber das empfindliche Ego einer Achtjährigen.

Keine Rede von Barbie-Puppen, rosa Rüschenbluse und Fangen spielen: Dieses kleine Mädchen wünschte sich nichts so sehnlich wie einen glatten Schlag ins Mittelfeld.

Unter dem Vorwand, Sand vom Schlagplatz entfernen zu müssen, verlangte ich eine Auszeit. Ich hatte die Angst in Nikkis Augen gesehen.

„Alles gut, Schätzchen", flüsterte ich, während ich den imaginären Sand wegwedelte. „Sieh den Ball die ganze Zeit an, bis du zuschlägst. Und zieh richtig durch. Du kannst das."

Zweimal zog sie durch. Zwei Strikes. Mein Herz sank.

Dann warf der Coach einen schönen Lob, direkt auf Taillenhöhe. Nikki legte jedes Gramm ihrer knapp 22 Kilo Gewicht in den letzten Schwung und traf den Ball. Er schoss auf den Shortstop zu, setzte auf und sprang hoch über seinen Kopf. Ein klarer Treffer.

Ich sah Nikki nach, wie sie zur ersten Base rannte. Ihr Pferdeschwanz wippte unter dem Helm. Gefühle stiegen in mir auf – ich werde gar nicht versuchen, sie zu beschreiben!

Der Sieglauf kam herein. Nikki stand an der Base und strahlte, als die Pirates im Siegestaumel aufs Feld stürmten. Unsere Blicke trafen sich, und sie kam zu mir gelaufen.

Ich fand, ich hätte meine Aufgabe als Unparteiischer hinreichend erfüllt, fing mein Mädchen mit beiden Armen auf und wirbelte sie durch die Luft. Sie lachte und weinte gleichzeitig.

„Was ist los, Nikki?", wollte ich wissen.

„Daddy, ich glaub's nicht! Ich glaub's nicht, dass ich das geschafft habe. Das war ein Treffer, Dad!"

Das war nicht nur ein Treffer, Nikki.

Das ist die Erinnerung wert.

Gary D'Amato

Mein Sohn, mein Feind

VOR EINIGER ZEIT, KURZ NACH EINER UNUMGÄNGLICHEN DISZIPLINARISCHEN Maßnahme, fragte mich mein zwölfjähriger Sohn Marlon, ob ich mit ihm „auf Punkte" in den Basketballkorb in unserer Auffahrt einwerfen wolle? Ich hatte angenommen, ich würde an diesem Tag mit zornigem Schweigen bestraft werden, stattdessen begegnete mir mein Sohn mit einem offenen Lächeln und einer freundlichen Herausforderung. Ich war überrascht und erfreut.

Das beweist, wie naiv ein Vater sein kann.

Sobald der Junge die Auffahrt betrat, ging eine sichtbare Veränderung mit ihm vor. Sein Körper wurde straff, seine Augen wie Laser. In kurzer Folge landete ein Sprungwurf von der Seite im Netz, ein Lay-up glitt über meine ausgestreckte Hand ebenfalls durch den Ring. Dann führte er den Ball auf einem ganz verrückten, verdrehten Weg heran, krabbelte halbwegs an mir hoch und brachte den Ball wiederum und in einer Weise ins Netz, die den Gesetzen der Physik widersprach. Bevor ich mich versah, war ich außer Atem, schwitzte und hatte drei Punkte Rückstand, was ziemlich viel ist, wenn man nur bis zehn spielt. Ich umklammerte meine Knie, rang nach Atem und begriff, was ich von vornherein hätte wissen müssen: Dies war kein Freundschaftsspiel.

Dies war ein Machtkampf.

Es kommt der Moment, wenn Söhne ihren Vater auf die Probe stellen. Ein Junge an der Schwelle zum erwachsenen Mann will wissen, wie weit es noch ist, und die geeignete Messlatte ist der eigene Vater. Der Test kann auf körperlichem oder intellektuellem Feld stattfinden, aber früher oder später muss der junge Löwe den alten herausfordern und erfahren, ob der noch überlegen ist.

Ich sah das alles glasklar, als Marlon mir den Ball mit einem annähernd verächtlichen Ausdruck zuwarf.

Mein Sohn ist alles, was ich nicht bin: Er ist schnell, graziös, hat einen zielsicheren Wurf und ist beim Dribbeln nicht zu halten. Ich weiß, eines Tages wischt er mich aus dem Spiel, wie man eine ärgerlich störende Fliege verscheucht.

Aber nicht heute, versicherte ich mir.

Mit Marlons älterem Bruder Markise hatte ich es leichter. Wir spielten gemeinsam Brettspiele, nicht Basketball. Doch kurz nachdem Markise dreizehn Jahre alt geworden war, verwandelten sich diese Spiele in Kriegszüge. Egal ob bei Monopoly oder Risiko, Markise bemängelte lautstark jeden meiner Spielzüge. Er holte das Buch mit den Spielregeln hervor und versuchte nachzuweisen, dass ich gemogelt hatte. Er studiert jetzt Jura. Wen wundert's?

„Markise", sagte ich dann. „Es ist nur ein Spiel!" Ich hatte noch nicht begriffen, dass es genau das nicht war.

Ehrlich gesagt, habe ich für diese Art von Prüfungen nicht so richtig etwas übrig. Ich habe mich immer als einen ziemlich gelassenen und überlegenen Vater gehalten.

Aber um Gelassenheit geht es nicht. Wenn du Vater bist und du wirst zum ersten Mal in dieser Form auf die Probe gestellt, sagst du nur: Wie bitte? Wen würde das wundern! Elf Jahre lang warst du für den Jungen ein Weiser nach Moses Gesetz, ein Prophet und Gesetzgeber. Und eines Tages stellst du fest, dass du der Feind bist.

Ich habe noch einen Sohn. Bryan ist jetzt elf Jahre alt und ich befürchte, mit dem Jüngsten wird es am schlimmsten. Immerhin ist er das Kind, das mich im Alter von zwei Jahren mit den Augen maß und strahlend verkündete: „Eines Tages töte ich dich, und dann heirate ich Mami." Noch ein Jahr lang nannte ich ihn nur Ödipus, bis meine Frau einschritt.

Natürlich könnten wir großzügig sein und Grenzen akzeptieren, dem jungen Löwen sein Recht lassen, uns als reif erweisen.

Himmel, vielleicht sollten wir sogar geschmeichelt sein. Der Junge will seine Männlichkeit prüfen, und der beste Standard hierfür ist in seinen Augen sein Vater. Das tut doch gut.

Stimmt, aber da kann ich auch nicht mit.

Wahrscheinlich ist das ein Männerproblem. John Wayne hätte vielleicht gesagt: „Du wehrst dich, bis du dich nicht mehr wehren kannst. Du gibst nicht auf, bis sie dich mit Sand zuschütten, mein Freund."

Vielleicht ist das die Lektion, die ein Vater seinem ungeduldigen Sohn erteilt, wenn er in der Auffahrt, am Spielbrett oder sonst wo nicht aufgibt: Zähigkeit, Rückgrat, Stolz.

Marlon und ich spielten an jenem Tag in der Auffahrt ein Spiel für die Ewigkeit. Man sollte ein Epos darüber schreiben. Larry Bird gegen Magic Johnson im siebten Spiel der NBA-Ausscheidung hätte nicht spannender sein können. Ich blockte, täuschte, stahl Bälle, kämpfte um Rebounds. Marlon jagte den Ball vor sich her, schaffte Weitwürfe, schlug mir den Ball aus der Hand.

Endlich hatte ich den denkbar engsten Erfolg errungen: Zehn zu neun!

Anschließend – ich keuchte noch wie ein asthmatischer Kettenraucher, der Schweiß lief mir in Strömen über das Gesicht, zitierte ich ihn zu mir, um ihm eine Weisheit fürs Leben mitzugeben. Ich sagte ihm, ich wüsste, weshalb er mich so wütend herausgefordert hatte.

„Du hattest die falschen Motive", sagte ich. Er nickte, als verstünde er.

Einige Wochen später forderte Marlon mich zu einer Freundschaftsrunde Videoboxen heraus. Er gewann mit Glanz und lachte dabei.

Die ganze Zeit hindurch beobachtete Bryan, mein Jüngster, mich mit einem wissenden Lächeln.

Leonard Pitts junior

Baseballfieber

Für die Eltern eines Spielers
in der Little League ist Baseball
ein Nervenzusammenbruch nach Innings.
Earl Wilson

ICH KENNE DAS BASEBALLFIEBER IN ALL SEINEN AUSPRÄGUNGEN. Während der Trainingsphase im Frühjahr erwähnte einer meiner Kollegen die bevorstehende Saison, und wir stellten fest, dass unsere Kinder in der Little League gegeneinander antreten würden. Wenig später begannen meine Kollegen mit den Fähigkeiten ihrer Kinder anzugeben und kabbelten sich über deren Leistungen.

Es war wie ein Schlag in den Magen, als ich das hörte. Im vergangenen Jahr hatte mein Sohn keinerlei sportlichen Überschwang erkennen lassen. Dass wir uns nicht missverstehen: Er ist durchaus koordiniert. Aber wenn die anderen Jungen sich auf das Spiel konzentrierten, warf er kleine Grassoden in die Luft und versuchte, sie mit dem Mund aufzufangen.

Schon in der Trainingsphase hatte ich deshalb beschlossen, ich wollte meinen Sohn oder mich in diesem Jahr nicht unter Druck setzen, indem ich versuchte, einen Baseballstar heranzuziehen. Und ich wollte in die Angeberei und Lobhudelei meiner Kollegen nicht einstimmen. Doch als ich meinen Sohn zum ersten Spiel begleitete, beobachtete ich John, der im Marketing arbeitete, wie er seinem Sohn in letzter Minute gute Ratschläge erteilte. Das verunsicherte mich, und auch ich beugte mich zu meinem Sohn hinab und flüsterte ihm zu: „Pass auf Hundehaufen im Gras auf."

Während des siebten Innings schlenderte John herüber und schüttelte mir die Hand. „Klasse Spiel, nicht?"

Ich nickte.

„Schade, dass Ihr Sohn vor der dritten Base gestürzt ist. Hat er sich 'was getan?"

„Nein, alles in Ordnung." Das Blut stieg mir ins Gesicht. „Er hat Ärger mit dem Magen, hat wohl zu viel gegessen."

„Ach ja? Ich dachte, er hat vielleicht das falsche Grasstück geschluckt."

Ich wusste, der Spruch würde im Büro die Runde machen.

„Ich will nicht mehr zur Arbeit gehen", beklagte ich mich bei meiner Frau.

„Wenn du ernstlich etwas tun willst, solltest du mit Alasdair am Wochenende auf das Spielfeld gehen und üben."

Ich war schuldbewusst, weil ich von meinem Sohn mehr erwartete, als er zu geben bereit war, trotzdem nahm ich den Rat an. Meinen Sohn an der Hand gingen wir um das Innenfeld herum, und ich sprach davon, wie aufregend Baseball ist. Wir redeten über die einzelnen Positionen im Feld. Ich erklärte, wie das Gras die Bälle ablenkt.

In den folgenden Wochen zeigte mein Sohn ein gewisses Interesse am Spiel.

Einmal fing er sogar den das Spiel entscheidenden Ball aus der Luft, und seine Mannschaftskameraden gratulierten ihm. Ich klopfte mir im Geist auf die Schulter, weil ich ihn ermuntert hatte, sich mehr anzustrengen.

Am folgenden Tag mischte ich mich sogar unter die witzelnden Kollegen am Kaffeeautomaten. Es machte Spaß, mit der Leistung meines Sohnes anzugeben. Ich war in den inneren Kreis eingetreten. Ich war Teil von etwas, das größer war als ich selbst.

Im Überschwang behauptete ich im Verlauf des Nachmittags sogar, die Mannschaft meines Sohnes würde das Team, in dem Johns Sohn spielte, vom Feld „blasen".

Im Baseballpark schlenderte ich selbstbewusst zu John auf seinem Tribünenplatz.

„Klasse Spiel", merkte ich an.

„Kann man wohl sagen."

„Ja, ich glaube, dieses Spiel gewinnen wir", tönte ich. Gerade in diesem Augenblick landete ein Flugball einen halben Meter hinter meinem Sohn, der im Gras hockte und einen Marienkäfer ausspuckte.

„Bis morgen im Büro", rief John und sprang auf, um seinem Sohn zu dem Homerun zu gratulieren, mit dem er das Spiel entschieden hatte.

Meine glorreichen Tage als Sportlervater waren kurz, aber ich werde sie immer in freundlicher Erinnerung behalten (seufz).

Ken Swarner

Aufmunternde Worte

Im Baseball darfst du eine Niederlage
nicht zum nächsten Tag mitschleppen.
Du musst die Sache abhaken.
Don Baylor

JEMAND HAT EINMAL GESAGT, MUT MACHE MAN JEMANDEM EINFACH dadurch, dass man ihn daran erinnert, auf wessen „Schultern“ er steht, welches Erbe er mitbringt. Das bewahrheitete sich, als ein junger Mann, Sohn eines Baseballstars, in das Team einer der unteren Ligen berufen wurde. Obgleich er sich große Mühe gab, war seine erste Saison enttäuschend, und zur Hälfte der Saison erwartete er täglich seine Entlassung.

Seine Leistungsschwäche verwirrte seine Trainer und Betreuer, denn er besaß alle Voraussetzungen für einen herausragenden Sportler. Doch offenbar gelang es ihm nicht, diese Vorzüge produktiv umzusetzen. Es war, als käme er an sein Potenzial nicht heran.

Seine Zukunft verdunkelte sich, als er eines Tages schon beim ersten Auftritt als Schlagmann seine Strikeouts bezogen hatte. Beim zweiten Mal begann es nicht besser: zwei Strikeouts. Der Catcher verlangte eine Auszeit, lief zum Hügel und besprach sich mit dem Pitcher. Während die beiden noch redeten, richtete der Umpire an der Homeplate ganz entspannt das Wort an den jungen Mann.

Das Spiel wurde fortgesetzt, der Pitcher warf – und der junge Mann schlug den Ball aus dem Stadion hinaus. Das war der Wendepunkt. Von da an spielte er mit neuem Selbstbewusstsein und einer Wucht, die rasch die Aufmerksamkeit des höheren Teams weckte, und er wurde in die Major League berufen.

Am Tag seiner Abreise fragte ihn einer seiner Betreuer, wie dieser Wandel zustande gekommen sei. Der junge Mann antwortete, die aufmunternden Worte des Schiedsrichters an jenem Tag hätten alles geändert, als das Ende seiner Baseballkarriere schon absehbar zu sein schien.

„Er sagte, ich erinnerte ihn an die unzähligen Male, die er hinter meinem Vater gestanden hatte, wenn der am Schlagplatz war. Er sagte, ich würde den Schläger genauso halten wie mein Dad. Und dann sagte er noch, ‚Ich sehe die Gene deines Vaters in dir. Du hast Arme wie er.' Seither stelle ich mir immer vor, ich schwinge den Schläger mit den Armen meines Vaters und nicht meinen eigenen."

Barbara Johnson

Ein Lehrstück in Sachen Liebe

Das Leben ist eine Mischung
aus Lachen und Weinen,
aus Regen und Sonnenschein.
Norman Vincent Peale

ES WAR SCHON NACH MITTERNACHT, UND NACH ANNÄHERND 18 STUNden Anstrengung hatte sich Dick Hoyt der Ziellinie bis auf knapp 100 Meter genähert. Er packte die Griffe des Rennrollstuhls fester und setzte mit weichen Beinen zum Endspurt an.

Dick mit seinen 46 Jahren und sein Sohn Rick (Richard junior), 24 Jahre alt, sein 45 Kilogramm schwerer Rollstuhlfahrer, waren seit 7 Uhr morgens im Wettbewerb der Kanadischen Ironman-Triathlon-Meisterschaft unterwegs. Als sie die Schwimmstrecke von 2,4 Meilen hinter sich hatten, war Dick grau im Gesicht von der Anstrengung, seinen Sohn in einem aufblasbaren Dingi vorwärtszuschieben. Während der endlosen 112 Meilen der Fahrradrennstrecke saß Rick festgezurrt in einem „Rennkorb" auf dem Vorderrad von Dicks Rennrad. Während der ganzen Strapaze hielt Rick, der unter Zerebralparese und einer hohen Querschnittlähmung leidet, alle Unannehmlichkeiten aus. Sein Vater erlitt schwere Krämpfe, unter denen sein Magen förmlich zu Stein wurde und seine Beine zu Gummi. Auf den letzten Metern des Laufs über 26,2 Meilen konnte Dick nur noch gehen.

Offiziell war der Wettkampf längst vorbei. David Kirk aus Kanada hatte ihn mehr als 8 Stunden zuvor gewonnen, aber es standen Zuschauer in dichten Reihen an der Strecke, als die Hoyts durch die Hauptstraße von Penticton sprinteten. Die Leute kannten die Hoyts, sie wussten, dass der Vater mit seinem hirngeschädigten Sohn im Verlauf von einem halben Dutzend Jahren rund 250 Straßenrennen, sechsmal beim Boston Marathon und fünfzehnmal zu weniger anstrengenden Triathlon-Wettbewerben angetreten war.

Rick wurde am 10. Januar 1962 geboren. Während Judy in den Wehen lag, rief einer der Ärzte Dick an, einen Berufsoffizier der Nationalgarde. Unter der Geburt war es zu Komplikationen gekommen. Als das Baby acht Monate alt war, diagnostizierte man eine Zerebralparese. Nie wird Dick vergessen, wie ein Pädiater das Kind ein „Gemüse" nannte. So etwas hatte er in Bezug auf einen Menschen noch nie zuvor gehört. Dick war ein Mann des Militärs und von stoischer Gelassenheit, der keine großen Gefühle zeigte. Aber als er an diesem Tag gemeinsam mit Judy und dem Baby nach Hause fuhr, konnte er die Tränen nicht zurückhalten – eines der wenigen Male in seinem Leben. Judy erinnert sich, der Arzt habe ihnen geraten, Rick in ein Heim zu geben und ihr Leben wieder aufzunehmen. „Er meinte, wir seien jung und könnten andere Kinder haben. Wir erwiderten, wir würden, verdammt noch mal, diesem Kind Eltern sein."

Judy fand bei ihren Freunden und Nachbarn nicht viel Trost. Sie hielten Rick für geistig zurückgeblieben, aber Judy war sicher, dass das nicht stimmte. Als er heranwuchs, konnte sie ihm das Alphabet beibringen, und sie entdeckte in ihm einen für ein fühlendes Wesen typischen Charakterzug: Humor. Wenn Judy etwas Komisches sagte, brach er in überschwängliches Gelächter aus. Zur gegebenen Zeit wollte Judy Rick in einer öffentlichen Schule anmelden, wurde aber abgelehnt. Daraufhin schwor sie, sie werde nicht nur ihren Sohn in einer Regelklasse unterbringen, sondern ihr Leben der Unterstützung behinderter Menschen widmen. Je stärker Judy sich engagierte, desto mehr zog Dick sich zurück. So oft wie möglich blieb er von zu Hause fort, arbeitete oder spielte in einer örtlichen Hockeyliga.

Im Jahr 1970, als Rick acht Jahre alt war, fanden die Hoyts einen Weg, mit ihm zu kommunizieren. Ingenieure der Tufts University hatten einen Computer gebaut und eine Software entwickelt, die es Rick erlaubte, mithilfe eines in Kopfnähe angebrachten Hebels zu schreiben. Rick sah auf einem Monitor Buchstaben, drückte seinen Kopf gegen einen Metallhebel an seinem Rollstuhl, und der Computer registrierte, welche Buchstaben er ausgewählt hatte. Auf diese Weise konnte er ganze Sätze bilden, auch wenn es unter Umständen mehrere Minuten dauerte, bis er ein Wort geschrieben hatte. Die Hoyts nannten den Computer ihre „Hoffnungsmaschine".

Als Senior der Westfield High School schrieb Rick einen Essay mit dem Titel „Ein Leben als sprachloser Mensch“: „Anfangs war ich zornig und fühlte mich betrogen“, schrieb er. „Das war so, obgleich meine Eltern mich nicht anders behandelten als meine Brüder [Russel ist jetzt 18, Robbie 22 Jahre alt]. Ich spürte und wusste, dass ich anders war. Ich verstehe alles, was sie mir sagen. Auch wenn man sprachlos ist, bleibt man doch ein menschliches Wesen. Ich habe dieselben Gefühle wie alle anderen auch. Ich bin traurig, ich freue mich, ich habe Hunger, ich liebe, ich spüre Mitgefühl und Schmerz.“

Immer noch konnte der junge Mann die Abwehr seines Vaters nicht durchbrechen. Im Jahr 1978 erfuhr er von einem nahe gelegenen College, das einen Wettlauf über fünf Meilen zugunsten eines Lacrosse-Spielers veranstaltete, der seit einem Autounfall querschnittgelähmt war. Rick sagte seinem Vater, er wolle gern daran teilnehmen und fragte, ob er seinen Rollstuhl schieben würde? Dick willigte ein. Das Duo kam als Vorletzte ins Ziel. Völlig fremde Menschen jubelten ihnen zu. Am Abend nach dem Rennen schaltete Rick sofort seinen Computer an und schrieb: „Dad, bei einem Wettkampf vergesse ich, dass ich behindert bin.“

Dick, der Rick und seinen beiden anderen Söhnen gegenüber wenig aus der Reserve kam, war tief bewegt. Er begann zu trainieren. 1980 nahmen die Hoyts jährlich an 50 bis 75 Wettkämpfen teil. In jenem Jahr meldeten sie sich zum Boston Marathon. Sie beendeten das Rennen und qualifizierten sich in den folgenden Jahren sogar. Seither sind die Hoyts in Neuengland zu einer Renn-Legende geworden.

Vor drei Jahren lud ein Sportveranstalter aus Massachusetts Dick ein, am Triathlon teilzunehmen. Dick sagte unter der Voraussetzung zu, dass auch Rick teilnehmen könne. Der Veranstalter lehnte ab. Im folgenden Jahr redeten die beiden Männer erneut miteinander und kamen zu einer Vereinbarung. Ausgezeichnet. Jetzt musste Dick sich nur noch im Schwimmen und Radfahren wettkampfreif machen. „Eines Nachmittags sprang ich ins Wasser und brachte es gerade mal auf 50 Meter. Also gut, sagte ich mir. Als ich mit dem Laufen anfing, konnte ich auch nicht laufen. Ich kann nicht schwimmen, aber ich kann es lernen. Unser Haus stand an einem See. Innerhalb von zwei Wochen schwamm ich ziemlich gut." Der erste Triathlon bestand aus 1 Meile schwimmen, 40 Meilen Rad fahren und 10 Meilen laufen.

Inzwischen erledigt Colonel Hoyt, was vor einigen Jahren noch undenkbar gewesen wäre: Er bringt Rick zur Toilette, er füttert ihn und zieht ihn um. Fast jeden Abend nimmt er ihn auf seine kräftigen Arme, trägt ihn in sein Schlafzimmer und legt ihn behutsam auf sein Wasserbett.

Nachdem sie im Ironman der letzten Woche bis an ihre Grenzen gegangen waren, schien für die Hoyts nichts mehr unerreichbar. Bei einer privaten „Siegesfeier" prosteten sie einander mit Champagner zu, und Judy spritzte vergnügt einige Tropfen über Ricks brandneuen Mohikaner-Haarschnitt. Während sie sich im heißen Badewasser entspannten, sagte Dick zu seinem Sohn: „Glückwunsch, Mann!" Rick strahlte, als sein einst so distanzierter Vater seine verkrampfte Hand nahm, sie drückte und versicherte: „Du warst gut da draußen, richtig gut!"

William Plummer

Zwei Zehner

Ein Vater ist für seinen Sohn
weit mehr als ein menschliches Wesen.
Thomas William Simpson

WÄHREND DER FOOTBALL-SAISON 1966/67 HATTE DER QUARTERBACK aus Green Bay mit seinem ältesten Sohn eine Vereinbarung getroffen: Für jede gute Arbeit, die Bart junior von der Schule nach Hause brachte, gab ihm sein Dad 10 Cent. Nach einem besonders rauen Spiel, in dem Starr mit seiner Leistung auch gar nicht zufrieden war, und nach einem langen Flug kam er müde und zerschlagen nach Hause. Aber es ging ihm schnell besser, als er sein Schlafzimmer betrat.

Auf dem Kopfkissen lag ein Zettel: „Lieber Dad, ich finde, du hast prima gespielt. Liebe Grüße! Bart." Auf den Zettel waren zwei Zehner geklebt.

The Christian Athlete

Wir gingen gemeinsam vom Spielfeld

ES WAR EIN STRAHLEND SCHÖNER, HEISSER NACHMITTAG IM JUNI, typisch für die Südstaaten. Eltern stellten Faltstühle auf, Kühltaschen rahmten die Foullinie am Spielfeld der örtlichen Little League ein. Erster Spieltag!

Mein Mann und ich waren unter den Zuschauern. Es war das erste Spiel unseres Sohnes Jason in der Little League. Wir hätten es beide nicht zugegeben, aber wir waren gespannt – und hofften, unser Sohn würde einen Homerun schlagen oder den das Spiel entscheidenden Ball aus der Luft fangen. Na ja, er ging einmal zur Base und kassierte zwei Strikeouts. Was das Feldspiel betrifft … Gegen Ende des neunten Innings stand Jason im rechten Außenfeld und wartete auf *seinen* Augenblick. BUMM! Der Ball wurde weit hinaus geschlagen – und ich meine *weit hinaus* ins rechte Feld. Ich sah, wie Jason nach oben blickte und in Position ging. Eine Ewigkeit lang, wie mir schien, hielt ich vor Spannung den Atem an. Während der Ball vom Himmel fiel, rutschte mein Sohn mit den Füßen hin und her, um den richtigen Stand zu bekommen.

Nun denken Sie bestimmt, ich erzähle, wie er den Ball aus der Luft fing und damit das Spiel für sein Team entschied. Aber nein. Der Ball kam rund fünf Meter hinter ihm auf. Die Läufer umrundeten die Bases. Bis Jason den Ball erwischt und zurückgeworfen hatte, war das Spiel vorbei. Jasons Team hatte verloren. Der besiegte Außenfeldspieler ging mit hängendem Kopf vom Feld. Als er zu uns an die Foullinie kam, streckte er mir die Arme entgegen und hielt etwas in seiner kleinen Hand. Es war ein Gänseblümchen, das er nahe am Zaun beim Außenfeld gepflückt hatte. Wir gingen gemeinsam vom Spielfeld.

Zwei Jahre später saßen wir wieder auf unseren Faltstühlen am Rand desselben Spielfeldes. Jason ging zum Schlagplatz. Zuversichtlich fasste er den Pitcher ins Auge. Der erste Wurf flog vorbei: zu hoch und außerhalb. Den zweiten Pitch verfehlte er. Ich sah, wie er mit den Füßen scharrte und sich bereit machte. Der dritte Wurf kam hoch und nach innen und traf direkt Jasons Auge. Er unterdrückte die Tränen, raffte sich auf und lief zur Base. Er brachte das Spiel zu Ende. Als alles vorbei war (ob sein Team gewann oder verlor, weiß ich nicht mehr), kam er uns an der Foullinie entgegen und streckte die Arme zu mir aus. In der Hand hielt er eine Kühlkompresse, die das dunkelste blaue Auge bedeckt hatte, das mir je begegnet war. Gemeinsam gingen wir vom Spielfeld.

Für den Rest der Saison wich Jason bei jedem Pitch vom Schlagplatz zurück – zu groß war die Angst, der Ball könnte ihn wieder am Kopf treffen. Bei jedem Spiel stand ich am Zaun hinter dem Backstop und redete ihm gut zu, wenn er zum Schlagplatz ging: „Trau dich! Nur einen Schritt weiter. Du kannst es!"

Sein Vater übte unermüdlich den Schwung mit dem Schläger, den Lauf von einer Base zur nächsten, das Feldspiel. Ich kaufte ihm sogar einen Baseballhandschuh, damit wir nach der Schule das Fangen üben konnten. In der Auffahrt zu unserem Haus warf ich ihm scharfe Bälle und schnelle Aufsetzer zu.

Im Verlauf der nächsten Jahre bot Jason seinen Ängsten die Stirn und ebnete sich den Weg zurück ins Spiel. Er liebte Baseball so sehr, dass er einfach nicht aufgeben konnte!

Erst im vergangenen Jahr stellte ich wieder einmal meinen Faltstuhl an einen Spielfeldrand. Es war diesmal ein anderes Spielfeld, denn inzwischen sind wir nach Vermont umgezogen. Jason war Freshman an der Highschool und auf dem Weg, ein Varsity-Spieler zu werden. Ich sah zu, wie er im rechten Außenfeld nach Bällen hechtete und sie mühelos dem Catcher zuwarf, um einen Einlauf zu verhindern.

Unvermittelt kamen mir die Tränen, denn ich erinnerte mich an den Gänseblümchenträger im Jersey der Little League und an den Zehnjährigen mit der Kühlkompresse über dem blauen Auge. Ich dachte an alle die durchkämpften Spielzeiten, die Jason bis zu diesem Punkt hinter sich gebracht hatte. Ich weiß, Sie erwarten jetzt, dass ich von dem All-American-Spieler oder dem professionellen Baseballspieler rede, zu dem mein Sohn geworden ist, aber das Kapitel ist noch nicht geschrieben. Ich bin aber ganz sicher, dass Baseball für einen bestimmten Jungen viel mehr war als nur ein Spiel. Es war eine Herausforderung, eine Probe auf seine körperliche und seelische Stärke. Es war in der neuen Schule der Schlüssel zur Tür, hinter der Akzeptanz und Anerkennung auf ihn warteten. In jedem Alter und an jedem Wohnort war Baseball in unser aller Leben eine Konstante.

Meine Tagträume werden von einem unverwechselbaren Ton unterbrochen. BUMM! Ich blicke auf und sehe, wie die Außenfeldspieler zum hinteren Zaun rennen, die Augen gegen die Sonne schützen und in den Himmel blinzeln, durch den der Ball fliegt. Er landet rund zehn Meter hinter dem Zaun, die Zuschauer klatschen und jubeln, und diesmal ist Jason der Spieler, der die Bases umrundet.

Am Ende des Spiels hatte unser Team gewonnen. Ein großer, selbstbewusster junger Mann kam mit ausgestreckten Armen auf die Foullinie zu, wo wir saßen. Als mein Sohn näher kam, sah ich, dass er etwas in der Hand hielt – in seiner Hand, die jetzt der seines Vaters ähnelt. Es war der Homerun-Ball. Gemeinsam gingen wir vom Spielfeld.

Darlene Daniels Eisenhuth

Meine liebste Baseball-Karte

Unter all den Geschenken
der Natur an den Menschen –
was ist einem Manne süßer als seine Kinder?
Cicero

IN MEINER JUGEND HABE ICH LEIDENSCHAFTLICH BASEBALL-KARTEN gesammelt. Oft sammelte und verkaufte ich Flaschen, um das Geld dafür zusammenzubringen. Ich sehe mich noch, wie ich stundenlang auf dem Boden hockte und die Spieler auf einem imaginären Spielfeld in Position brachte, nach Nummern oder nach Mannschaften Stapel legte. Wie es mit vielen Vergnügungen der Jugend geschieht, so legte auch ich mein Hobby ab, als die Zeit fürs College und einen Beruf gekommen war.

Dann, 1990, las ich, dass dieses Hobby wieder auflebte, ja sich landesweit zu einem regelrechten Fieber entwickelte. Ich stand gerade in einer Tankstelle in der Stadt, als ich neben der Kasse eine Schachtel mit Baseball-Karten bemerkte. Ich erinnerte mich, wie hart ich zwanzig Jahre zuvor hatte arbeiten müssen, um mir solche Karten kaufen zu können. Jetzt brauchte ich nur ein bisschen Kleingeld aus der Tasche zu holen. Ich kaufte einige Päckchen und nahm sie mit.

In den Kartenpäckchen, die ich gekauft hatte – Marke „Topps" –, steckte immer noch ein Kaugummi, anders als bei den neueren Marken. Der Geruch des Kaugummis, des Kartons und der Druckfarben rief Erinnerungen an meine Baseballerlebnisse zurück, wie der Duft des ersten gemähten Grases im Frühling. Ich blätterte die Karten durch, erkannte einige Namen und legte die Päckchen dann beiseite.

Bei der nächsten Gelegenheit kaufte ich wieder einige Päckchen. Einige Karten gab ich meinem achtjährigen Sohn, gleichfalls ein Baseball-Fan. Wir spielten oft im Garten und schlugen mit einem überdimensionierten Plastikschläger nach einem Schaumgummiball. Jetzt hatten wir beide auch noch einen „Wohnzimmersport".

Ich kaufte weiterhin Kartenpäckchen, und schon bald war es mein Ehrgeiz, ein komplettes Set von 792 Karten zusammenzustellen. Nach jedem Tanken nahm ich ein Päckchen mit. Mein Sohn und ich saßen auf dem Boden, legten die Karten aus und überprüften anhand einer Liste, welche Spielerporträts uns noch fehlten. Mit den doppelten Karten aus meiner Sammlung legte mein Sohn eine eigene an.

Da es Zufall war, welche Karten in den einzelnen Päckchen steckten, hatte man schnell einige Spieler doppelt, andere Porträts tauchten sehr selten auf. Ich besaß bestimmt ein halbes Dutzend Ossie Smiths und wahrscheinlich zehn Steve Bedrosians, aber keine einzige Karte von Ken Griffey junior. Diese Karten waren damals bei den Sammlern mit Abstand am beliebtesten.

Ich hätte natürlich ins Papierwarengeschäft gehen, ein paar Dollars ausgeben und mir die fehlende Karte kaufen können, aber nein! Ich wollte sie in einem regulär erworbenen Päckchen vorfinden. Zu allem Überfluss zierte ein Abdruck der Griffey-Karte die Päckchen der Marke „Topps", als wollte man mich damit provozieren, nochmals einhundert Stück davon zu kaufen.

Als mein Sohn und ich wieder einmal unsere Kartenpäckchen öffneten, bekannte ich, dass ich unbedingt eine Ken-Griffey-junior-Karte haben wollte. Finstere Entschlossenheit malte sich in seinem Gesicht, während mein Sohn daraufhin Päckchen um Päckchen öffnete und beinahe entschuldigend die Schultern zuckte, wenn die gesuchte Karte wieder nicht dabei war. In meinem Set fehlten jetzt nur noch wenige Karten, insbesondere die mit Ken Griffey.

Wir öffneten das letzte Päckchen, das ich an diesem Tag gekauft hatte, und auch hier fehlte die Wunschkarte. Ich gab meinem Sohn die Duplikate, sortierte die übrigen Karten in eine Schachtel ein und wandte mich anderen Dingen zu, über denen ich die Karten vergaß.

Später am Abend kam mein Sohn zu mir. Eine Hand hielt er hinter dem Rücken versteckt. „Ich habe etwas für dich, Daddy", sagte er und reichte mir eine Griffey-Karte. Er hatte das Deckblatt eines Päckchens ausgeschnitten und aufgeklebt. „Jetzt musst du nicht mehr suchen", sagte er.

Ich nahm ihn in die Arme und drückte ihn fest – das war wohl der beste Preis, den ich je für eine Karte gezahlt hatte.

Ich sammelte weiter und besaß schließlich sogar einige alte, recht wertvolle Karten. Eine davon würde ich um nichts in der Welt abgeben, nicht einmal für ein Porträt von Mickey Mantle, als er noch ganz jung war. Die Karte von Ken Griffey junior besitze ich immer noch. Diese Karte hat etwas ausgefranste Ränder und keine rechtwinkligen Ecken, und die Rückseite ist nur Pappe ohne Aufdruck von Statistiken.

Diese Karte ist für mich ein Sinnbild für alles, worum es beim Baseball geht. Nicht zuletzt ist sie ein Sinnbild der Liebe.

Scott Nicholson

Spiel mit mir, Dad

„Spielen wir Ball, Dad?“
Vergiss nicht
das Kind
mit Baseball und Handschuh.

Gewiss, du hast zu tun.
Wichtige Dinge warten.
Aber es tut gut,
wenn du mit mir spielst.

Gewinnen und verlieren
ist nicht so wichtig.
Denn wenn wir zusammen sind,
sind wir eine Familie.

Auch wenn du müde bist
nach einem langen Tag,
vergiss nicht, wir wollten
Ball fangen spielen.

Tom Krause

Ich hol' mir eine andere

BEI DER TRAUERFEIER FÜR SEINEN VATER GAB CARL LEWIS DEM VERstorbenen die Goldmedaille in die Hand, die er bei den Olympischen Spielen 1984 mit seinem 100-Meter-Lauf gewonnen hatte. „Das geht in Ordnung", sagte er zu seiner Mutter. „Ich hol' mir eine andere."

Ein Jahr später, bei den Olympischen Spielen 1988, trat Lewis gegen den kanadischen Weltrekordhalter Ben Johnson an. Auf der Hälfte des Rennens lag Johnson mehr als einen Meter vor ihm. Lewis war sicher, er könne ihn einholen, aber bei 80 Metern war Johnson immer noch vorn. *Es ist aus, Dad*, dachte Lewis. Johnson überquerte die Ziellinie, sah sich nach Lewis um und riss die Arme hoch.

Lewis war aufgebracht. Er hatte Johnsons schwellende Muskeln und die gelbliche Verfärbung seines Augapfels bemerkt, beides ein Hinweis auf die Einnahme von Steroiden. „Ich hatte die Goldmedaille nicht gewonnen", sagte Lewis später. „Ich konnte meinem Vater trotzdem Ehre machen, indem ich Anstand und Format bewies." Er schüttelte Johnson die Hand und verließ die Strecke.

Doch dann wurde durchgesagt, dass bei Johnson Anabolika nachgewiesen worden waren. Er verlor die Goldmedaille. Sie wurde Lewis verliehen und ersetzt nun die, die er seinem Vater ins Grab mitgegeben hatte.

David Wallechinsky

Alles zählt

Beim Training zählt nicht unbedingt
die Zeit, die du aufbringst,
sondern was du ins Training einbringst.
Eric Lindros

IM ALLTÄGLICHEN LEBEN SPIELT YMCA-FOOTBALL EIGENTLICH KEINE Rolle. Keine Zeitung berichtet über den Spielstand, und Zuschauer sind überwiegend Väter und Mütter. In meinem Fall, ungefähr im Jahr 1974, wurden die Samstagsspiele auf den frühen Vormittag gelegt, damit die Erwachsenen rechtzeitig wieder zu Hause waren und die Spiele der College-Teams im Fernsehen verfolgen konnten.

Aber der Umstand, dass sich die Mamis und Daddys die Spiele wirklich ansahen, bringt mich auf den einen kurzen leuchtenden Augenblick in meiner jugendlichen Football-Karriere.

Ich spielte bei den Cougars der L.-M.-Smith-Grundschule. Wir hatten gute Trainer und einige begabte Spieler, trotzdem waren wir als Mannschaft einfach nicht überzeugend. Im Angriff spielte ich Wide Receiver, in der Verteidigung den Safety. Einmal hatte ich sogar einen wenngleich wenig ruhmreichen Auftritt als Quarterback, aber nach einem Spiel mit null durchgeführten Spielzügen und einem Spielausgang von 14:0 war ich wieder an meinen alten Plätzen, als unsere sieglosen Cougars gegen die ebenfalls sieglosen Warriors der Wright-Grundschule antraten.

Wenn man dreizehn Jahre alt ist und davon träumt, einmal für Alabama oder Auburn zu spielen, in die NFL aufzusteigen, zum College-Football berufen und in die Ruhmeshalle der NFL aufgenommen zu werden, später ein Sport-Restaurant zu eröffnen und Sportreporter im Fernsehen zu werden, dann sind sieglose Saisons nicht geeignet, das Selbstbewusstsein zu heben. Aber da die anderen ebenso sieglos waren wie wir, und da ich in diesem Spiel unbedingt etwas zeigen musste, war es so wichtig wie ein Spiel um die Super Bowl.

Mein Vater sah sich jedes Spiel an, und jedes Mal, wenn ich auf das Spielfeld kam, vergewisserte ich mich mit einem Blick in die wackeligen alten Ränge, dass er da war. Dann wusste ich, ich spielte nicht einfach ein Spiel, sondern es ging darum zu tun, woran den meisten Söhnen liegt, nämlich Papa stolz zu machen.

Glücklicherweise gehörte mein Vater nicht zu diesen Jugendsportfanatikern, die uns allen so auf die Nerven gehen. Er wusste es nicht besser als der Coach. Er brüllte mich nicht an, wenn ich einen Pass nicht gefangen hatte. Er rechnete mir nicht meine Fehler vor, wenn wir verloren – und ehrlich, wir verloren oft.

Stattdessen lächelte er und klatschte immer, wenn ich das Spielfeld verließ. Gutes Spiel oder schlechtes, Touchdown oder Turnover: Dad verhielt sich immer wie ein zurückhaltender Cheerleader, klatschte höflich und war im Übrigen meistens still.

An einem warmen Abend im Herbst in Birmingham änderte sich das.

Wir spielten den Kickoff zu Wright, drei Rushs brachten nichts, und die Warriors schossen den Ball weg.

Der Junge von den Warriors konnte wirklich schießen. Sein Punt erreichte im hohen Bogen unsere 20-Yard-Linie, schlug hart auf und rollte aus dem Feld.

Unser Quarterback und ich waren gut befreundet, daher warf er beim ersten Down den Ball immer zu mir. Manchmal fing ich ihn, manchmal ließ ich ihn fallen, und manchmal, wenn ich mich nach Keith umsah, lag er auf dem Rücken und ein paar Jungen aus der Verteidigung über ihm.

Diesmal war End-around angesagt.

Ich war schnell und hielt deshalb die Position als Wide Receiver, aber da ich klein war, bekam ich selten Gelegenheit, als Runningback zu spielen. Wir hatten noch nie ein End-around gespielt, und der Coach meinte, das würde die Warriors überraschen.

Völlig richtig.

Keith nahm den Snap, ich verließ meinen Platz auf der rechten Seite, und während Keith sich nach rechts rollen ließ, lief ich nach links, nahm den Ball und rannte auf die Seitenlinie zu.

Zehn Spieler der Gegenmannschaft fielen auf das Täuschungsmanöver herein und folgten Keith in die andere Richtung. Ein Cornerback allerdings ahnte die Ansage, und als ich seitwärts lief, rannte er mit. Kurz vor der Seitenlinie setzte ich den linken Fuß fest auf und hielt plötzlich an. Darauf war mein Verfolger nicht gefasst und stolperte aus dem Feld heraus. Nun hatte ich nur noch den blauen Himmel über und das grüne Gras vor mir. Ich klemmte den Ball unter meinen rechten Arm und rannte ungehindert in die Endzone.

Ich hatte Ohren betäubenden Applaus erwartet, dass die Cheerleader aufs Feld stürmen und mir einen dicken Kuss auf die Wange geben würden.

Doch als ich die Goallinie überquerte und den Ball gerade dem Offiziellen zuwerfen wollte und dorthin blickte, von wo ich gestartet war, standen dort alle wie angewurzelt. Eine gelbe Flagge lag am Boden.

Es wurde kein Touchdown gegeben, weil „Clipping" angezeigt worden war. Deshalb blieb auch der lautstarke Applaus aus.

Ich war am Boden zerstört. Ich hatte im Verlauf der Saison mehrmals Conversions und damit zwei Punkte gemacht, aber das wäre mein erster Sechser gewesen. Stattdessen musste ich nun 80 Yards zu meinen Mannschaftskameraden zurücklaufen, die mir bei meinem vergeblichen Touchdown zugesehen hatten.

Während ich mich auf den Rückweg machte, hörte ich von der Tribüne ein Geräusch. Es wurde lauter: Jemand klatschte rhythmisch in die Hände.

Dieser Jemand war mein Dad.

Die anderen schrien entweder die Schiedsrichter an oder saßen einfach stumm da, aber mein Dad – mein Held – gab seinem Sohn eine Ein-Mann-Ovation.

Diesen Augenblick werde ich nie vergessen. Da war ein Junge mit großem Ehrgeiz und nicht ganz so großem Talent, dessen einmaligen Augenblick ein gelber Stofffetzen zunichte gemacht hatte. So enttäuschend dieses Spiel auch gewesen war, Dad machte es zu etwas, was mir ewig in Erinnerung bleiben wird.

Vor sechs Jahren, als Dad krebskrank und dem Tode nahe war, sprachen wir über die wichtigsten Momente, die wir gemeinsam erlebt hatten. Ich fragte ihn, ob er sich an den Touchdown erinnere, der nicht gegeben wurde? Er erinnerte sich.

„Warum hast du damals geklatscht?“, fragte ich. „Das wurde doch nicht gezählt.“ Er lächelte und nahm meine Hand.

„Alles zählt“, sagte er. „Ich wusste, wie viel dir dieser Touchdown bedeutete, und deshalb war er für mich sogar noch wichtiger. Außerdem war es der beste Lauf, den ich je gesehen habe.“

Scott Adamson

8

DIE WEISHEIT IM SPIEL

Das Wichtigste an den Olympischen Spielen
ist nicht der Sieg, sondern die Teilnahme …
Wesentlich im Leben ist nicht der Erfolg,
sondern das aufrichtige Bemühen darum.

Baron Pierre de Coubertin
Begründer der modernen
Olympischen Spiele

Der Zauberer von Westwood

Eine Persönlichkeit kann man sich nicht erträumen,
man muss sie sich mit Feuer und Eisen erschaffen.
James A. Froude

WÄHREND MEINER STUDENTENZEIT ERLEBTE ICH DIE GROSSEN JAHRE von John Wooden beim UCLA-Basketball mit. Ich sah zu und feuerte die Mannschaft an, die in den 1960er- und 1970er-Jahren für mehr als ein Jahrzehnt das Feld bestimmte. Gail Goodrich, Lew Alcindor und Bill Walton nannten ihn „Coach". Die Sportpresse bezeichnete ihn liebevoll als den „Zauberer von Westwood" und ehrte ihn als „Architekten des großartigsten Basketballprojektes in der Geschichte dieses Spiels". Seine Teams von der UCLA haben Rekorde aufgestellt, die nicht zu überbieten sind, wie viele meinen. Wooden führte die Bruins innerhalb von zwölf Jahren zu zehn Titeln auf nationaler Ebene. Von 1966 bis 1973 gewann er siebenmal nacheinander die NCAA-Meisterschaft. Zwischen 1981 und 1973 gewann sein Team 88 Spiele ohne Unterbrechung. Coach Wooden ist bis heute der einzige Coach, dessen Teams vier Spielzeiten nacheinander unbesiegt blieben.

Der Mann ist wirklich eine Legende. Ich wage zu behaupten, dass jeder Anhänger des College-Basketballs über fünfzehn Jahren über Woodens erstaunliche Erfolge und seine nachhaltige Auswirkung auf das Spiel Bescheid weiß. Aber nur wenige seiner Fans wissen etwas von der privaten Seite dieses Mannes oder über die liebevolle Frau, die ihm in 52 Ehejahren zur Seite stand. Wer diesen bescheidenen Menschen beobachtete, wusste, dass ihn Wertebewusstsein und Beständigkeit auszeichneten. Vor jedem Spiel pflegte Wooden sein Programm aufzurollen und einen Blick zur Tribüne zu werfen, wo seine Frau Nell immer auf demselben Platz saß, ihm ein anerkennendes Lächeln schenkte und ihm zuwinkte. Aus ihren Augen leuchtete so viel Liebe, dass es auch uns Studenten zu Herzen ging. Wer ihn kannte, wusste, dass es für den

Zauberer von Westwood Wichtigeres gab, als Basketballspiele zu gewinnen, und das war Nell Wooden.

Jahre später leitete ich einige Kurse am St. Vincent Hospital in Los Angeles. Während einer Diskussion über den Stellenwert von Werten für Führungspersönlichkeiten erwähnte ich Grundsätze aus Coach Woodens „Erfolgspyramide", der Grundlage seines Betreuerkonzeptes an der University of California, Los Angeles. In der Pause suchten mich zwei leitende Pflegekräfte auf, die an diesem Kurs teilnahmen. Sie erzählten, sie hätten wenig Ahnung von Basketball an der UCLA, aber über den Menschen John Wooden wüssten sie viel.

Infolge eines Herzinfarktes, den Nell Wooden nach einer Hüftendoplastik 1982 erlitten hatte, lag sie lange im Koma. Tag für Tag kam John, sie besuchen. Er saß zehn Stunden pro Tag an ihrem Bett und hielt ihre Hand. Die Ärzte hatten ihm geraten, mit ihr zu sprechen, denn vielleicht würde ihr Unterbewusstsein seine Stimme wahrnehmen. Als er ihr nach drei Monaten wieder einmal die Hand drückte, spürte er einen Gegendruck. Nell war zurückgekehrt!

Innerhalb weniger Monate stand sie wieder an der Pforte zum Jenseits, nachdem ihr die Gallenblase entfernt werden musste. Doch entgegen allen ungünstigen Prognosen erholte sie sich so weit, dass sie noch einige Monate im Kreis ihrer Familie und Freunde erleben durfte.

In der ganzen Zeit wich Coach Wooden nicht von ihrer Seite, so wie sie immer bei ihm gewesen war. Seine Einstellung, seine Zuvorkommenheit, sein Glaube und seine unerschütterliche Liebe zu seiner Frau währten bis zum Schluss. Am ersten Frühlingstag, am 21. März 1985, starb Nelly Wooden, die sechzig Jahre lang seine Liebste gewesen war. Die Frau, die ihn durch den größten Teil seines Lebens begleitet hatte, würde nicht mehr an seiner Seite sein.

Dieser Bericht über Charakterstärke und Liebe von John Wooden überraschte mich nicht. Es war nur ein weiterer Beweis für die Integrität dieses Mannes, der Führungsaufgaben erfüllen konnte, weil er ein Vorbild gab. Schließlich galt auch für ihn, was er gern anführte: „Was zählt, ist, was du lernst, wenn du schon alles weißt."

Ich traf Coach Wooden bei einem Basketballspiel der UCLA im Jahr 1998. Ich ging zu ihm und erzählte ihm, was mir die Pflegekräfte in St.

Vincent berichtet hatten. Tränen traten ihm in die Augen, und er entgegnete: „Das ist das schönste Kompliment, das ich je bekommen habe."

Meisterschaftspokale können ihren Glanz verlieren. Das Vermächtnis der Liebe dagegen bleibt im Gedächtnis und ermahnt uns, unseren Lieben ebenso zu begegnen.

Terry Paulson, Ph. D.

Der Volllederball nach NFL-Norm mit Autogrammen der Chicago Bears von 1963

ES WAR IM JAHR 1964 IN CHICAGO. EINER MEINER KOLLEGEN HATTE einige Volllederbälle nach NFL-Norm mit Autogrammen der Chicago Bears von 1963 erworben und verkaufte sie zu einem wirklich anständigen Preis. Mein erster Sohn war unterwegs. Ich kaufte solch einen Ball. Nun hatte ich ein „Willkommen“ für meinen Sohn, wenn er aus der Klinik nach Hause kam, und zwar etwas ganz Besonderes.

Mehrere Jahre später wühlte der kleine Tom in der Garage herum, wie nur ein Fünfjähriger wühlen kann, und er stieß auf den Volllederball nach NFL-Norm mit Autogrammen der Chicago Bears von 1963. Er fragte, ob er damit spielen dürfe? Unter Einsatz der für einen Fünfjährigen nachvollziehbaren Logik machte ich ihm klar, dass er noch ein bisschen jung sei, um mit solch einem besonderen Ball zu spielen. Im Verlauf der folgenden Monate führten wir dieses Gespräch noch einige Male, aber dann kamen die Anfragen seltener.

Im folgenden Herbst, nachdem er ein Footballspiel im Fernsehen angeschaut hatte, fragte Tom: „Dad, da ist doch dieser Football in der Garage, weißt du noch? Kann ich den jetzt haben und mit den Jungs damit spielen?“

Ich rollte mit den Augen und erwiderte: „Tom, sieh doch mal: Man geht nicht einfach raus und wirft mit einem Volllederball nach NFL-Norm mit Autogrammen der Chicago Bears von 1963 herum. Ich habe es dir schon gesagt, das ist etwas Besonderes.“

Irgendwann fragte Tom überhaupt nicht mehr, aber er hatte die Sache nicht vergessen. Einige Jahre später erzählte er seinem jüngeren Bruder Dave von dem Volllederball nach NFL-Norm mit Autogrammen der Chicago Bears von 1963, der etwas Besonderes war und irgendwo in der Garage aufbewahrt wurde. Dave kam eines Tages zu mir und fragte, ob er den Ball haben und damit ein bisschen spielen dürfe? Ich hatte das Gefühl, diese Situation schon einmal erlebt zu haben. Trotzdem erläuterte ich ihm geduldig, dass man nicht einfach in den Garten geht und einen Vollederball nach NFL-Norm mit Autogrammen der Chicago Bears von 1963 durch die Gegend wirft. Auch Dave fragte bald nicht mehr.

Vor einigen Monaten war ich in der Garage, weil ich nach Motorenöl suchte. Da bemerkte ich eine große Schachtel mit der Aufschrift „Overalls". Ich erinnerte mich nicht, dass wir beim Umzug von Chicago nach Albuquerque Overalls mitgenommen hätten, deshalb öffnete ich die Schachtel. Und da, lange unbeachtet, lag der Vollederball nach NFL-Norm mit Autogrammen der Chicago Bears von 1963.

Aber jetzt war er nichts Besonderes mehr.

Ich stand allein in der Garage. Meine beiden Jungen waren längst von zu Hause ausgezogen, und plötzlich wurde mir klar, dass der Football überhaupt nie etwas Besonderes gewesen war. Wenn Kinder mit ihm zur richtigen Zeit gespielt hätten, dann wäre er etwas Besonderes gewesen. Ich hatte diese kostbaren Augenblicke, die sich nie zurückholen lassen, in den Wind geschlagen und einen Football gehütet. Wofür?

Auf der anderen Straßenseite wohnte eine Familie mit Kindern. Denen brachte ich den Football. Einige Stunden später sah ich aus dem Fenster. Sie spielten mit meinem Vollederball nach NFL-Norm mit Autogrammen der Chicago Bears von 1963. Sie warfen, fingen, kickten ihn kreuz und quer.

Jetzt war er etwas Besonderes!

Tom Payne

Elternworte an ein Kind vor dessen erstem Spiel

Dies ist dein erstes Spiel, mein Kind. Ich hoffe, du gewinnst.
Ich hoffe, du gewinnst für dich, nicht für mich.
Denn gewinnen ist schön.
Es ist ein gutes Gefühl.
Als ob dir die ganze Welt gehört.
Doch es geht vorbei, dieses Gefühl.
Was bleibt, ist das, was du gelernt hast.

Und du lernst etwas über das Leben.
Darum geht es im Sport. Um das Leben.
Alles wird an einem Nachmittag ausgespielt.
Die Seligkeit des Lebens.
Das Elend.
Die Freuden.
Das Herzeleid.

Niemand weiß, was geschehen wird.
Niemand weiß, ob sie dich in den ersten fünf Minuten hinauswerfen oder ob du bis zum Ende bleibst.
Niemand weiß, wie du dich machen wirst.
Vielleicht wirst du ein Held, vielleicht eine absolute Null.
Man weiß es einfach nicht.
Zu viel hängt vom Zufall ab.
Zu viel hängt davon ab, wie der Ball springt.

Ich spreche nicht über das Spiel, mein Kind.
Ich spreche über das Leben.
Aber um das Leben geht es im Spiel.
Ich sagte es schon.

Denn jedes Spiel ist das Leben.
Und das Leben ist ein Spiel. Ein ernsthaftes Spiel.
Todernst.

Und so macht man's, wenn's ernst wird.
Du gibst dein Bestes.
Du nimmst, was kommt.
Du nimmst es, wie es kommt.
Und du läufst mit.

Gewinnen macht Spaß.
Bestimmt.
Aber gewinnen ist nicht der Punkt.

Gewinnen wollen ist der Punkt.
Nicht aufgeben ist der Punkt.
Niemals mit der eigenen Leistung zufrieden sein ist der Punkt.
Niemals selbst aufgeben ist der Punkt.
Niemals jemanden aufgeben ist der Punkt.

Spiele, um zu gewinnen.
Klar.
Aber verliere wie ein Champion.
Denn nicht das Gewinnen zählt.
Was zählt, ist der Versuch.

Steve Jamison

Strikeout oder Homerun?

Es ist erst vorbei, wenn's vorbei ist.
Yogi Berra

ALLE SAGTEN, DIE YANKEES WÜRDEN DIESES SPIEL VERLIEREN. ES WAR das vierte Spiel der World Series von 1996. Spielstand war 6:0 für Atlanta. Ich lag halbwach im Bett.

Vergiss es, dachte ich, stellte das Radio ab und schlief ein. Doch als ich wieder aufwachte, stellte ich das Radio sofort wieder an. Das Spiel war im achten Inning, es stand 6:3. Die Yankees holten auf. *Aber welche Chance haben sie noch?*, fragte der Realist in mir.

Welche Chance habe ich?, fragte ich mich, wie ich da so im Dunklen lag. Wenn du Krebs gehabt hast, kämpfst du immer gegen die Statistik und hoffst immer auf vollständige Heilung. Wenn du Witwe bist, kämpfst du immer gegen die Einsamkeit. Ich fühlte mich wie die Yankees im vierten Spiel der World Series. An jenem Abend glaubte ich auch nicht, dass ich eine Chance hätte.

Und dann schlugen die Yankees einen Homerun, während sie zwei Mann an den Bases hatten. Ich sprang aus dem Bett. Ich würgte eine Scheibe Brot herunter und trank etwas. Der Hund dachte, es sei Zeit, draußen zu spielen. Ich öffnete ihm die Tür zum Garten. Die Katzen meinten, es sei Morgen. Ich fütterte sie. Alle Lichter im Haus brannten. Ich war hellwach. Ich schrie. Ich sprach laut, als wären andere Menschen im Raum. „Los, Yankees, vorwärts", brüllte ich.

Und im zehnten Inning war es so weit. Sie entschieden das Spiel für sich. Ich lachte, rannte im Haus herum, sprang auf das Sofa und rief dem Hund und den Katzen zu: „Sie haben es geschafft, sie haben es wirklich geschafft!" Bis dahin war ich kein Baseballfan gewesen, aber ich schwor, dass ich es ab jetzt in alle Ewigkeit sein würde, denn jetzt verstand ich Baseball.

Mein Mann war ein leidenschaftlicher Baseballanhänger gewesen. Manchmal saß er am Radio, manchmal vor dem Fernseher. Er redete mit dem Radio, redete mit seinem Lieblingsteam. Wenn sie ihre Sache gut machten, lächelte er. Wenn es nicht so klappte, schimpfte er auf Radio oder Fernseher, schimpfte auf die Spieler und warf die Zeitung auf den Boden. Niemals stand er ein Spiel allein durch. Während aller Innings wurde ausgiebig telefoniert, mit allen Freunden. Wenn ihr Team gewann, jubelten sie. Wenn es verlor, waren sie von Gram gebeugt. Und natürlich besuchten sie gemeinsam die Spiele am Ort, eingedeckt mit Mineralwasser und Nahrungsmitteln für eine Woche. Die Väter nahmen ihre Söhne und Töchter mit, und die Mütter wunderten sich, wozu all die Aufregung gut war.

Ich war eifersüchtig auf die Baseball-Leidenschaft, die immer mit Frühjahrsbeginn ausbrach. Ich hatte nichts neben meinem Haus und meiner Familie, was mich so beschäftigt hätte. Mein Mann kannte sich mit Baseball besser aus als mit mir. Seine Mutter erzählte mir, er habe Baseball schon als Kind geliebt, und diese Liebe sei immer geblieben.

Ich verstand meinen Mann und das Baseballspiel nicht. Ich verstand nicht, weshalb er Baseball-Karten sammelte und davon träumte, wenigstens einmal ein Trainingslager im Frühjahr in Florida mitzumachen. Ich verstand seinen Stolz nicht, wenn er die Baseballmütze seiner Mannschaft aufsetzte.

„Du siehst dir nie wieder ein Baseballspiel an", pflegte ich zu drohen.

Ich verstand Baseball nicht – bis zu jenem vierten Spiel der Yankees in der World Series 1996. Alles stand gegen sie. Niemand gab ihnen eine Chance und ganz bestimmt glaubte niemand, sie würden einen Rückstand von 6 : 0 aufholen.

Einige Male befanden sich gegnerische Spieler an allen Bases, und der Pitcher warf trotzdem. Einige Male stand ein Schlagmann auf seinem Platz, und es sah schlecht aus, aber er war nun einmal an der Reihe. Punkt. Manchmal war der Spielstand so ungünstig, dass jedes weitere Bemühen sinnlos schien, aber sie bemühten sich trotzdem.

Ich habe in meinem Leben oft das Gefühl, dass Gegner an allen Bases stehen. Ich will diesen Ball nicht werfen. Es scheint so sinnlos. Aber ich habe tagtäglich die Chance, meinen Pitch zu machen. Ich habe den Schläger in der Hand, und an jedem neuen Tag trete ich wieder auf den

Schlagplatz. Ich kann einen Homerun schlagen, wenn ich daran glaube. Manchmal schlage ich ihn, manchmal auch nicht.

Diese Yankees machten sich keine Gedanken über die Leute, die nicht an sie glaubten, und ich bin sicher, ihnen war auch die Statistik egal. Sie glaubten an sich selbst – im Spiel nicht anders als im unberechenbaren Leben.

An jenem Abend überlegte ich, weshalb ich mich so gut fühlte, so energievoll, weshalb ich feierte, weshalb das gute Gefühl erhalten blieb. Jetzt begriff ich, weshalb mein Mann Baseball so geliebt hatte.

Das Leben ist ein großes Baseballspiel. Das war sein Geheimnis. Bis zum letzten Inning weißt du nie, wie die Sache ausgehen wird.

Vielleicht ist morgen der Tag, an dem ich meinen Homerun schlage.

Harriet May Savitz
Original in: *Hühnersuppe für die Goldene Seele*

Brief an einen Coach

Güte ist leichter zu erkennen als zu definieren.
W. H. Auden

LIEBER COACH,

Danke für das Besondere, das Sie meinem Kind geschenkt haben. Sie kannten seinen Namen und benutzten ihn oft. Sie vermittelten ihm die Grundlagen des Sports und die besondere Weise, wie man sich verbessern und hervorragend werden kann. Sie betreuten zwar eine ganze Mannschaft, aber Sie nahmen sich immer Zeit für individuelle Anleitung, wenn es erforderlich war.

Ich habe beobachtet, wie mein Sohn sich unter Ihrer Obhut von einem schüchternen, zweifelnden Kind in einen kraftvollen, glücklichen Spieler verwandelte, bereit, für seine Mannschaft alles zu geben. Während der ganzen Saison, wenn er sein Bestes gab – auch wenn es nicht genügte, um diesen Extrapunkt zu ergattern –, haben Sie seinen Beitrag anerkannt und das durch einen freundschaftlichen Klaps auf die Schulter und aufmunternde Worte ausgedrückt.

Ihr kluger Umgang mit der Sache zeigte ihm, dass es zwar ein Ziel ist zu gewinnen, dass es daneben aber durchaus gleichwertige Ziele gibt. Er lernte zu beenden, was er anfing, und die Freude über den persönlichen Erfolg. Das hat ihn durch eine Saison begleitet, in der es viel harte Arbeit, Spaß, Entmutigung und Problembewältigung, Niederlagen und Siege gegeben hat.

Ganz zum Schluss, als er nach der Meisterschaftsbegegnung mit der Medaille für den ersten Platz nach Hause kam, waren Sie besonders stolz darauf, wie weit er es gebracht hatte. Es war ein Sieg für uns alle. Mich fasziniert, dass Sie dies alles jahrein, jahraus für so viele Kinder tun. Sie lehren sie etwas, was ein Leben lang Bestand haben wird. Sie haben in ihnen den Wunsch geweckt, hervorragend zu sein. Vielleicht erfassen wir alle nicht, welch unermesslichen Dienst Sie diesen jungen Menschen und der Welt, die sie für sich gestalten müssen, geleistet haben. Aber ich bin sicher, noch nach Jahrzehnten wird meine Familie sich an diese erstaunlichen, immer wundervolleren Jahre erinnern. Wir werden die Schleifen, die Pokale und die Medaillen betrachten und sie als Symbole der eigentlichen Geschenke verstehen. Diese kamen ganz gewiss direkt von Ihrem Herzen.

Mit großer Wertschätzung
Eine Mutter

Anita Gogno

[Anmerkung der Autorin: Gabi Johnston, die den Anlass zu diesem Brief gab, starb am 6. Januar 2000 nach einem siebenjährigen Kampf gegen den Krebs.]

Inspiration aus einem Football-Huddle

Dies ist meine Goldene Regel
für ein beschädigtes Zeitalter:
Geht fair miteinander um,
aber lasst sie nicht entkommen,
bevor sie nicht auch fair zu euch sind.
Alan Alda

ICH WAR ZWÖLF JAHRE ALT, ALS ICH MEIN ERSTES PROFESSIONELLES Footballspiel sah. Die Los Angeles Rams spielten im Coliseum. Dieses Erlebnis befeuerte mich, und ich wollte eines Tages auch im professionellen Football spielen. Ich wollte es meinen Helden gleich tun: den Quarterbacks Bob Waterfield und Norm Van Brocklin und dem Halfback Kenny Washington, der als einer der ersten afroamerikanischen Spieler Mitglied der NFL werden sollte.

Durch den Sport lernte ich schon früh, dass ohne Disziplin, Schweiß und Inspiration nichts Großes zustande kommt. Ich erlebte meine persönliche Inspiration an dem Tag, als Coach Payton Jordan mich, der ich als Freshman im Occidental College spielte, zu sich ins Büro rief. „Jack“, begann er. „Ich habe dein Spiel in Fairfax (eine Highschool in Los Angeles) beobachtet, und jetzt bist du hier bei Occidental. Du besitzt großes Potenzial. Ich möchte dir eines im Vertrauen sagen: Wenn du hart arbeitest, *wirklich hart*, meine ich, dann kannst du eines Tages in die NFL kommen.“ Ich war im siebten Himmel, als ich sein Büro verließ, und ich gelobte, ich würde härter als je zuvor arbeiten. Ich wollte Coach Jordan oder mich selbst nicht enttäuschen.

Jahre später erfuhr ich, dass Coach Jordan mit fast allen seiner Spieler diese Art „vertrauliches“ Gespräch führte, aber das spielte keine Rolle. Er inspirierte damit nicht nur mich, er inspirierte das gesamte Team. Wir standen alle wie ein Mann und spielten unter Coach Jordan. Dank dieses kleinen Extras wurde mein Traum wahr: die Detroit Lions holten mich von Occidental in ihr Team. Ich war nicht gerade die erste Wahl, aber das war unerheblich. Jetzt hatte ich Gelegenheit, mich im professionellen Football zu beweisen.

Für mich war der Fall klar: Ich hatte mich bemüht und angestrengt, und mein Jugendtraum war Wirklichkeit geworden. Ich sah aber auch sehr deutlich, dass das kein glatter Boden war. Der amerikanische Traum der Chancengleichheit galt nicht für alle. Meine afroamerikanischen Mannschaftskameraden mussten sich mit Ignoranz und Hassgefühlen vieler Leute abgeben. Das heißt, sie wurden unfair behandelt. Dieses Vorurteil stand ganz im Gegensatz zu dem, was für unsere Nation gut war, und widersprach der Erklärung in unserer Verfassung, nach Gleichheit und dem freien Nutzen aller Möglichkeiten streben zu wollen.

Als ich 1961 Quarterback und Mannschaftskapitän bei den San Diego Chargers war, sollten wir in Houston im Rahmen der AFL-Meisterschaft gegen die Oilers spielen. Es war Tradition, dass Coach Sid Gilman die gesamte Mannschaft am Abend vor dem Spiel ins Kino einlud. Wir hatten unsere Sitze schon eingenommen, da fiel mir auf, dass Paul Lowe, Ernie Wright, Ernie Ladd und Charlie McNeill nicht bei uns waren. Ich fragte herum und erfuhr, sie seien auf den „Balkon für Farbige“ verwiesen worden. Das erzählte ich Coach Gilman. Er stand sofort auf und sagte: „Ruf das Team zusammen. Wir gehen.“ Es war eine machtvolle, schweigende Kundgebung für unsere Überzeugung, dass wir als Team gleichberechtigt waren, lebten und arbeiteten, und als Team verließen wir das Kino. Ich war sehr stolz auf Coach Gilman, aber es blieb noch sehr viel zu tun.

Vier Jahre später, ich spielte inzwischen bei den Buffalo Bills und war zum Mannschaftskapitän gewählt worden, waren wir zum All-Star-Spiel der AFL nach New Orleans gekommen. Für unsere farbigen Mannschaftskameraden war es schwierig, ein Taxi zu bekommen oder im Restaurant überhaupt bedient zu werden. Auch in diesem Fall boten die Einheit des Teams und, zugegebenermaßen, die Popularität des professionellen Footballs uns den Hebel im Kampf gegen die Rassendiskriminierung. Bei einer Teamkonferenz diskutierten wir die Situation und kamen überein, als Antwort auf das rassistische Klima in der Stadt das Spiel zu boykottieren. Infolgedessen wurde es nach Houston verlegt, das in Bezug auf die Gleichbehandlung in öffentlichen Einrichtungen Fortschritte gemacht hatte. Zum ersten Mal in der Geschichte war eine Stadt durch professionelle Sportler boykottiert worden.

Wir nahmen auch keine Bigotterie auf dem Spielfeld hin. Alle Rassen-, Klassen- und Glaubensunterschiede lösten sich im gemeinsamen Streben nach dem Sieg der Mannschaft auf. Uneinigkeit schwächt ein Team. In einem Huddle ist sie fehl am Platz, auf dem Spielfeld wie im Leben.

Jedes Team braucht Einigkeit. Es muss sich als Einheit bewegen, als eine Kraft, in der jedes Individuum die Rollen der Mannschaftskameraden versteht und unterstützt. Wenn ein Team das, aus welchen Gründen auch immer, nicht zustande bringt, sind die Niederlagen programmiert. Man gewinnt oder verliert als Team, als eine Art Familie. Wenn ein erfolgreiches Team auf das Spielfeld kommt, sind Themen wie Rasse, Religion oder gesellschaftliche Zwänge unerheblich, gemessen an den gemeinsamen Zielen.

Das wurde 1947 zum Thema, als Branch Rickey, der Eigentümer der Brooklyn Dodgers, seiner Mannschaft eröffnete, er werde Jackie Robinson aus der Minor League holen – als ersten Schwarzen, der in der Major League spielen sollte. Rickey wollte Robinsons Talent am Schlagplatz und seine Schnelligkeit auf der Strecke zwischen den Bases nutzen. Einige Spieler verfassten ein Rundschreiben und erklärten, sie wollten nicht mit einem schwarzen Mann aufs Feld gehen. Pee Wee Reese, Shortstop und Mannschaftskapitän der Dodgers, verweigerte seine Unterschrift. Er zerriss das Blatt und beendete damit einen dummen, ignoranten Einfall, der schlecht und für das Team schädlich war.

Reese zeigte in dieser Saison mehrmals, was in ihm steckte. Einmal hatte er genug davon, wie die Fans gegen Robinson hetzten, nach ihm spuckten und ihn mit Gegenständen bewarfen. Während eines Spiels in Cincinnati ging Pee Wee zu Jackie hinüber, legte ihm einen Arm um die Schultern, und dann standen die beiden da, starrten in die Zuschauerreihen, bis es im Stadion fast still geworden war. Erst dann wurde das Spiel fortgesetzt. Robinson war vielleicht der erste Schwarze, der in der Major League Baseball spielte. Viel wichtiger war für Pee Wee: „Er ist ein Dodger, er gehört zu unserer Mannschaft."

Der Einfluss, den ein Mann oder eine Frau ausüben kann, ist die größte Kraft in unserer Gesellschaft. Wir sind vielleicht nicht Kapitän unserer Mannschaft, aber wir sind *immer* Kapitän unserer Seele und damit gemeinsam die Seele Amerikas. Amerikas Seele liegt in unserer Hand, wenn wir am Beginn dieses spannenden neuen Jahrhunderts versuchen, die Rassen zu versöhnen und Wunden der Vergangenheit zu heilen.

Jack Kemp

Ein gutes Mittel gegen Enttäuschungen

JEFF SLUMAN SPIELTE 1992 BEI DEN AT&T PEBBLE BEACH NATIONAL Pro-Am. Mein siebzehnjähriger Sohn Derek und ich waren aufgeregt. Eine Woche vor Jeffs Ankunft hatten wir vereinbart, uns zu treffen. Ja, Jeff hatte Derek versprochen, sich Zeit für ihn zu nehmen und ihm einige Tipps für sein Golfspiel zu geben.

Die Turnierwoche brach an, und wie es so geht: Es passierte viel, aber die Zeit wurde nicht mehr. Die Pläne für ein Zusammentreffen von Jeff und Derek lösten sich auf. Am Freitag rief Jeff an und machte Derek einen Vorschlag: „Wir treffen uns nach der Runde am Sonntag und üben." Dabei beließen wir es.

Am Sonntag gelang Jeff in der letzten Runde am 18. Loch ein Ehrfurcht gebietender Birdie-Putt, womit er mit dem bis dahin führenden Mark O'Meara gleich zog. Sie mussten zum 16. Loch zurück, um den „Sudden Death" auszuspielen.

Jeff und Mark erreichten beide in zwei Schlägen den Rand des 16. Grüns. Mark chippte einen Birdie. Jeffs Ball kam zu kurz, und Mark gewann die AT&T am ersten Ausscheidungsloch.

Derek, Bobby und ich stöhnten vor Mitgefühl mit unserem Freund Jeff. Seit seinem Sieg bei der PGA vor zehn Jahren hatte er kein Turnier mehr gewonnen.

Bobby hatte 1986 die 500 Meilen von Indianapolis gewonnen und war dreimal CART-PPG-Weltmeister. Er weiß, wie es sich anfühlt, wenn einem kurz vor dem Ziel der Sprit ausgeht. Wer einen Wettkampf bestreitet, für den ist eine Niederlage kein Grund zur Freude.

„Derek", meinte Bobby. „Für Jeff war das ein harter Tag. Ich glaube nicht, dass ihr euch noch zusammentun könnt."

Zu dritt gingen wir zum Cypress Point, um einige Löcher zu spielen. Wir wollten gerade am 15. Loch putten, als Jeff auf dem Grün erschien. „Hallo Leute", rief er. „Ich wusste, dass ich euch hier finde." Erstaunt sah ich seine Gelassenheit, ja Fröhlichkeit.

„Los, Derek“, ermunterte er meinen Sohn. „Nimm deine Schläger. Wir spielen 16, 17 und 18. Lass sehen, wie du durchziehst.“

Bobby und ich begleiteten die beiden. Stolz trug ich meinem Sohn die Tasche, während er Unterricht von Jeff Sluman erhielt. Sie spielten drei Löcher. Jeff beobachtete jeden Schlag, jede kleinste Verbesserung in Dereks Stellung und Schwung kritisch und korrigierte sie.

Jeff hatte gerade in einem professionellen Golfturnier 19 Löcher gespielt und in der Verlängerung ein AT&T um einen Schlag verloren, und nun half er einem jungen Mann, seine Spieltechnik zu verbessern! Später sagte ich ihm, wir hätten es alle verstanden, wenn er diesen Golfunterricht ausgelassen hätte. „Ach, wieso denn“, entgegnete er. „Es gibt kein besseres Mittel gegen Enttäuschungen, als jemanden zu unterstützen, der sich für dieselbe Sache begeistert wie man selbst.“

Clay Larson

Baseball-Karten für 50 000 Dollar

ICH BETRAT DEN LADEN VON ALL-PRO SPORTKARTEN MIT EINEM SACK über der Schulter, dessen Gewicht mich fast von den Füßen holte. Ich kam mir vor wie einer dieser alten Goldgräber, die in einen Western-Saloon stolpern und stolz ihren Fund aus den Bergen vorweisen.

Ich legte den Sack auf den Ladentisch und erklärte dem Besitzer: „Einer meiner Freunde ist Sammler. Vor langer Zeit habe ich ihm diese Karten einmal gezeigt und er meinte, sie seien bestimmt 200 Dollar wert. Jetzt habe ich sie wieder gefunden. Sind sie überhaupt etwas wert?"

An die folgenden Minuten kann ich mich nur noch wie durch Nebel erinnern. Innerhalb von Sekunden war ich von Menschen umringt, die ständig telefonierten. Erwachsene Männer umkreisten mich, spähten mir über die Schulter, hantierten mit meinen Karten und redeten den erstaunlichsten Schwachsinn. „Sieh mal, super Karten von Mantle! Du meine Güte, das sind bestimmt ein Dutzend Mickeys, Mays, Koufax, Maris. Er hat Hunderte von den Stars", sagte jemand. Ohne mich zu fragen, begannen die Ladenbesitzer, meine Karten in Plastikkassetten oder einzeln in Folien zu sortieren. Sie gingen dabei so übertrieben sorgsam vor, als wären sie operierende Chirurgen.

„Daddy, ich muss mal", sagte eine Stimme.

„Jetzt nicht, Russel", beschied ich meinen vierjährigen Sohn.

„Daddy, ich muss aber wirklich."

Wir gaben dem unaufschiebbaren Bedürfnis nach, während unbekannte Hände meine Karten zusammenschaufelten (man könnte auch von Russ' Unterkunft und Verpflegung im Freshman-Jahr reden, wenn Sie so wollen). Als wir zurückkamen, brummelte Vince Chick, einer der Ladenbesitzer, etwas vor sich hin.

„Wie bitte?", erkundigte ich mich.

„Es müssen ungefähr fünfzig sein", wiederholte er.

„Fünfzig was?"

„Fünfzigtausend Dollar."

Ich bekam am ganzen Körper eine Gänsehaut, während die anwesenden Experten sich in Schätzungen stürzten, von denen die vorsichtigste auf 42 000 Dollar lautete.

Alles hatte damit angefangen, dass ich einem Freund helfen wollte. Er hatte den Einfall, dem Sohn eines anderen Freundes zur Geburt eine Schachtel Sportlerkarten zu schenken, weil dieses Geschenk dem Jungen eines Tages außer Spaß auch eine Menge Geld einbringen konnte. Nachdem wir das Gewünschte erstanden hatten, erkundigte ich mich beiläufig: „Was sind Karten aus den 1950ern jetzt eigentlich wert?"

„Für eine etwas mitgenommene Karte von Mantle gibt es mindestens 180 Dollar."

Auf direktem Wege ging ich zu meinem Wagen und fuhr zu meinem Elternhaus auf Capitol Hill. Ich begrüßte meinen Vater knapp und lief ohne ein weiteres Wort in mein ehemaliges Zimmer. Meine Karten waren in einer großen braunen Papiertüte verstaut und lagen im Schrank, genau dort, wo ich sie Jahre zuvor deponiert hatte. Sportlerkarten waren der erste materielle Besitz, den ich mit selbst verdientem Geld erwarb und dann mit geradezu erwachsener Sorgfalt hütete.

Nach der 50 000-Dollar-Schätzung fuhr ich ein zweites Mal in mein Elternhaus. Mein Vater kann froh sein, dass ich an jenem heißen Abend nicht das gesamte Gebaude auseinandernahm, denn in unserem alten Reihenhaus waren überall Karten versteckt. Bei meinem zweiten hektischen Besuch entdeckte ich Mantle als Lesezeichen in einem Krimi. Ich fand Karten von Hank Greenberg und Charlie Gehringer auf dem Boden unter einem Haufen kleiner Hartgummisoldaten. Hank Aaron, der linkshändig schlug, weil bei der Produktion der Karte etwas verdreht worden war, steckte unter einem Kissen für Tribünensitze. Diese Karte hatte ich so lange in meinem Portemonnaie herumgeschleppt (man stelle sich vor: ein linkshändiger Aaron!), dass Hanks Gesicht kaum noch zu erkennen war – wie auch alles andere, was den Katalogwert von 240 Dollar dieser Karte ausmachte. Zu meinem Entsetzen waren Willie Mays vier Ecken 1957 abgerundet worden, damit es netter aussähe – 1991 zum Preis von rund 50 Dollar pro Schnipsel.

Ein Roy Sievers von 1957 war vollständig in Klebefolie eingepackt, vermutlich, damit man mich mit dieser Karte zusammen hätte begraben können, wäre ich im Alter von neun Jahren von einem Auto erfasst worden.

Als ich meine archäologische Tätigkeit in Boden und Keller abgeschlossen hatte, sah ich aus, als wäre ich eben einem Bergwerk entstiegen. Aber ich war unendlich erleichtert, weil jetzt eigentlich nichts mehr verborgen geblieben sein konnte. Es konnte weitergehen. Jetzt machte ich mich daran, meiner Familie auf die Nerven zu gehen, indem ich mich zum „Kartengeizhals der Hölle" mauserte. Wochenlang verbrachte ich jede freie Minute über den Katalogen des Kartenhandels.

Mein Sohn war verstört und schien sich zu fragen: *Wer ist denn das Kind da?* Meine Frau war sauer. Wie zu erwarten, sank der Wert meiner Karten, und meine Enttäuschung darüber war unangemessen groß. Innerhalb von 36 Stunden (die ich großenteils in Gesellschaft von Vince Chick, einem Taschenrechner und Beckets Katalog verbrachte) kam ich zu der Einsicht, dass die 50 000 Dollar Goldgräberfantasien gewesen waren. Wie immer ich die Dinge drehte und wendete, es sah in Wahrheit mehr nach 25 000 Dollar aus. Und das galt für den Verkauf. Die meisten Aufkäufer geben einem nur 50 Cent pro Dollar für „gewöhnliche" Karten und bestenfalls 67 Prozent auf solche von Mitgliedern der „Hall of Fame".

Es dauerte kaum einen Wimpernschlag, und ich war von 50 000 auf 15 000 Dollar gesunken. John McCarthy, einer der Ladenbesitzer, riet mir: „Verkaufen Sie die Dinger schnell. Es geht allen so wie Ihnen, wenn sie ihre alten Karten finden. Es macht sie krank, dass sie 50 Prozent unter Wert an einen Händler verkaufen sollen. Also besuchen sie Kartenausstellungen und versuchen, bei Sammlern einen ordentlichen Preis zu erzielen. Wenn sie Pech haben, sammeln sie am Ende selbst." Über der Ladentür sollte ein Schild hängen mit der Aufschrift: „Wanderer, der du hier eintrittst, lass alle Hoffnung fahren."

Mein privates Kartenhaus stürzte in sich zusammen, als ich das „Haus der Karten" aufsuchte. Jedermann hatte mir geraten, mich dorthin zu wenden. Jedermann versicherte, der Besitzer, Bill Huggins, ein Verwandter des ehemaligen Yankee-Managers Miller Huggins, wisse über alte Karten wirklich Bescheid und sei fair. Er werde mir sagen, was ich da besaß und mir die Karten vielleicht sogar abkaufen.

„Tut mir leid, Sie zu enttäuschen", sagte Huggins, als mein Gesicht immer länger wurde. „Das sind nette Karten, aber eben nicht nett genug. Sie haben mit ihnen gespielt. Alles ist ungefähr eine Stufe geringer zu bewerten, als Sie angenommen hatten. Die 56er und 57er sind gut, die 58er sehr gut. Die 59er sind ausgezeichnet und die 60er noch besser – das heißt, sie haben 100 Prozent Katalogwert."

Und wie groß würde der Unterschied ausfallen?

„Im Verkauf bringen sie ungefähr 15 000 Dollar. Ich gebe Ihnen 10 000 Dollar dafür."

Ich muss ausgesehen haben, als wären mir eben alle Felle weggeschwommen. Vielleicht lag es daran, dass meine Frau mir am Tag zuvor eröffnet hatte, es würde rund 7000 Dollar kosten, unser dringendstes Wohnungsproblem zu lösen (die Heizung hatte sich verabschiedet). Den Tiefpunkt hatte ich erreicht, als ich mich mit einem anderen anerkannten Händler zusammensetzte und der an allen bis auf drei meiner Karten etwas auszusetzen hatte. „Behalten Sie die", sagte er.

„Das sind Knüller" – will heißen: ohne Makel, einfach perfekt. Die unterschiedlichen Aussagen über den Wert der Karten war eine Sache. Mein Genesungsprozess jedoch setzte ein, als ich feststellte, wie ich Karte für Karte verschüttete Teile meiner Kindheit zurückgewann – Teile, die ich dringender brauchte, als mit klar gewesen war.

Ich erinnerte mich, wie ich gleich morgens um sieben Uhr zu Kendalls Markt gelaufen war, einem Laden ganz in unserer Nähe, wo ich mir mein „Vormittagspäckchen Karten" holte. Am Nachmittag lief ich dann durch den Park zu einem anderen Geschäft und holte mir dort mein Abendpäckchen. An Wochenenden wanderte ich zehn Blocks weit bis zu Tommy T.

Welche Geduld haben meine Eltern aufgebracht! Meine Mutter wusste immer, welche Karten ich besonders gern gehabt hätte oder noch brauchte, damit eine Serie vollständig war, und sie erkundigte sich, ob ich sie schon gefunden hätte. In einer Familie, in der Verschwendung mit Abscheu betrachtet wurde und immer mal wieder Geschichten aus der Wirtschaftsdepression erzählt wurden, bekam ich nie zu hören: „Jetzt sind es aber genug Baseball-Karten."

Als ich zum ersten Mal die Sommerferien in einem Camp verbrachte, kauften meine Eltern treulich Karten für mich. Nur deshalb hat mein Set aus den 60ern keine Sechs-Wochen-Lücke.

Mithilfe dieser Karten – und der alten Zigarrenkiste, in der ich sie aufbewahrte, und die noch in meiner Truhe vergraben war – konnte ich manche Tür zur Vergangenheit aufstoßen. Ich hatte nie begriffen, wie weitgehend meine Erinnerungen an meine Jugend durch das zwangsläufige Rationalisieren und Entmythologisieren des Erwachsenen an Süße und an Intensität eingebüßt hatten. Mir war nicht klar gewesen, wie wenig aus meiner Jugend sich noch so unschuldig reich anfühlte wie damals.

Bis die Karten auftauchten.

Durch sie erhielt ich wieder Zugang zu einigen ungetrübten Freuden meiner Kindheit – und zu der aufrichtigen Liebe meiner Eltern. Allein indem ich mit den Karten „spielte", fühlte ich mich sicher, behütet und angenommen.

Ein solcher Anker ist schwer zu finden, und es ist schwierig, vielleicht sogar töricht, ihn aufzugeben. Vielleicht war das der Grund. Denn eines Tages im Herbst, kurz vor Beginn der World Series, wurde mir klar, wie froh ich war, dass meine Karten keine 50 000 Dollar wert waren, denn in diesem Falle hätte ich sie verkaufen müssen.

Trotzdem wusste ich noch nicht, ob ich sie aus Sentimentalität oder im Hinblick auf eine funktionierende Heizung behalten sollte. Dann, eines Tages, beobachtete ich meinen Sohn vergnügt, wie er seine Karten misshandelte, wie ich es ihm beigebracht hatte. Er schickte sich gerade an, mich beim Flippen wieder einmal haushoch zu schlagen.

„Zeig mir deine guten Spieler", bat er. „Zeig mir Willie Mays." Das tat ich, und er fragte: „Daddy, verkaufst du alle deine Baseball-Karten?"

„Nein", beschloss ich da. „Die Guten hebe ich für dich auf."

Thomas Boswell

50 Tipps, wie Sie aus Sport das Beste machen

1. Denken Sie daran, es ist ein Spiel.
2. Spielen Sie mit vollem Einsatz.
3. Stellen Sie Ehrenhaftigkeit und sportliche Haltung über das Gewinnen.
4. Vermeiden Sie Zynismus und spielen Sie wieder wie ein Kind.
5. Gestatten Sie sich zu staunen.
6. Zollen Sie dem Außerordentlichen Anerkennung.
7. Führen Sie ein Kind in Ihren Lieblingssport ein.
8. Helfen Sie einem Kind, sich die ersten Sammelkarten zu beschaffen.
9. Geben Sie ihre gehütetsten Erinnerungsstücke aus dem Sport einem Kind, das sie zu würdigen weiß.
10. Feiern Sie die großartigen Spieler, aber erkennen Sie auch die minderen und deren Leistung an.
11. Rufen Sie sich, einen nach dem anderen, die erinnerungswürdigsten Augenblicke im Sport ins Gedächtnis.
12. Beobachten Sie ein ganzes Spiel oder Sportereignis hindurch nur die Zuschauer.
13. Applaudieren Sie bei Vorkommnissen, die niemand sonst beachtet.
14. Machen Sie mehr Lärm als je zuvor im Leben.
15. Seien Sie mit Stolz gelegentlich ein wenig töricht.
16. Respektieren Sie die Erlebnisse anderer Fans, indem Sie die eigenen unter Kontrolle halten.
17. Jubeln Sie dem weniger Begünstigten zu.
18. Jubeln Sie dem Überflieger zu.
19. Unterstützen Sie die Paralympics.
20. Spielen Sie mit einem Kind, den Baseball fangen.
21. Seien Sie keine erdrückenden Sport-Eltern.
22. Leisten Sie als Eltern mehr Ermunterung und Unterstützung als alle anderen in Ihrer Gemeinde.

23. Seien Sie nach einer bitteren Niederlage zur Stelle.
24. Bleiben Sie so lange wie möglich sportlich aktiv.
25. Seien Sie anders, indem Sie ein glühender Fan sind.
26. Lesen Sie die Sportseiten zuerst.
27. Kontaktieren Sie Ihren örtlichen Fernsehsender und bitten Sie darum, dass die Sportmeldungen in den 11-Uhr-Nachrichten zuerst ausgestrahlt werden.
28. Rufen Sie bei Sport-Talkshows an und tragen Sie etwas Interessantes bei.
29. Studieren Sie den Sport. Dadurch werden Sie das Leben studieren.
30. Lesen Sie über Sportler vergangener Tage und staunen Sie über deren Leistungen.
31. Verbringen Sie einen ganzen Tag damit, ihre liebsten Sportfilme anzusehen.
32. Sehen Sie sich die Super Bowl an anstatt der Werbung.
33. Sehen Sie sich einmal die Sportart an, die Sie am wenigsten mögen, und haben Sie Ihren Spaß daran.
34. Stellen Sie ein Team für eine Fantasieliga zusammen und Ihr Sportlerego damit wieder auf den Boden der Tatsachen.
35. Danken Sie Gott für Sportjournalisten in Presse und anderen Medien dafür, dass sie körperliche Bewegung in Gemütsbewegung so eloquent umzusetzen wissen.
36. Denken Sie daran, dass Sportler – seien sie im Beruf oder in der Grundschule – einfach Leute sind, die ihren Lieblingssport ausüben.
37. Suchen Sie nicht unter Sportlern nach Leitbildern, werden Sie selbst eins.
38. Danken Sie dem Schiedsrichter für gute Arbeit – auch wenn er einige strittige Entscheidungen getroffen hat (und wo passiert das nicht?).
39. Stellen Sie sich eine Welt ohne Spielszenenwiederholung vor.
40. Wenn das Spiel vorbei ist, lassen Sie es damit gut sein und blicken Sie nach vorn.
41. Feiern Sie die kleinen Siege nicht weniger als die großen.
42. Nehmen Sie sich einen Tag frei und gehen Sie zu einem Spiel.

43. Nehmen Sie sich eine Woche frei und machen Sie einen Sporturlaub.
44. Wenn Sie Sport und Geschäft mischen, denken Sie daran: Sport ist nicht Arbeit.
45. Stecken Sie einen lieben Menschen mit Ihrer Liebe zum Sport an.
46. Machen Sie Sport zu einer Sache der ganzen Familie.
47. Laden Sie ein Kind, das es verdient hat, zu einem Baseballspiel ein.
48. Feiern Sie die weltumspannende Gültigkeit des Sports.
49. Stellen Sie sich vor, wie herrlich die Welt wäre, wenn es im Leben so zuginge wie im Sport.
50. Denken Sie daran, es ist nur ein Spiel.

Mark und Chrissy Donnelly

9

DER AUFSCHREI DER MENGE

Nicht der Kritiker zählt, nicht der Mann,
der aufzeigt, wo der Starke gestrauchelt ist
oder wo der Tatkräftige Besseres hätte tun können.
Lob gebührt dem Mann in der Arena, dessen Antlitz
von Staub und Schweiß und Blut befleckt ist, der sich
mit aller Kraft bemüht, der irrt und immer
und immer wieder fehlt, der die Begeisterung kennt
und die Hingabe, der sich in einer würdigen Sache
verausgabt, der, schlimmstenfalls,
wenn er denn eine Niederlage hinnehmen muss,
dies doch mit allem Wagemut erlebt.
So wird seine Seele niemals ihre Heimstatt
bei all den furchtsamen Seelen finden,
die weder Sieg noch Niederlage kennen.

Theodore Roosevelt

Der schönste Tag

IN JENEM FRÜHJAHR LIEFERTE DIE POST VON ZEIT ZU ZEIT POSTKARTEN und Päckchen an unsere Adresse in Speedway, Indiana. Erst kamen sie aus Florida, dann aus verschiedenen anderen Städten der amerikanischen Baseball-Liga. Aufgegeben waren sie von meinem Cousin zweiten Grades, dem Pitcher der New York Yankees, Don Larsen. Eine dieser Karten habe ich heute noch. Sie ist am 17. Mai 1956 in Chicago abgestempelt. Don hatte geschrieben: „Viel Glück für dein Spiel. Ich halte dir die Daumen. Don Larsen." Auf der anderen Seite war ein Foto von Onkel Jims riesigem Sohn abgedruckt, wie er gerade zum Werfen ausholt. Auf dem Foto sah er aus wie ausgestopft.

Am 31. Mai wurde ich neun Jahre alt. Mit der Post kam ein Geburtstagsgeschenk. Ich wickelte das braune Papier ab, und da lag eine Mütze der New York Yankees. Ich nahm sie am nächsten Tag mit in die Schule. „Davon spielst du auch nicht besser", sagte jemand abfällig. „Außerdem taugt er nichts."

„Hast du einen Cousin bei den New York Yankees?", fragte ich spitz.

„Brauche ich auch nicht", lautete die Antwort.

Tatsächlich hatten Don Larsen und ich es im Baseball damals beide nicht gerade leicht. Im vorangegangenen Winter waren wir von Southbend, Indiana, nach Speedway umgezogen. In meiner alten Schule hatte niemand Baseball gespielt. In Speedway ging alles nur um Baseball. Die Kastenzugehörigkeit eines Jungen wurde danach bestimmt, was er in den Pausen vorzeigte. Ich hatte nie zuvor einen Schläger in der Hand gehabt. Der erste Schlagversuch machte mich zum Unberührbaren.

Mein Dad kaufte mir einen Schläger und einen Ball, aber was man mit den beiden Dingen macht, konnte er mir auch nicht zeigen. Er spürte wohl meine Verzweiflung und gab mir deshalb eines Morgens den einzigen Rat, der ihm einfiel: „Immer laufen!" Später traf ich den Ball zum ersten Mal. Er rollte zum Pitcher zurück. Ich hatte die Worte meines Vaters noch im Ohr und rannte mit gesenktem Kopf wie ein

Stier um die Bases und rutschte über die Homeplate, während meine Klassenkameraden sich vor Lachen kugelten.

Larsen hatte keine besseren Erfolge aufzuweisen. Mit der Mannschaft aus Baltimore gewann er 1954 drei Spiele und verlor einundzwanzig. Das war das schlechteste Punkteverhältnis, das ich oder meine Freunde je auf einer Baseball-Sammelkarte gedruckt gesehen hatten. Insgeheim musste ich zugeben, dass niemand eine Don-Larsen-Karte behalten würde, wenn er sie auch abgeben konnte.

Erstaunlicherweise hatte Larsen trotz dieser schlechten Leistung einen Vertrag bei den Yankees unterschrieben, der damals besten Baseballmannschaft.

Ich traf meinen Cousin im Juli 1956, als meine Familie nach Chicago fuhr, wo wir uns das Spiel zwischen den Yankees und den White Sox ansehen wollten. Leider musste das Spiel wegen Regen abgesagt werden. Ich hörte erst auf zu weinen, als mein Vater einen Telefonhörer einhängte und sagte, wir würden Don in seinem Hotel besuchen.

Wir gingen durch die Drehtür, und da war er auch schon. Er trug einen locker sitzenden braunen Anzug, dessen Hosenbund irgendwo weit über meinem Kopf zu liegen schien. Nachdem er meinen Vater begrüßt hatte, streckte ich meine Hand aus. Er aber nahm mich einfach in seine Arme und fragte, ob ich einige seiner Mannschaftskameraden kennenlernen wolle?

Ich habe diesen Tag noch immer als einen der schönsten meines Lebens in Erinnerung. Whitey Ford riet mir, ich solle nicht zu früh versuchen, Kurven zu werfen. Don machte Casey Stengel aus, den Manager der Yankees, der gerade von einer Gruppe Sportjournalisten umringt war. „Geh allein zu ihm“, riet er. „Sag ihm, du bist mein Cousin.“ Mit klopfendem Herzen ging ich durch den Raum. „Du bist Larsens Cousin?“, fragte Stengel. Er nahm meinen Arm, zog mich an seine Seite und schrieb in mein Autogrammbuch.

Mickey Mantle stand allein und blätterte in einem Magazin. Als ich auf ihn zu gehen wollte, hielt Don mich zurück. Mitte 1956 war Mantle auf bestem Wege, den von Babe Ruth aufgestellten Rekord von 60 Homeruns zu brechen. Alle Welt wollte etwas von ihm. „Gib mir dein Buch und warte hier“, sagte Don. Die beiden Männer wechselten einige Worte, und Mantle kritzelte seinen Namen in mein Buch. Yogi Berra kam vorbei und streichelte mir über den Kopf. Ich wusch ihn erst Wochen später wieder.

Der 8. Oktober 1956 war der Tag, an dem sich für Don und mich alles änderte. Ich besuchte inzwischen die vierte Klasse und versuchte immer noch, den Ball zu treffen. Der Saisonanfang war für Don nicht glatt gelaufen, aber er konnte die Saison mit einem Punkteverhältnis von 11:5 beenden und spielte jetzt in der World Series gegen die Brooklyn Dodgers.

Die Mittagspause in unserer Schule dauerte fünfzig Minuten. Wir wohnten knapp zwei Kilometer von der Schule entfernt. Meine Mutter tat alles, damit ich täglich zumindest dreißig Minuten von den Spielen der World Series sehen konnte. Sie stellte mir mein Mittagessen vor den Fernseher. Dann fuhr sie auf meinem Fahrrad den halben Weg bis zur Schule. Sobald die Mittagspause eingeläutet wurde, raste ich los, sprang am Treffpunkt aufs Fahrrad und strampelte nach Hause, während Mom zu Fuß folgte.

Als ich zum fünften Spiel nach Hause kam, pitchte Don im zweiten Inning, und es stand 0:0. Ich erlebte mit, wie Mantle im vierten Inning einen Homerun schlug und im fünften Inning einen wunderbaren Flugball fing. Mein Cousin pitchte gut – wie gut, das ahnte ich nicht.

Ich bat meine Mutter, zu Hause bleiben zu dürfen, aber das lehnte sie ab. Also fuhr ich wieder zur Schule zurück, aber ich konnte an nichts als das Spiel denken. Die meisten Meisterschaftsspiele endeten nach Schulschluss, deshalb ging ich dann in den Heizungsraum und verfolgte die letzten Innings zusammen mit den Hausmeistern am Radio. An diesem Tag jedoch wurde unsere Klassenzimmertür Punkt 15 Uhr aufgerissen, der Schulleiter, Mr. Lincoln C. Norcott, trat ein und bat unsere Lehrerin, Miss Hazelsmith, der Klasse etwas mitteilen zu dürfen. Ich erinnere mich an jedes seiner Worte und wie meine Wangen brannten.

„Es ist etwas Besonderes vorgefallen“, begann er. „Es hat mit der World Series zu tun. Die Yankees haben gewonnen.“ Stöhnen und Jubel. „Aber das ist nicht alles. Phils Cousin hat das erste perfekte Spiel in der Geschichte der World Series gepitcht. Wer weiß, was ein perfektes Spiel ist?“

Ich wusste es, aber ich brachte kein Wort heraus. Irgendjemand sagte: „Da gibt es keinen Treffer."

„Noch besser", entgegnete der Schulleiter. „Nicht ein einziger Dodger hat es auch nur zur ersten Base geschafft. Don Larsen hat keinen einzigen Treffer zugelassen. Kein Dodger konnte zur Base gehen, und die Yankees machten keinen einzigen Fehler. Phils Cousin hat jeden einzelnen Schlagmann „aus" gemacht. Man sagt, es könnte das beste Pitcher-Ergebnis aller Zeiten sein. Glückwunsch, Phil!"

Unsere Lehrerin strahlte über das ganze Gesicht, meine Klassenkameraden klatschten. Dann umringten sie mich an meinem Platz, schüttelten mir die Hand und klopften mir auf die Schultern. In den folgenden Wochen erlebte ich einen Abglanz des Ruhmes. Mein Autogrammbuch war voll von Zeitungsausschnitten: Don, der mit Jackie Gleason anstieß. Don in seiner MVP-Corvette. Don in einer Sondersendung mit Bob Hope.

Ich habe es nie bis in die oberen Ligamannschaften geschafft. Um ehrlich zu sein, ich hatte mein bestes Jahr als Vierzehnjähriger in der Pony League, ausgestattet mit dem riesigen Baseballhandschuh, den mir mein Cousin 1957 zum Geburtstag geschenkt hatte. Mein bester Tag im Baseball allerdings war der 8. Oktober 1956. Ich habe immer noch eine beachtliche Sammlung von Zeitungsausschnitten über das perfekte Spiel und seine Folgen. In einem Artikel bekennt Don: „Es ist schon erstaunlich ... Vor kurzem war ich noch ein Niemand, und jetzt wollen alle etwas mit mir zu tun haben."

Im Herbst 1956, als ich Probleme hatte, den Ball zu treffen und Baseball mir doch alles bedeutete, war mir völlig klar, wie er das meinte.

Phillip M. Hoose

Los!

ACHT JAHRE LANG DURFTE ICH ALS COACH DER US-SCHWIMMER IM San Fernando Valley, Kalifornien, die jungen Wettkämpfer betreuen. Das bedeutete, dass ich mit den Sportlern nicht nur eine Saison oder ein Semester lang arbeitete, sondern das ganze Jahr hindurch. Einige dieser jungen Leute habe ich jahrelang betreut, und sie wurden Teil meines Lebens.

Einen der großartigsten Augenblicke meiner Laufbahn als Coach verdanke ich einer Schwimmerin namens Allison. Sie war schon seit Jahren Mitglied unserer Mannschaft, erzielte aber nie besondere Erfolge. Sie war klein und leicht gebaut, aber sie besaß ein großes Herz und hatte leuchtend rotes Haar wie Little Orphan Annie.

In den Altersklassen der Schwimmer ging es um die Qualifikation für die Olympiade der Junioren. Das Schwimmen in den Altersklassen war wie eine Achterbahn: Sobald die jungen Leute die Spitze ihrer Altersgruppe erreicht hatten, rückte ihr Geburtstag heran, sie stiegen in die nächsthöhere Altersgruppe auf und fingen wieder von vorn an. Allison war schon etliche Male der Qualifikation für die Olympiade der Junioren nahe gekommen, hatte sie aber immer um Haaresbreite verfehlt, bevor sie „aufstieg". Sie gab jedoch nie auf!

Und schließlich schaffte sie es! In meinem letzten Sommer als Coach qualifizierte sie sich für die Olympischen Spiele der Junioren im 100 Meter Butterfly. Sie erreichte die Qualifikationszeit auf die hundertstel Sekunde genau. Ich glaubte, damit hätte sie den Gipfel ihrer Schwimmerkarriere erreicht. Ich ahnte nicht, wie sich ihr Erfolg auf meine eigene Karriere auswirken würde.

Allison war die typische „drop dead"-Sprinterin. Sie besaß eine gute Anfangsgeschwindigkeit, „versackte" aber jedes Mal gegen Ende eines Rennens. Immer und immer wieder begann sie furios und kämpfte sich dann mühsam durch die letzten Meter, während ihre Konkurrentinnen an ihr vorbeizogen. Erschöpft stemmte sie sich dann aus dem Wasser und kam niedergeschlagen zu mir geschlichen.

„Allison“, versicherte ich ihr in aufbauendem Betreuer-Ton. „Eines Tages versackst du nicht mehr.“ Großartige Aufmunterung, nicht wahr? Dann ging sie wieder, die Muskeln wie verknotet, den Kopf voll mit „Absacken“. Unabsichtlich steuerte ich Allison und mich in die Gewissheit, dass sie am Ende eines Rennens keine Reserven mehr haben würde.

Bei den Olympischen Spielen der Junioren musste Allison gleich zu Anfang ins Wasser, wie sich herausstellte. Es hatten sich 64 Mädchen qualifiziert. Allison sollte im ersten Lauf, Bahn acht, starten, das heißt, am rechten Beckenrand.

Unübersehbar aufgeregt stieg Allison auf den Startblock und machte sich für ihren Sprint zum Aufwärmen bereit. „Fertig – los!“, rief ich. Sie schoss mit mehr Tempo und Kraft durchs Wasser, als ich es je bei ihr gesehen hatte. Als sie nach 25 Metern anschlug, drückte ich die Stoppuhr. Ihre Zeit ließ sie über das ganze Gesicht strahlen: Sie war schneller geschwommen als je zuvor.

Ich weiß nicht, ob es die Verblüffung über ihre großartige Sprintzeit war oder die Begeisterung, die aus ihren Augen leuchtete. Jedenfalls kam in meinem Kopf etwas in Bewegung, und ich hatte einen Einfall. Kein Gedanke mehr an „absacken“!

„Allison, wenn du nachher deinen Lauf über 100 Meter Butterfly schwimmst, dann denk daran, wie du dich eben bei diesem Sprint gefühlt hast. Ich stelle mich hierher, an die 75-Meter Marke. Wenn du diese Marke erreichst und du hast noch 25 Meter, dann rufe ich ‚Los‘. Und dann stellst du dir vor, dass du gerade erst ins Wasser gesprungen bis und deinen Sprint schwimmen willst.“

„Ja, Coach.“

„Spürst du das?“

„Alles klar, Coach.“

„Klasse.“

Ich schickte Allison zur Meldestelle und rief mein Team zusammen. Normalerweise ging ein Teil unserer Gruppe ans Beckenende, um die Wettkämpfer bei der Wende anzufeuern. Diesmal hatte ich etwas Besonderes vor. Die Hälfte der Gruppe schickte ich los wie immer. Die andere Hälfte stellte ich an die 75-Meter-Marke, die ich Allison gezeigt hatte. Ich erklärte ihnen, sie sollten aus vollem Halse „Los!" brüllen, sobald ich das Zeichen gab. Die Schwimmhalle sollte wackeln!

Der Startschuss kam und Allison zog los wie ein Pfeil. Nach 25 Metern hatte sie fast eine Länge Vorsprung. Mit jedem Armzug schürte sie die Begeisterung ihrer Mannschaftskameraden. Sie drehten beinahe durch und brüllten sich die Lunge aus dem Hals. Allison kam großartig durch die Wende und nahm die letzten 50 Meter in Angriff. Als sie sich der 75-Meter-Marke näherte, schwamm sie immer noch kraftvoll und mit zwei Längen Vorsprung vor der nächsten Konkurrentin. Und dann passierte etwas Unfassliches. Spontan, ohne dass ich ein Wort verloren hätte, rannten fünfzig oder mehr junge Leute, die Allison an der Wende angefeuert hatten, um das Becken herum zu der Stelle, wo schon die anderen standen. Dort drängten sich dann annähernd einhundert junge Menschen und warteten auf mein Zeichen. Ich hob den Arm: 80 Meter, 77 Meter. Als Allison bei 75 Meter den Kopf zum Atmen aus dem Wasser hob, schlug ich meinen Arm herunter.

Wie aus einem Mund kam ein hundertstimmiges „LOS", dass die Fensterscheiben klirrten. Ich werde nie vergessen, was dann passierte. Diese kleine Person, die am Ende aller Rennen immer wieder versackt war, hob sich plötzlich über das Wasser wie ein Amphibienfahrzeug. Sie legte ein Finish mit mehr Kraft und Tempo hin, als ich es überhaupt für möglich gehalten hätte. Noch einmal Atem holen, dann acht Züge, und sie schlug an.

Ich sah auf meine Uhr und erstarrte: Sie hatte ihre Zeit um mehr als zehn Sekunden unterschritten! Jahrelang hatte ich sie nach einem Rennen völlig erschöpft aus dem Wasser kriechen sehen. Diesmal schwang sie sich wie eine Leistungsgymnastin aus dem Becken, nachdem sie ihre Zeit gehört hatte.

Allisons Vater kam mit unsicherem Schritt zu mir. Auf seinem Gesicht malte sich fassungsloses Erstaunen. Ich kannte ihn seit langem. Er war ein besonnener Mann, der nie laut wurde. Er umarmte mich und drückte mich an sich. Tränen strömten über sein Gesicht.

Auch meine Augen wurden feucht, wie er mich so voller Erstaunen und Dankbarkeit ansah. Allison hatte mit ihrer überragenden Leistung das erste von acht Qualifikationsrennen gewonnen. Die sechzehn Bestplatzierten würden am Abend im Finale antreten. Als der letzte von acht Läufen ausgetragen war, hatte Allison sich von Platz 64 auf Platz 1 verbessert!

Allison schwamm an jenem Abend ein grandioses Rennen. Sie verbesserte ihre am Vormittag aufgestellte Bestzeit nochmals um zwei Zehntelsekunden. Erst mit dem letzten Armzug wurde sie überrundet und schlug als Zweite an. Eine echtere Gewinnerin hat es nie gegeben.

Brian D. Biro

Der Tag, an dem das Tor fiel

SELBST HEUTE NOCH UND AN WELCHEN ORTEN AUCH IMMER KOMmen Kanadier auf mich zu und bedanken sich für das Tor. Fast jeder, den ich treffe, möchte mir erzählen, was gerade passierte, als ich in Moskau im Endspiel der ersten großen kanadisch-russischen Eishockey-Ausscheidung das entscheidende Tor schoss. Je mehr Zeit vergeht, desto mehr weiß ich diesen Augenblick zu würdigen.

Vor kurzem erst wartete ich im Flughafen auf einen Freund. In dieser kurzen Zeitspanne traten fünf Personen auf mich zu und stellten sich vor. Andere hörte ich flüstern: „Da steht Paul Henderson."

Meinem Enkel Josh macht die Sache wahrscheinlich am meisten Spaß. Er ist erst 1983 zur Welt gekommen, aber er weiß alles über dieses Tor. In seinem Zimmer hängt ein Foto davon.

Josh verbringt immer einen Teil der Sommerferien bei uns. Er findet es toll, wenn die Leute mich um ein Autogramm bitten. Wenn wir nach einem gemeinsamen Ausflug nach Hause kommen, berichtet er seiner Großmutter sofort: „Da wollten wieder Leute Grampys Autogramm, und sie wollten über das Tor reden."

Die Geschichten, die ich da zu hören bekomme, sind glücklich, komisch, manchmal rührend, und sie sagen viel über das Wesen der Menschen aus. Einige davon will ich erzählen:

Ein Ehepaar war gerade umgezogen. Die Hausfrau packte Geschirr aus, während das Spiel im Fernsehen übertragen wurde. Als ich das Tor schoss, trug sie Teller in beiden Händen. Eine Sekunde lang verlor sie die Beherrschung und warf beide Arme in die Luft. Die Teller flogen an die Decke und zersplitterten dann klirrend am Boden. Sie sagte, sie hätte in dem Moment nicht gewusst, ob sie weinen oder vor Freude jubeln sollte. Das Tor war einer der aufregendsten Momente in ihrem Leben.

Ein Mann aus Ontario erwartete Schadenersatz für seine Angeln und weitere Anglerausrüstung von mir. Er und zwei Freunde saßen in einem kleinen Boot, angelten und hörten die Übertragung des Spiels im Radio. Als das Tor fiel, sprang er vor Begeisterung auf und fiel über Bord – mit ihm seine Ausrüstung. Ihm passierte nichts, aber die Ausrüstung war verloren. Da ich der Anlass seines Freudenausbruchs gewesen war, meinte er, ich könnte ihm die Ausrüstung ersetzen. Netter Einfall!

Einen der schönsten Briefe schrieb eine Frau aus Toronto. Ihre Ehe war gescheitert, die Partner wollten sich scheiden lassen. Am Tag des Endspiels kam ihr Mann in die ehemals gemeinsame Wohnung, um einige Sachen abzuholen. Das Fernsehgerät war angeschaltet, das dritte Viertel hatte eben begonnen. Er fragte, ob er zusehen dürfe? Also saßen sie nebeneinander auf dem Sofa, ohne ein Wort zu sagen.

Als ich das Tor schoss, sprangen sie auf, tanzten im Raum umher und fielen sich in die Arme. Dann sahen sie sich in die Augen und erkannten, dass sie sich immer noch liebten.

Die Frau schrieb mir drei Monate später, ich hätte ihr das denkbar schönste Weihnachtsgeschenk gemacht. Ohne dieses Tor wäre ihr Mann vielleicht aus dem Haus gegangen, ohne sie je wieder anzusehen.

Während einer Konferenz in Kingston, Ontario, wusste der nordamerikanische Redner nicht, dass zahlreiche seiner Zuhörer gleichzeitig an ihren Transistorradios das Spiel verfolgten. Als Yvan Cournoyer mit seinem Tor bei 5:5 den Ausgleich erzielte, kam es im Auditorium zu leichter Unruhe. Der Redner stutzte kurz und fuhr dann mit seinem Vortrag fort.

Als ich das Tor schoss, brach Tumult aus. Der Redner muss gedacht haben, seine Zuhörer wären plötzlich verrückt geworden. Er war sich ziemlich sicher, dass der Aufstand nichts mit seinen Ausführungen zu tun hatte. Irgendwann klärte ihn jemand über den Vorfall auf. Ich weiß nicht, ob er es mit Humor nehmen konnte.

In der Nähe von Stratford, Ontario, wurde an diesem Tag ein Wettbewerb im Pflügen durchgeführt. Sieger war, wer die geradeste Linie pflügen konnte.

Einer der Teilnehmer stellte sein Transistorradio in den Trecker und fuhr los. Als er etwa drei Viertel der Strecke hinter sich hatte, fiel das Tor. Der Mann sprang auf das Dach seines Traktors und tanzte darauf herum, während der Motor weiter lief. Er sah sich um und stellte fest, dass er ein wüstes Zickzack gepflügt hatte. Er gewann den Wettbewerb zwar nicht, aber mit unserem Sieg hatten wir ihn jedenfalls glücklich gemacht.

Die Patienten eines Arztes in Mississauga wurden so schnell behandelt wie nie zuvor und danach. Der Doktor handelte jeden Fall in kürzester Zeit ab, damit er zwischendurch in die benachbarte Apotheke schlüpfen konnte, wo das Spiel auf einem kleinen Schwarz-Weiß-Fernseher übertragen wurde. Er warf einen Blick auf den Schirm, dann eilte er in seine Praxis zurück und widmete sich dem nächsten Patienten. Fünf Minuten vor Spielende beschied er seiner Sprechstundenhilfe: „Der nächste Patient ist erst nach dem Abpfiff an der Reihe. Die Leute müssen so lange warten."

In der Apotheke hatte sich inzwischen eine Gruppe um den Fernseher geschart und skandierte: „Wir wollen Henderson, wir wollen Henderson!" Vermutlich taten sie das, weil ich im sechsten und siebten Spiel die Siegtore eingeschossen hatte. Als ich ins Spiel kam und das entscheidende Tor schoss, jubelten alle: „Wir ham's gesagt, wir ham's doch gesagt!"

Eine Mutter erzählte, nach all der Aufregung an diesem Nachmittag hätten ihr Sohn und seine Freunde beschlossen, Straßenhockey zu spielen. Schwierig wurde es nur, als alle Kinder Paul Henderson sein wollten. Die Mutter dieses kleinen Fans hatte einen schwierigen Kompromiss zu finden.

Später musste die Mutter ihrem Sohn einen Paul-Henderson-Helm kaufen, ein anderer kam nicht in Frage. Damals trugen noch nicht viele Mitglieder der NHL Helme beim Spiel. Dieser Junge war vielleicht einer der Ersten, der einem Spieler mit Helm nacheiferte.

Für eine Familie wurde das Spiel zu einem internationalen Ereignis. Ein junger Mann hielt sich während der Meisterschaft in England auf. Vor dem letzten Spiel rief er in Kanada an und bat seinen Vater: „Dad, ruf unbedingt an, sobald das Spiel vorbei ist, und sag mir, wer gewonnen hat." Der Vater versprach es.

Gleich nach meinem Tor rief er auch wirklich an, aber er schrie so laut, dass sein Sohn nichts verstand.

„Dad, beruhige dich doch: Wer hat gewonnen?"

Es dauerte eine Weile, bis er eine verständliche Antwort erhielt.

Eine Frau erzählte, das Tor habe geholfen, eine tiefe Kluft zwischen ihrem Mann und ihrem Sohn zu überbrücken. Der Vierzehnjährige hatte seit Monaten nicht mehr mit seinem Vater gesprochen.

Irgendwie kam es dazu, dass Vater und Sohn sich das Spiel gemeinsam im Fernsehen ansahen. Als ich den Puck an Vladislav Tretiak vorbei ins Netz trieb, fielen sie sich in die Arme. Ihr Beziehungsstress löste sich in nichts auf.

Die letzte Geschichte hat mit meinen eigenen Töchtern zu tun, mit Heather und Jennifer, die das Spiel in ihrer Schule in Mississauga sahen. Als ich das Tor schoss, stand Heather auf einem Tisch. Ihre Klassenkameradinnen stürmten auf sie los, und sie fiel rücklings auf den Boden. Ein Freund musste sie schließlich aus dem tobenden Haufen retten. Die Kinder waren so außer Rand und Band, dass der Schulleiter sie alle nach Hause schicken musste.

Die neunjährige Heather suchte nach der siebenjährigen Jennifer, um sie nach Hause mitzunehmen, wo Wendy Sittler mit unserer jüngsten Tochter Jill wartete. Die Sittlers – Wendy und ihr Mann Darryl, der bei den Toronto Maple Leafs mein Teamkollege war – waren bei uns eingezogen und betreuten in unserer Abwesenheit unsere Kinder. Mit einigen Schwierigkeiten langten Heather und Jennifer auch zu Hause an, gefolgt von einem Haufen Kinder.

Es kamen Leute an die Haustür und baten um Fotos und Autogramme. Es waren so viele Menschen, dass die Mädchen schließlich ein Schild malten und aufhängten: „Autogramme sind alle." Das Telefon klingelte ohne Unterbrechung, sodass sie endlich den Hörer auf den Tisch legten. Wendy wusste sich nicht zu helfen, als die Leute Schilder mit der Aufschrift „Heim von Paul Henderson" und „Wir lieben dich" an unser Haus nagelten. Glücklicherweise kam Darryl, der unterwegs gewesen war, rechtzeitig zurück, um sie gegen die Menge zu verteidigen.

Überall in Kanada brachte unser Sieg in Moskau die Menschen spontan zusammen. Viele haben mir erzählt, sie hätten einfach irgendwohin gehen müssen, wo auch andere Leute waren. Manche suchten ihre Stammkneipe auf, andere ein Einkaufszentrum, wo ein Fernseher stand.

Die Leute stürzten auf die Straßen, hielten den Verkehr an und schwenkten stolz die kanadische Fahne. Nach drei spannungsgeladenen Stunden, nach denen diese Meisterschaften mit einem überwältigenden Höhepunkt endeten, spürten die Kanadier ein überschwängliches Bedürfnis zu zeigen, wie sehr sie ihr Land liebten.

Ich hätte erwartet, dass die Erinnerungen allmählich verblassen, aber das ist durchaus nicht der Fall. Die Freude über diesen 28. September 1972 leuchtet noch immer im Herzen vieler Kanadier.

Paul Henderson und *Mike Leonetti*

Nixon, Arizona

CHRISTIAN STUDIERTE IM ERSTEN JAHR AN DER DUKE UNIVERSITY, und wir besuchten ein bundesweit im Fernsehen übertragenes Spiel in den Meadowlands. Die Mannschaft von Duke trat gegen das Team aus Arizona an. Es war eine Ausscheidung unter Mannschaften, die in der vorangegangenen Saison unter die letzten Vier gekommen waren.

Die erste Halbzeit verlief günstig für uns, als Arizona einen Vorsprung von 19 Punkten vergab. Danach hatten sich die Wildcats wieder im Griff, und die beiden Teams blieben 12 Spielminuten lang in einem Abstand von 2 Punkten. Dann erreichte Sean Elliot 54 Sekunden vor dem Abpfiff 3 Punkte, und Arizona ging mit 77:75 in Führung.

Es folgten sehr enge Spiele. Eine Sekunde vor Spielende wurde Christian von Ken Lofton gefoult. Wenn es Christian in dieser Sekunde gelang einzuwerfen, war der Ausgleich erreicht. Arizona verlangte eine Auszeit, um ihn nervös zu machen. Ich zog mir meine Jacke über den Kopf. Christian schaffte es nicht, der Ball traf den hinteren Rand des Rings. Elliot fing den Rebound ab. Arizona hatte gewonnen.

Christian und sein Team traten die Heimreise an. Mein Mann und ich machten uns auf den langen Rückweg. Zum ersten Mal hatten wir eine bittere Niederlage geschmeckt. „Oh George“, stöhnte ich. „Christan hat das Spiel verloren, und das auch noch im Fernsehen. Er fühlt sich bestimmt miserabel.“

„Ich bin sicher, Coach K sorgt dafür, dass ein verpatzter Wurf ihn nicht das Selbstvertrauen kostet“, beruhigte mich mein Mann. „Erinnerst du dich, wie der Coach nach dem Abpfiff aufs Feld kam und ihn in den Arm nahm?“

Mein tapferer Mann sah sich das Spiel, das er aufgezeichnet hatte, später noch einmal an. „Sieh mal“, sagte er plötzlich und hielt das Band an. „Da ist Richard Nixon.“

Einige Tage später unterhielt ich mich mit Christian am Telefon und erwähnte, wen sein Vater unter den Zuschauern entdeckt hatte.

„Ich weiß, Mom“, erwiderte Christian. „Er kam zu uns in den Umkleideraum.“

„Du hast Richard Nixon kennengelernt und mir *nichts davon* erzählt?!“

„Ja, er hat mich sogar umarmt.“

Später las ich den Artikel von Wilt Browning im *Greensboro News and Record:*

Eine Tür zum Umkleideraum öffnete sich, und ein Mann im grauen Nadelstreifenanzug trat ein. [Coach] *Mike Krzyzewski stand auf und begrüßte den ehemaligen Präsidenten Richard Nixon, der gekommen war, um Laettner zu sehen, der in einer Ecke hockte.*

„Ich weiß, Sie fühlen sich jetzt schrecklich, junger Mann, aber das geht vorbei. Ich habe selbst einige Siege und Niederlagen hinter mir. Ich kann Ihnen sagen: Das heute war mein erstes Basketballspiel nach 55 Jahren, und ich werde Ihre Würfe nicht so schnell vergessen.“

Laettner, der sechsmal in kritischen Spielsituationen seine Angriffe verwandelt hatte, lächelte.

„Danke, Sir“, sagte er zu dem Mann, der nach den Watergate-Enthüllungen von der Präsidentschaft zurückgetreten war – als Laettner noch in den Windeln lag.

Bonita Laettner

Gib dem Jungen den Ball!

Wohltaten fragen nach der Not,
nicht nach dem Grund.
Deutsches Sprichwort

ES WAR EIN FEINER ABEND FÜR EIN BASEBALLSPIEL IN DER BRONX. Die Luft war mild, und Ron Guidry pitchte für die Yankees. Wir waren zu viert da und freuten uns über einen freien Abend unter Jungen.

Im zweiten Inning wurde ein Foulball in unsere Richtung geschlagen. Ein ungefähr neunjähriger Junge streckte die Hand danach aus, aber ein erwachsener Mann fing ihn ihm vor der Nase weg. Er war ungefähr fünfunddreißig Jahre alt und trug eine Hornbrille. Der Junge war tief enttäuscht, das konnte man sehen. Er trug eine Yankee-Kappe, die so groß war, dass sie ihm über die Augen rutschte, und einen viel zu großen Baseballhandschuh. Er sah aus wie der typische Junge aus der Nachbarschaft, der täglich von allen anderen Kloppe bezieht.

Plötzlich rief jemand: „Gib dem Jungen den Ball!" Andere Zuschauer in unserer Nähe stimmten ein: „Gib dem Jungen den Ball!"

Hornbrille schüttelte den Kopf und steckte den Ball in die Tasche. Doch Inning um Inning wurde der Ruf wiederholt, bis er sich im gesamten unteren Rang auf der linken Seite ausbreitete.

Bis zum siebten Inning muss der Junge Magenschmerzen gehabt haben. Die Leute um ihn herum kauften ihm Erdnüsse, Getränke und Eiscreme. Dann ging Sam, einer aus unserer Gruppe, zu Hornbrille und redete mit ihm. Ich konnte nicht verstehen, was Sam sagte, aber Hornbrille drehte sich um, zog den Ball aus der Tasche und gab ihn dem Jungen. Wie leuchteten dessen Augen!

Irgendjemand schrie: „Er hat ihm den Ball gegeben!" Die Männer auf dem Feld blickten verwundert zu den Rängen hoch. Wir erregten mehr Aufmerksamkeit als ihr Spiel.

Dann passierte etwas Seltsames. Ein Mann aus einer der ersten Reihen, der ebenfalls einen Foulball gefangen hatte, stand auf und gab dem Jungen auch seinen Ball. Donnernder Applaus ließ die Ränge zittern.

Gegen Ende des neunten Innings verließ ein junger Mann mit Fu-Manchu-Bart das Stadion. Als er an dem Jungen vorbeikam, sagte er: „Hier mein Junge, da hast du noch einen.“ Er warf den Ball hoch in die Luft, und erstaunlicherweise fing der Junge ihn auf. Noch mehr Applaus.

Hunderte von Zuschauern, die halbherzig einem Routinespiel gefolgt waren, lächelten und klopften wildfremden Menschen auf die Schulter. Und der Junge? Er hatte drei Bälle in der Tasche und das strahlendste Lächeln im Gesicht.

John J. Healey

Secretariat

ES ENTFALTETE SICH WIE DIE SZENE IN EINEM DRAMA, DAS PLÖTZLICH surreal wird. Im Licht und Schatten dieses Spätnachmittags schienen sich die einsame Silhouette des Pferdes und seines Reiters aufzulösen und in den entfernten Bogen zu gleiten. Sie flogen durch einen staubigen Schleier aus Hitze. Lautlos. Weit entfernt. Ganz allein.

Secretariat hatte die Hälfte der anderthalb Meilen der Belmont Stakes in 1:09 4/4 hinter sich gebracht, die schnellste Zwischenzeit in der Renngeschichte. Jetzt durcheilte er das nächste Viertel in 0:24 2/5 und auf einen Meilenschnitt von unfasslichen 1:34 1/5 zu. Dort, in diesem überirdischen Glanz, setzte Secretariat dazu an, das älteste der Triple-Crown-Rennen zu seinem eigenen Leistungsnachweis zu machen. Um zwei … vier … sechs Längen ließ er Sham hinter sich. Selten im Sport läuft ein Teilnehmer eines Wettbewerbs genau zum richtigen Zeitpunkt zur Höchstform auf – am optimalen Schnittpunkt von Zeit, Ort und Gelegenheit – und liefert eine Vorstellung von derartiger Klarheit und Überzeugungskraft ab, dass er damit einen neuen Standard setzt, an dem sich alle Nachfolger messen lassen müssen. Secretariat, wie er in den hinteren Bogen einlief, tat das gerade.

Man schrieb den 9. Juni 1973. In diesem Moment kulminierte, was 38 Monate zuvor begonnen hatte. Am Abend des 29. März 1970 verließ Howard Gentry, Gestütsleiter des Meadow-Gestüts in Doswell, Virginia, ein spätes Poolspiel im Keller seines Hauses und eilte durch die Dunkelheit auf ein einsames Licht zu, das den Fohlenstall in einer Ecke des Geländes beleuchtete. Somethingroyal, eine der herausragenden Zuchtstuten des Landes, gedeckt von Bold Ruler, dem besten Zuchthengst, sollte fohlen. Das Fohlen war groß – so groß, dass Gentry befürchtete, der Geburtskanal könnte zu eng sein. Doch zehn Minuten nach Mitternacht und nachdem Gentry und ein Mitarbeiter vorsichtig an den Vorderbeinen gezogen hatten, kam das Fohlen zum Vorschein: ein Dunkelfuchs. Gentry trat einen Schritt zurück. „Das ist ein Knüller“, sagte er.

Welch ahnungsvoller Ausspruch! Im Verlauf von 16 Monaten Rennkarriere stieg Secretariat höher und schneller auf als je ein US-amerikanisches Pferd der Neuzeit. Am Ende der Saison 1972 war er unter den Jungpferden der Nation überragend, hatte annähernd alle großen Rennen an der Ostküste gewonnen und wurde einstimmig zum Pferd des Jahres gewählt. Zum ersten Mal erhielt ein Zweijähriger diese Auszeichnung. Im folgenden Winter wurde Secretariat zum bis dato teuersten Pferd: Ein Zuchtverein kaufte ihn für die damals schockierende Summe von 6,08 Millionen Dollar.

Er vereinte alles: Einen einwandfreien Stammbaum, einen sagenhaften Galoppsprung und ein so makelloses Exterieur, dass Charles Hatton, der Nestor der amerikanischen Journalisten im Rennsport, ihn als das „perfekteste Rennpferd, das mir je unter die Augen gekommen ist", bezeichnete. Secretariat war der Inbegriff eines Renners. Nie war er in besserer Verfassung als im Jahr 1973 beim größten Ereignis seiner Sportwelt, der Triple Crown. Es war 25 Jahre her, seit ein Pferd alle drei Rennen gewonnen hatte. Das war Citation im Jahr 1948 gelungen, und viele Beobachter fragten sich, ob dieser Erfolg überhaupt wiederholbar sei.

Umso spannender war Secretariats Aufgabe. Im Kentucky Derby hatte er zunächst weit zurückgelegen, überholte dann Pferd nach Pferd, hängte Sham am letzten Bogen ab und galoppierte über die Zielgerade zum Sieg in der nach wie vor nicht unterbotenen Zeit von $1{:}59\frac{2}{5}$. In einer auf diese Distanz noch nie zuvor erreichten Vorstellung lief Secretariat jedes Viertel der Strecke schneller als das vorhergehende. Zwei Wochen später, beim Preakness-Rennen, hing er anfangs wieder zurück, griff dann plötzlich an, lief das zweite Viertel in 0:21 Minuten und schlug Sham schließlich um zweieinhalb Längen. Der elektronische Zeitnehmer war defekt, aber zwei erfahrene Zeitnehmer hatten per Hand gestoppt: $1{:}53\frac{2}{5}$. (Offiziell wurden schließlich $1{:}54\frac{2}{5}$ gewertet, was knapp über dem Rekord liegt.)

Man hatte das Gefühl, dieses Pferd läuft seine Rennen wie ein brillanter Jazzmusiker spielt: Bei jedem neuen Rennen improvisierte er ein wenig anders. Sein Jockey Ron Turcott musste nur dabei bleiben. Er wusste etwas Besseres als einzugreifen: Ruhe bitte, Genie am Werk!

Während das Land im Watergate-Sumpf versank, wurde Secretariat die Unterhaltung des Tages, ein 6 Millionen Dollar schwerer Adonis in Pferdegestalt mit mehr Ausstrahlung als irgendein anderes Pferd in der Geschichte. Und so kam es, dass das Belmont-Rennen, bundesweit im Fernsehen übertragen, zur idealen Bühne für die größte Vorstellung in diesem Sport wurde.

Der Hengst wurde nicht nur vom Hauch der Geschichte angetrieben: Secretariat hatte einen üppigen Umsatz: Während der Triple-Crown-Rennen fraß er täglich rund 14 Kilogramm Hafer. Er musste außerordentlich hart und schnell gearbeitet werden, um diese Futtermenge zu verwerten und in Form zu bleiben. Morgens war er wie ein Wirbelsturm. Acht Tage vor dem Belmont-Rennen lief er die Meile in sensationellen 1:34⅘ und galoppierte vier Achtelmeilen in 1:48⅗. Das sind keine Trainings-, sondern Wettkampfzeiten. Die Zeitnehmer verglichen argwöhnisch ihre Uhren. Was ging hier vor?

Die Antwort ließ sich erst sechs Jahre später geben, am Todestag von Secretariat. Dr. Thomas Swerczek, Professor der Veterinärmedizin an der Universität von Kentucky, führte eine Obduktion durch und untersuchte das Herz des Tieres. In jeder anderen Hinsicht war Secretariats Herz normal, aber es war doppelt so groß wie ein normales Pferdeherz und um ein Drittel größer als das größte Pferdeherz, das Swerczek je gesehen hatte. „Wir waren alle sprachlos", sagte er.

Sprachlos waren auch alle, die das Belmont-Rennen miterlebten. Secretariat bog in den letzten Bogen ein, ließ Sham hinter sich und erweiterte seinen Vorsprung auf sieben, dann acht Längen. Dann 10 – 12 – 15 – 20. Um 22 Längen voraus. Turcott bewegte sich nicht. 24 Längen – 26. Die erfahrensten Pferdeleute verstummten. 27 – 28. Knapp 70 Yards vor der Ziellinie sah Turcott auf die Uhr: 2:19 … 2:20. Der Rekord stand bei 2:26⅗. Er sah weg, dann holte er tief Luft und feuerte sein Pferd an. 29 Längen, 30. Ein letzter Galoppsprung. Die Uhren blieben bei 2:24 stehen. Einundzwanzig Jahre später stehen sie noch immer da.

William Nack

Am Rand des Wettbewerbs

Lasst uns nicht zurückblicken im Zorn
oder voraus voller Angst,
sondern um uns herum
voller Aufmerksamkeit.
James Thurber

AUTOGRAMME. AUFDRINGLICHE FANS. FÜR VIELE STARS IST DAS EIN Graus. Ich mochte es immer gern, wenn die Fans mir ihre Zuneigung bewiesen. Zugegeben, in der Öffentlichkeit trage ich eine Art Maske – ein distanziertes, manchmal leeres Stirnrunzeln. Ich habe mir das über die Jahre unabsichtlich zugelegt, denn auch ich musste lernen, dass die Leute umso öfter Grenzen verletzten, je offener und zugänglicher ich ihnen entgegentrat.

Einmal, während ich unterwegs war, hatte ich Magen-Darmprobleme und musste deshalb häufiger ein WC aufsuchen. Ich eilte gerade wieder zur Toilette in einem Flughafen, als ein Mann meinen Namen rief. Ich konnte wirklich nicht anhalten und zog mich in eine Kabine zurück. Aber er hatte mich gesehen. Er schob mir ein Stück Papier unter der Tür durch: „Mr. Lemon, bitte entschuldigen Sie die Störung. Mein Flug ist aufgerufen, aber mein Sohn würde es mir nie verzeihen, wenn ich kein Autogramm von Ihnen mitbrächte." Ich musste lachen, und er bekam sein Autogramm.

Dann gibt es glücklicherweise auch Situationen, wenn die öffentliche Zugänglichkeit für all die gelegentlichen Unannehmlichkeiten entschädigt. Ich erinnere mich an eine Gelegenheit, als wir gegen ein ganz schwarzes Team vor einem ganz weißen Publikum spielten. Als wir anschließend zur Busstation gingen, mussten wir an einem für Farbige reservierten Tresen im Hintergrund des Raumes essen. Draußen trat ein Mann auf mich zu. Auf dem Arm hielt er seine Tochter, ein wunderschönes, blondes Mädchen von ungefähr sechs Jahren. Sie wollte mich kennenlernen, mich umarmen und mir einen Kuss geben. „Du bist wundervoll, Meadowlark“, sagte sie mit leuchtenden Augen und einem strahlenden Lächeln. Sie beugte sich herüber, stürzte mir in die Arme und drückte mich fest. Ich lachte. „Danke Schätzchen, das ist wirklich lieb von dir.“

Ihrem Vater traten Tränen in die Augen. Er kam näher und flüsterte mir ins Ohr: „Danke, Meadowlark. Sie wird sterben.“ Meine Knie wurden weich. Ich verbarg meinen Kopf an ihrer Schulter, damit sie meine Tränen nicht sah.

„Danke, danke, Meadowlark“, sagte sie. „Du bist so lustig. Am liebsten würde ich dich mit nach Hause nehmen.“ Ich schluckte. „Ich dich auch, Schätzchen.“

Sie war zu jung, sie sah noch keine Farbe.

Ein andermal hörte ich einen Jungen am Spielfeld quietschen und jubeln. Er krakeelte herum, als hätte er in seinem Leben noch nichts Lustigeres gesehen. Immer wieder rief er: „Meadowlark Lemon! Meadowlark Lemon!“ Als der Ball ins Aus kam und ein Mann ihn mir wieder zuwarf, spielte ich den Jungen an. Der Ball prallte gegen seine Brust und rollte zu mir zurück. Ich warf ihn noch einmal, wieder passierte dasselbe. Die Leute fanden das toll, aber ich fragte mich, was da los war. Der Mann neben dem Jungen formte stumm mit den Lippen den Satz: Er ist blind.

Ich trug den Ball zu dem Jungen und drückte ihn ihm in die Hände. Er warf ihn zurück. Ich umarmte ihn. Bis zum Spielende hörte ich, wie er meinen Namen rief und mich anfeuerte. Auch er konnte keine Farbe sehen.

Meadowlark Lemon
beigetragen von *Bill Bethel*

Im Herzen ein Champion

Es war mir längst aufgefallen,
dass erfolgreiche Menschen sich selten zurücklehnen
und die Dinge geschehen lassen.
Vielmehr machen sie sich auf
und lassen Dinge geschehen.
Elinor Smith

IN MEINEM DRITTEN JAHR ALS CHEFCOACH EINER KLEINEN HIGHSCHOOL sprach ich vor einer Gruppe von Erwachsenen und Jugendlichen über die Vorzüge des Footballs. Es war die übliche Einstimmung auf Teamarbeit und Zusammenarbeit in der Mannschaft zu Beginn einer Saison. Ich betonte, Football sei nicht nur etwas für die Stars unter den Sportlern.

Anschließend kam ein Ehepaar zu mir. Ihr Sohn war in seiner Kindheit kränklich gewesen, aber nun wollte er so gern Football spielen und ließ sich das auch von seinen Eltern nicht ausreden. Als sie seinen Namen nannten, sank mein Herz. Michael war ungefähr 1,70 Meter groß und wog etwas mehr als 50 Kilogramm. Er war ein Einzelgänger, Zielscheibe des Spotts der anderen Jungen und ihrer bissigen Kommentare. So weit mir bekannt war, hatte er nie am Sportunterricht teilgenommen.

Ich brachte stotternd meine üblichen Gegenargumente vor. Aber da ich gerade erst eine Ansprache des Inhalts „Football ist für jedermann" beendet hatte, lenkte ich schließlich ein und sagte, wir könnten es versuchen.

Am ersten Trainingstag war Michael als Erster auf dem Feld. Wir machten zunächst 30 Minuten lang Dehnungsübungen und joggten dann eine Meile auf dem Sportplatz. Nach ungefähr 50 Meter kam Michael ins Stolpern und stürzte. Ich half ihm wieder auf die Füße. „Michael, warum gehst du den Rest der Strecke nicht einfach?", schlug ich vor. Mit Tränen in den Augen stammelte er, er habe es doch noch gar nicht richtig versucht. Ich verbiss mir weitere Kommentare und ließ ihn laufen. Er fiel noch ein paar Mal, stand aber immer wieder auf. Irgendwann nahm ich ihn beiseite.

Das wiederholte sich in den folgenden Wochen täglich. Ich stellte einen Betreuer ab, der sich um Michael kümmern und ihn aus Übungen mit direktem Körperkontakt heraushalten sollte. Diese Sonderbehandlung war eigentlich fragwürdig, aber in Anbetracht von Michaels Mut und Zähigkeit ging es nicht anders.

Die Saison schritt voran und Michael machte Fortschritte, körperlich wie auch sozial. Er lachte und witzelte jetzt mit seinen Mannschaftskameraden herum. Ich glaube, die meisten betrachteten ihn als eine Art spinniger kleiner Bruder. Aber anstatt sich über ihn lächerlich zu machen, wurden sie ganz rührend fürsorglich mit ihm.

Als die letzte Trainingswoche anbrach, lief Michael die Meile, ohne zu stolpern oder zu fallen. Wir hatten in der gesamten Saison nur ein einziges Spiel gewonnen, aber die Mannschaft feuerte Michael bei seinem Lauf lauter an als damals die siegreichen Spieler.

Als ich zum letzten Mal für diese Saison mein Büro verließ, stand Michael vor der Tür. Ich sagte ihm, wie stolz ich auf ihn sei.

„Coach, ich habe kein einziges Mal gespielt“, wandte er ein.

Ich wollte erklären, dass ich ihn keinem Risiko aussetzen wollte, aber er fiel mir ins Wort:

„Ich verstehe, weshalb Sie mich nicht ins Spiel genommen haben. In der nächsten Saison möchte ich aber dabei sein. Was kann ich dafür tun?“ Also stellte ich ihm ein Programm mit Krafttraining und anderen Übungen zusammen.

Michael hatte keinen meiner Kurse belegt, deshalb sah ich ihn in den folgenden Monaten selten. Ich winkte ihm nur zu, wenn ich am Spätnachmittag die Schule verließ. Er war dann immer noch auf dem Sportplatz, machte seine Übungen oder lief seine Runden. Offensichtlich hielt er sein Programm durch. Eines Tages klopfte er dann an meine Tür. Er hatte ungefähr 5 Kilogramm zugenommen und eine frischere Gesichtsfarbe. Er bat mich, sein Programm aufzustocken, denn es strenge ihn nicht mehr an. Ich lachte, gab ihm einige neue Übungen und verdoppelte das Laufpensum.

Zu Beginn der nächsten Saison lief Michael die Meile schneller als alle anderen. Mit dem Drill hatte er immer noch Mühe, aber im Übrigen machte er sich recht gut, und deshalb gab ich ihm die Position als Guard.

Am folgenden Montag traf ich nach dem Training auf einen unserer Mannschaftskapitäne. Steve war begabt, aber faul und undiszipliniert. Er hatte glänzende Zensuren, ohne viel dafür zu lernen, und er war bei den Klassenkameraden beliebt, obgleich er herzlos sein konnte.

Steve deutete auf den Sportplatz, wo Michael sein Programm abarbeitete, und fragte, was da los sei. Ich schlug ihm vor, Michael selbst zu fragen. Am nächsten Nachmittag trainierten Steve und Michael zu meiner Überraschung gemeinsam.

Etliche Wochen später bereiteten wir uns auf eines unserer wichtigsten Spiele vor. Das Training war wirklich hart. Als ich es beendete und die Mannschaft entließ, gingen nur zwei Jungen vom Platz. Die übrigen versammelten sich um Michael, der ein Zusatztraining anleitete. Steve hatte die Mannschaft aufgefordert, mit ihm und Michael zusammen nach dem Haupttraining weiterzumachen.

Wir kamen gleich zu Beginn des Spiels mit zwei Touchdowns in Rückstand, und ganz offensichtlich gaben einige der Jungen bereits auf. Nicht so Michael! Er spielte jetzt anfangs öfter Guard, und er strengte sich dermaßen an und spornte die anderen Jungen derartig an weiterzumachen, dass nur wenige aussteigen mochten. Als noch zehn Sekunden zu spielen waren, hatten wir einen Punkt Vorsprung und gewannen.

Ich ernannte Michael zum Spieler der Woche – weniger für seine spielerische Leistung, als dafür, dass sein Vorbild die anderen veranlasst hatte, sich nicht unterkriegen zu lassen. Wir beendeten die Saison als eines der besten Teams im Bundesstaat.

Beim Festessen am Jahresende wird auf Grundlage eines strengen Punktesystems der leistungsfähigste Spieler ausgezeichnet. Ich hätte diese Ehre Michael gegönnt, aber natürlich kam sie Steve zu. Also bat ich ihn nach vorn, um sie entgegenzunehmen. Steve bedankte sich:

„Ich weiß diese Auszeichnung zu würdigen", sagte er. „Aber jemand anderer hat sie mehr verdient als ich." Im Saal wurde es still. „Alles, was ich in dieser Saison erreicht habe, und alles, was das Team erreicht hat, verdanken wir einer Person." Er wandte sich an Michael. Das Sprechen fiel ihm schwer. „Michael, du hast gesagt, ich bin dein Vorbild. Wenn ich nur halb so viel Format hätte wie du, könnte ich stolz sein, denn du bist mein Vorbild."

Michael lief nach vorn und umarmte Steve so heftig, dass beide fast umgefallen wären. Die Anwesenden jubelten.

Michael ist zum Militär gegangen, und ich habe lange nichts von ihm gehört. Er und seine Eltern haben mir immer wieder gesagt, wie sehr ich ihnen geholfen hätte. Ich glaube, ihnen war gar nicht klar, dass ich nur daneben gestanden habe. Ich weiß, ich habe nie die Worte gefunden, um Michael zu sagen, dass er für mich mehr getan hat als ich für ihn.

Es gibt viele Michaels – junge Menschen, die niemals „Stars" werden, die jedoch durch ihre Beziehung zum Sport mehr geben und mehr daraus beziehen als die sportlich Talentierten. Für diese jungen Menschen ist der Sport da, um ihretwillen bin ich stolz, Coach zu sein.

Patrick L. Busteed

Wie steht's?

MIT RASCHEM SCHRITT, EIN BILD WIE CASEY STENGEL, GEHE ICH zum Mound, um meinen Pitcher zu beruhigen. Das Spiel ist weit fortgeschritten und mein Topspieler ist nervös. Ich ziehe meine Managermütze tiefer in die Stirn und nehme all meinen Verstand und meine Geistesgegenwart zusammen.

Aber nein! Wir sind nicht im Three-Rivers-Stadion am Ende des neunten Innings bei besetzten Bases. Hier wird, genau genommen, nicht einmal Baseball gespielt, und mein Pitcher ist auch nicht wirklich ein Pitcher. Es ist ein tränenüberströmtes kleines Mädchen, das vor einer summenden Biene die Flucht ergriffen hat. Ich nehme sie bei der Hand.

Ich bin T-Ball-Coach, ein ergrauter Veteran, der gerade im zehnten Jahr den aberwitzigen Versuch unternimmt, sechs- und siebenjährigen Mädchen und Jungen ein Minimum an Ordnungssinn und Ahnung vom Baseball nahezubringen.

Warum heißt das T-Ball? Stellen Sie sich Baseball ohne pitchen vor, obgleich jemand die Position des Pitchers einnimmt. Am Schlagplatz hat der Schlagmann ein Gestell aus Gummi in T-Form vor sich (daher der Name), auf dem ein harter Baseball liegt. Die Höhe des „T“ lässt sich regulieren. Meist liegt sie zwischen Schultern und Taille. Abgesehen davon, dass nicht gepitcht wird (was bei Kindern in diesem Alter unsinnig wäre), gelten die Spielregeln des Baseballs. Na ja, es werden auch keine Punkte gezählt. Es wird einfach gespielt, weder Läufe noch Fehler fallen ins Gewicht.

Ich habe T-Ball in den rauen Hügeln von Ohio und auf Sandplätzen im Zentrum von Pittsburgh angeleitet. Ich bin mir nicht ganz sicher, was mich dazu bringt, das seit Jahren zu tun. Erwachsene mit einem Rest von Verstand muten sich so etwas selten länger als ein Jahr lang zu – und dabei handelt es sich dann meist um Eltern von Mitspielern. Ich bin Junggeselle und für Disziplin absolut ungeeignet. Erst- und Zweitklässler rennen mich über den Haufen. Der schmächtigste Zwerg wird in meiner Gegenwart zum Ritter. Stellen Sie sich vor, was los ist, wenn ich über zwanzig Kinder gebiete, die mit Baseballschlägern und Bällen ausgerüstet sind und offenes Gelände vor sich haben! Meine Helden der Reservebank machen sich immer über mich lustig.

Keiner meiner T-Baller nennt mich „Coach", schon gar nicht „Mr. Ehrbar" (ein besonders Schlauer taufte mich „Mr. Irr-bar", als ich die Feinheiten des Feldspiels bei Aufsetzern zu erklären versuchte). Sie nennen mich stattdessen „Tommy", was eine für Kinder gebräuchliche Kurzform ist, wohingegen die jungen Damen und Herren sehr erwachsen „Charles" und „Alexandra" gerufen zu werden wünschen. Kein Wunder, dass es oft nicht recht offenkundig ist, wer das Sagen hat. Nur bei einer Gelegenheit billigen mir meine Mannschaftsmitglieder Status und Verantwortlichkeit eines Erwachsenen zu, nämlich wenn wir im Eiscafé sind und es ans Bezahlen geht.

Meine Rolle ist jedoch nur das geringste Beispiel für die verkehrte Welt im T-Ball: Bälle, die vom „T" heruntergeschubst werden und knapp einen Meter weit kullern, verwandeln sich oft durch eine Kettenreaktion an Schnitzern zu Homeruns. Einmal hatte Geoffrey, mein Catcher, einen besonders üblen Tag, denn jeder, aber auch jeder Wurf zur ersten Base ging um Meilen fehl. Um beim nächsten kurzen Aufsetzer nicht wieder so ein Desaster zu erleben, warf er gar nicht erst, sondern rannte dem Schlagmann nach. Catchermaske, Brustschutz und Schienbeinschienen drückten ihn zu Boden. Er aber hielt den Ball in der erhobenen rechten Faust und stampfte hinter seinem Widersacher her – zur ersten Base, zur zweiten Base, zur dritten und zur Homeplate. Da bemerkte der Schlagmann, dass Geoffrey ihn immer noch verfolgte und setzte zu einer erneuten Umrundung des Rechtecks an. Geoffrey ihm nach. Als der Läufer zum zweiten Mal die Homeplate erreicht hatte, war er fertig und alle und beschloss, stehen zu bleiben. Somit kam es zu einer der großartigsten Rollenumkehrungen im Sport: Der *Läufer* hütete die Homeplate, während der *Catcher* herangerast kam, nur den Einlauf vor Augen. Auf der Homeplate stießen sie zusammen. Anschließend stolperte Geoffrey zur Bank und keuchte, durch und durch angetan von seiner Leistung: „Ich hab' ihn „aus" gemacht, Tommy!"

Die Position im rechten Außenfeld ist ein weiteres Detail des T-Ball, das ihm seinen unverwechselbaren Charme verleiht. Wenn einem T-Baller diese Position zugewiesen wird, verfällt er sofort in eine Art Tagtraumtrance. Es kann auch schlimmer kommen. Ich erinnere mich, wie in einem Spiel der Ball ins kurze rechte Außenfeld geschlagen wurde. Ich verfolgte mit den Augen die Bahn des Flugobjektes und erkannte zu spät, dass mein Feldspieler friedlich schlafend zwischen den Butterblumen lag. Die Wahrscheinlichkeit war geringer als der Hauptgewinn in der staatlichen Lotterie von Pennsylvania – doch der Ball landete klatschend in Bartholomews Baseballhandschuh. Es war der erste Flugballfang seiner T-Ball-Karriere, wie wir ihm mitteilen konnten, nachdem er aufgewacht war.

Dem einzigartigen Geist des Spiels ist es zu verdanken, dass Regen ein T-Ball-Spiel weniger bedroht als die Spiele der großen Liga. Einmal fegte ein enormer Gewittersturm über das Spielfeld. Die erwachsenen Zuschauer flüchteten sich en masse unter irgendwelche Dächer. Die Kinder aus beiden Mannschaften dagegen – und ein auffälliger Erwachsener – zogen ihre Schuhe aus und ergingen sich auf dem Spielfeld unter einem strahlenden Regenbogen.

Zuverlässig ereignet sich jedes Jahr wieder ein Wunder, während der Sommer vom Juni durch den Juli wandert. Ein Kind, das gerade die Anfänge des Spiels lernt und verständlicherweise schüchtern ist, wenn es einen hart geschlagenen Ball aus dem Feld zurückwerfen soll, schnappt sich plötzlich mit unerwarteter Gewandtheit einen Ball an der Linie und wartet auf den Schlagmann, wobei die ganze Körperhaltung den Zuwachs an Selbstbewusstsein und Entschlossenheit ausdrückt. Oder ein Kind, das immer wieder den auf dem Gestell ruhenden Ball verfehlt hatte, schlägt plötzlich einen Flugball hoch über alle Köpfe. Rhonda, die kleine Dame, die sich einst von einer Biene vergraulen ließ, mauserte sich zu einer der besten Sportlerinnen, die ich je betreut habe. Sie besucht jetzt die Highschool, ist eine der besten Läuferinnen und eine blendende Softball-Spielerin.

T-Ball ist eine der seltenen Gelegenheiten im Leben ohne Gewinner noch Verlierer, bei der alle auf demselben Feld spielen. Jedes Kind kommt gleich oft zum Schlagplatz und hat die gleiche Anzahl von

Versuchen. Nach jedem Inning wechseln die Feldspieler die Position.

Nur zu bald sehen sich diejenigen, die in die Little League eintreten, nicht nur rasanten Bällen gegenüber. Sie erleben auch die Realität des Wettbewerbs: Wer darf von Anfang an spielen, wer bleibt auf der Bank. Es werden erfolgreiche Schläge und Punkte gezählt und aufgeschrieben. Deshalb bleibe *ich* lieber beim T-Ball.

Viele Jahre lang fuhr ich einen ausladenden, zerbeulten Chevy mit Klappdach. Dies sind einige meiner schönsten Erinnerungen: Sonntagvormittag nach dem Spiel. Mein Auto ist bis auf den letzten Winkel voll mit übermütig lärmenden T-Ballern. Wir erleben das Spiel noch einmal. Der Fahrtwind streicht uns über das Gesicht, und wir fühlen uns so jung und voll überschwänglicher Hoffnung wie jener Catcher namens Geoffrey auf seinem stürmischen Weg zur Homeplate.

Tommy Ehrbar

Letzte Chance für einen Cowboy

Mut, das ist Tugend unter Druck.
Ernest Hemingway

JOE WIMBERLY SASS AUF EINEM BAUMSTUMPF UND STARRTE AUF SEIN Haus in Cool, Texas (238 Einwohner).

„Es ist zwar nicht die Ponderosa", hatte er einmal seiner Frau Paula gesagt und mit einer weit ausholenden Armbewegung über die rund zwölf Hektar Grasfläche gezeigt. „Aber es gehört uns."

Am Vormittag hatte die Bank angerufen: Rechnungen waren fällig, Einzahlungen blieben aus und das Konto war überzogen. Aber Joe war Cowboy, sonst hatte er nichts gelernt. Von Kindesbeinen an war er geritten, hatte Rinderherden gehütet und war auf den Rücken von Bullen geklettert. Mit achtzehn Jahren hatte er sich zur letzten, einem echten amerikanischen Cowboy verbliebenen Grenze aufgemacht, dem Rodeo. In diesem Feld machte er sich einen Namen. An manchen Tagen hatte er 1000 Dollar in der Tasche, an anderen hatte er nichts zu beißen. Aber in keinem Moment hätte er seine Chaps für so einen sicheren Job eingetauscht, bei dem dir der Chef über die Schulter guckt.

Paula hatte immer Angst, wenn Joe auf einem Bullen saß. Gerade das aber ließ seine Augen leuchten, das wusste sie natürlich auch. Also küsste sie ihn zum Abschied, wenn er sich wieder einmal auf den Weg machte, drückte ihm die Daumen und betete.

Joe war ungefähr 200 Tage im Jahr bei Rodeo-Veranstaltungen. An dem Abend, als ihre kleine Tochter Casey zur Welt kam, war er rund tausend Meilen entfernt. Sie hatten keine Krankenversicherung.

„Wie sollen wir das bezahlen, Joe?" Paulas Stimme brach, während sie mit Joe telefonierte.

„Ich werde gewinne", versicherte er. „Und ich werde immer wieder gewinnen."

Er hielt sein Wort. Mit der Anmut eines Turners und der Nervenstärke eines Bankräubers verblüffte Joe die Zuschauer bei kleinen Wettkämpfen auf dem Land nicht weniger als in den großen Arenen der Städte im Westen. In den 1980er-Jahren qualifizierte er sich fünfmal für die National Finals Rodeo. In seinem erfolgreichsten Jahr gewann er mehr als 80 000 Dollar an Preisgeldern.

Doch bei all den Reisekosten und Meldegeldern war das Leben nicht einfach, erst recht nicht nach der Geburt von Sami, der zweiten Tochter. Immerhin konnten sie ihre Rechnungen begleichen, und nachdem Paula Arbeit in einer Apotheke gefunden hatte, konnten sie nach einer Weile sogar ihr Haus abbezahlen. Dann bekamen Paula und Joe einen Sohn, McKennon.

Joe hatte schon manches Mal schlechte Phasen durchgemacht, auch Verletzungen. Doch jetzt waren Wochen vergangen, seit er einen Scheck auf den Küchentisch legen konnte. *Vielleicht strenge ich mich nicht genug an*, dachte er.

Mesquite, am Rand von Dallas gelegen, ist der Austragungsort eines der bekanntesten Rodeos in Amerika. Eines Tages erhielt der Ausrichter des Rodeos, Neal Gay, den Anruf des Betriebsleiters der Firma Dodge LKW. Wenn Gay den übelsten, wildesten Stier in der ganzen Gegend auftriebe, würde Dodge 5000 Dollar Preisgeld für den Cowboy aussetzen, der den Bullen acht Sekunden lang reiten könne. Jedes Mal, wenn der Bulle einen Reiter vorher abwürfe, würde der Topf um 500 Dollar wachsen. Das Tier solle wie ein neuer LKW der Firma heißen, Dodge Dakota.

Gay setzte sich mit Lester Meier in Verbindung, einem Stierzüchter, der einen Albtraum von einem schwarzen Bullen besaß. Das Tier brachte mehr als 700 Kilogramm auf die Waage und hatte nur ein einziges Horn, das sich an seinem weißen Gesicht herabwand. „Da hast du deinen Dodge Dakota", erklärte er Gay.

Aus den dreißig Stierreitern, die an jedem Wochenende in Mesquite in die Arena gingen, wurde per Computer nach dem Zufallsprinzip nur einer ausgesucht, der es mit Dodge Dakota aufnehmen durfte. Woche um Woche schickte der Stier seine Reiter, darunter sogar einen ehemaligen Weltmeister, in die Luft und in den Sand. Joe trug gerade einen Futtersack zum Pferdestall, als er die Fliegentür seines Hauses schlagen hörte und Paula gelaufen kam: „Das Rodeo hat angerufen, Joe. Du bist für Freitagabend auf Dakota ausgewählt."

Joe ließ den Futtersack fallen. Der Topf war inzwischen auf 9500 Dollar angewachsen.

Kurz bevor er auf Dakota steigen musste, ging Joe unruhig hinter der Bretterwand auf und ab. Auf der Tribüne sah er seine Familie. Dann erfasste ihn der Scheinwerfer. Er kletterte über das Geländer und setzte sich auf den breiten, gewölbten Rücken des Bullen. Er wickelte sich ein Tau um die rechte Hand. Das andere Tauende war um den Bauch des Tieres geschlungen.

Das Tor ging auf. Dakota schoss heraus, und Joe presste ihm die Schenkel gegen die Flanken. Das Tier buckelte und bockte, schleuderte Joe in die Luft und kam wie eine Ramme wieder auf dem Boden auf. Er brüllte und drehte sich scharf nach links. Schaum stand vor seinen Nüstern. Der Cowboy fiel auf seinen unsicheren Sitz zurück, das Tau verbrannte seine Hand. Er stieg in die Luft, der Kopf flog in den Nacken, der Hut in den Sand. Die Tribüne tobte. 6000 Zuschauer waren aufgesprungen, schrien, kreischten, trampelten mit den Füßen. Die Uhr zeigte die Sekunden an: fünf … sechs …

Dakota brüllte wie ein Höllenwesen und bockte mit allen vier Beinen in die Luft. Und plötzlich rannte der Stier allein durch die Arena. Joe klopfte sich den Staub ab und machte zu Paula hinauf ein Zeichen: Es tut mir leid.

Noch ein zweites Mal konnte Joe es in diesem Sommer mit Dakota versuchen. Diesmal warf der Stier ihn innerhalb von Sekunden ab. Jetzt musste Joe auf Teufel komm raus Geld verdienen. Er beschlug Pferde, er machte bei Rodeo-Poker mit, er organisierte eine Rodeo-Schule. Trotzdem wuchsen ihm die Schulden allmählich über den Kopf. Schließlich musste er sein Haus zum Verkauf annoncieren. „Es sind nur Bretter und Farbe“, tröstete er die weinende Paula. „Wenn unsere Familie zusammenhält, ist es egal, wo wir wohnen.“

An einem Freitag im September ritt Joe in Mesquite. Über all seinen Problemen zu Hause hatte er gar nicht mehr an Stiere gedacht. Die Prämie für Dodge Dakota war auf 17 000 Dollar angewachsen. Vierundzwanzig Mal war ein Cowboy auf den Rücken des Stiers geklettert, und vierundzwanzig Mal hatte der Stier gewonnen. Das Preisgeld hätte Joe das Haus gerettet, er hätte alle Rechnungen bezahlen können und sogar noch etwas übrig gehabt.

In der Arena wurde inzwischen nicht mehr vorab angesagt, wer den nächsten Versuch auf dem Bullen unternehmen würde. Der Cowboy wurde jetzt während einer Pause bestimmt. Plötzlich rief einer der Offiziellen: „Hey, Joe Wimberly, du hast Dakota gezogen."

Neal Gay kam vorbei. „Aller guten Dinge sind drei", lachte er. Joe stieg auf den Rücken des stampfenden Bullen. So eng es nur ging, wickelte er sich das Seil um die Hand. Eines seiner liebsten Sprichworte fiel ihm ein: Wenn du keine Chance hast, sei tapfer!

Das Tor wurde aufgestoßen, und die Uhr begann, die acht wichtigsten Sekunden in Joes Leben zu zählen. Das riesige schwarze Tier brüllte. Fast eine Tonne Muskeln und Knochen schoss durch die Arena. Dakota schlug wild mit dem Kopf. Seine Augen sprühten Funken. Seine Klauen wirbelten den Staub auf. Die Uhr lief: Zwei Sekunden … drei … vier … Joe hüpfte auf dem Stierrücken wie ein Ball, kämpfte um sein Gleichgewicht, widersetzte sich der Schwerkraft. Sechs Sekunden … sieben Sekunden …

Joe stürzte zu Boden, als die Sirene ertönte. In der Arena wurde es totenstill. Ein aufgeregter Offizieller warf die Arme in die Luft. Joe hatte es geschafft: um zwei Hundertstelsekunden.

Der Cowboy fiel auf die Knie. „Danke, Jesus", stieß er hervor. Paula fiel einem wildfremden Zuschauer schluchzend um den Hals. Noch kniend blickte Joe auf und begegnete ihrem Blick, als sie zusammen mit den Kindern in die Arena stürmte. Sie bildeten ein Knäuel aus zehn Armen, sie befeuchteten den Sand mit ihren Tränen.

Es war zwei Uhr nachmittags, als sie wieder zu Hause waren. Joe ging ans Telefon und rief die Bank an. „Ja, bitte?", klang es müde.

„Hallo, hier ist Joe Wimberly", sagte er vergnügt. „Ich wollte nur sagen: Ich habe einen Scheck für Sie."

Dirk Johnson
Original in: *Chicken Soup For the Country Soul*

Ein zarter Held

MICKEY MANTLE WAR DER KLASSISCHE BASEBALL-HELD DER 1950ER- und frühen 1960er-Jahre. Auf dem Höhepunkt seiner Laufbahn waren Mantles Tempo und seine Kraft atemberaubend. Dieser Bergmannssohn aus Oklahoma, der zum Helden im Nadelstreifentrikot geworden war, hatte gleichzeitig etwas Charismatisches und Ergreifendes an sich. Er berührte die Menschen in einer Weise, die sich nicht allein durch sein Baseballspiel erklären lässt. Zum Teil lag das an Mantle selbst, zum Teil an dem, was er repräsentierte – eine Epoche, an die sich die Baseballfans der Generation nach dem Zweiten Weltkrieg gern erinnern. Was immer es auch war, Mantles Tod im August 1995 rührte bei Millionen von Amerikanern eine Saite. Annlässlich Mantles Beerdigung in Dallas sprach Bob Costas über diese Gefühle und über Mantle selbst.

Wissen Sie, mir kam eben der Gedanke: Während wie hier alle sitzen und uns an Mickey Mantle erinnern, bekommt er vermutlich gerade von Casey Stengel einiges zu hören und ist schon ziemlich durcheinander.

Einer von Mickeys größten Wünschen war es immer, als ein echter Mannschaftskamerad in Erinnerung zu bleiben, sicher sein zu dürfen, dass die Männer gut über ihn denken, mit denen zusammen er gespie-lt hatte.

Sie taten mehr als das. Moose (Skowron), Whitey (Ford), Tony (Kubek) und Yogi (Berra), Bobby (Richardson) und Hank (Bauer): Was für ein bemerkenswertes Team wart ihr. Die Berichte über eure Besuche an Mickeys Krankenbett in den letzten Tagen gingen zu Herzen. Es bedeutete Mickey unendlich viel – so wie auch die Anwesenheit so vieler Persönlichkeiten des Baseballs aus Vergangenheit und Gegenwart ihn freuen würde.

Es ist mir eine Ehre, dass die Familie Mantle mich bat, heute zu Ihnen zu sprechen. Ich stehe hier nicht als Medienvertreter. Mel Allen war immer die Stimme der Yankees. In diesem Sinne müsste er hier stehen.

Es gibt auch noch andere Personen, deren Verbindung zu Mickey älter ist und tiefer reicht als meine.

Aber ich glaube, ich brauche hier weniger für mich selbst zu sprechen. Ich stehe vielmehr für die Millionen von baseballbegeisterten jungen Menschen, die in den 1950er- und 1960er-Jahren aufwuchsen und für die Mickey Mantle gleichbedeutend war mit Baseball.

Mehr noch, er war ein Teil unseres Lebens – ein zarter Held, mit dem uns eine emotionale Beziehung verband, deren Stärke und Dauerhaftigkeit sich logisch nicht erklären lässt. Mickey sagte oft, er verstünde sie nicht, diese anhaltende Beziehung und Zuneigung von Männern, die inzwischen in den Vierzigern und Fünfzigern waren, ansonsten vernünftige Menschen, die in Mickeys Gegenwart plötzlich einen trockenen Mund bekamen und stammelten wie Schulkinder.

Vermutlich fühlte Mick sich damit gar nicht wohl, denn zum einen war er im Grunde scheu, vor allem aber zu aufrichtig, als dass er sich selbst als so eine Art Übermenschen gesehen hätte.

Aber darum ging es eigentlich auch gar nicht. In einer von unserer heutigen ganz verschiedenen Zeit sagte der erste Beauftragte für Baseball, Kennesaw Mountain Landis: „Jeder Junge baut einem Baseball-Helden einen Altar, und vor diesem Altar brennt immer eine Kerze."

Für einen großen Anteil meiner Generation war Mickey Mantle solch ein Baseball-Held. Und aus Gründen, die sich beim besten Willen nicht in Statistiken oder trockenen Faktenaufzählungen pressen lassen, war er der überragende Baseball-Held. Er war das Symbol für Baseball in einer Zeit, als Baseball uns mehr bedeutete als vielleicht heute.

Mickey Mantle besaß diese doppelte, so seltene Qualität: Einerseits war da ein Überschuss an Dynamik und Erregbarkeit. Andererseits konnte er in seiner Verletzlichkeit dein Herz berühren. Wir spürten, er hatte etwas Ergreifendes – lange bevor wir verstanden, was das überhaupt sein konnte. Wir haben ihm nie nur den Daumen gedrückt, wir haben mit ihm gefühlt.

Lange bevor wir das erste ernsthafte Buch gelesen hatten, ahnten wir etwas von Mythologie, wenn wir beobachteten, wie Mickey Mantle an einem Spätnachmittag im Sommer durch die länger werdenden Schatten im Yankee-Stadion einen Homerun lief.

Er besaß Größe, aber er war auch verletzlich.

Er war einer von uns. Wenn er in Topform war, ging es uns gut. Wenn er einen Fehler machte oder sich verletzte, sanken auch unsere Lebensgeister ein wenig. Wir versuchten, ihn zu imitieren. Wir gaben unserer Mütze einen Kniff wie er. Wir hockten uns hin wie er. Wir liefen wie er, mit gesenktem Kopf und hochgezogenen Ellenbogen.

Billy Cristal ist heute unter uns. Billy erzählt, bei seiner Bar-Mizwa habe Mickey im Tonfall der Leute aus Oklahoma gesprochen. Billy ist heute unter uns, weil er Mickey Mantle liebte. Millionen anderer Menschen, die ebenso empfinden, sind heute im Geist bei uns.

Man sagt, die Wahrheit ist niemals rein und selten einfach.

Mickey Mantle war zu bescheiden und zu ehrlich, um zu glauben, dass man die ganze Wahrheit über ihn auf einer Zerealienschachtel oder einer Baseballkarte unterbringen könne. Doch die gefühlsmäßigen Wahrheiten der Kindheit besitzen weit größere Kraft als die objektiven Fakten. Sie bleiben all die Jahre hindurch erhalten, sie überstehen die Ambivalenz, die so oft mit den Erfahrungen der Erwachsenen einhergeht.

Deswegen erinnern wir uns noch an das Kribbeln, wenn wir in einem Päckchen mit Topps Kaugummi-Karten zwischen einem Eli Grba und einem Pumpsie Green eine verborgene Kostbarkeit entdeckten: einen Mickey Mantle.

Deshalb huscht noch heute ein Lächeln über unsere Züge, wenn wir an diese Nachmittage im Oktober denken, wenn wir ein Transistorradio in die Schule einschleusten, um dabei zu sein, wenn Mickey und die Yankees in der World Series spielten.

Gern denke ich deshalb an Mr. Tomasi, einen klugen Grundschullehrer, der wohl begriff, dass die World Series wichtiger war – jedenfalls für einen Tag – als Schulstoff je sein konnte. Daher brachte er seinen Schwarz-Weiß-Fernseher von zu Hause mit, schloss ihn an und ließ uns das Spiel im Klassenzimmer sehen. Trotz Interferenzen und Schneegestöber auf dem Bildschirm war das spannender als alles, was ich je in einem hochauflösenden, großformatigen Fernsehgerät gesehen habe.

Weniger schön war es natürlich, Bobby, dass Sandy Koufax fünfzehn von euch damals ein Strikeout verpasst hat.

In den vergangenen Wochen, während Mickey um sein Leben kämpfte, hat bei mir ständig das Telefon geklingelt. Menschen riefen an, die ich seit Jahren nicht mehr gesehen oder gesprochen hatte, mit denen ich Brennball gespielt hatte, sogar solche, die in den endlosen Mantle-May-Diskussionen Willies Seite vertreten hatten. Sie sind inzwischen alle erwachsen. Sie haben Familie, vielleicht interessieren sie sich gar nicht mehr besonders für Baseball. Aber es setzte etwas in ihnen frei, als sie von Mickey hörten, und sie glaubten, mir würde es ähnlich gehen.

Im vergangenen Jahr akzeptierte Mickey Mantle, der gegen sich selbst immer unnachsichtig gewesen war, endlich den Unterschied zwischen einem Vorbild und einem Helden. Ersteres war er oft nicht, Letzteres wird er immer bleiben.

Schließlich begriffen es auch die Leute im Land. Und Mickey Mantle bekam von Amerika mehr als nur so eine fehlgesteuerte Heldenverehrung. Er bekam etwas viel Wertvolleres. Er bekam aufrichtige Zuneigung. Man liebte ihn für das, was er gewesen war, für das, was er uns bedeutete. Man liebte ihn für die Menschlichkeit und die Sanftheit, die bei allen Fehlern und aller Pein, die seinen Körper und seine Seele heimsuchten, immer da waren.

Wir wollten ihm sagen, es sei genug, was er gewesen war. Wir hofften, er werde spüren, dass Mutt Mantle zufrieden gewesen wäre und das Merlyn und die Jungen ihn liebten.

Und dann, am Ende, geschah etwas Bemerkenswertes, wie es bei Champions so passiert: Mickey Mantle sammelte seine Kräfte. Sein Herz erhielt die Oberhand, und er erlebte noch einige Innings – so gut wie 1956 oder mit seinem Kollegen und Freund Roger (Maris) im Jahr 1961.

Aber diesmal geschah es im harten, anstrengenden Sommer 1995, und was er zuwege brachte, war erstaunlich. Der Charme, mit dem er den neunten Inning bestritt, war überwältigend, die Bescheidenheit, der Humor, das völlige Fehlen von Selbstmitleid, die schlichte Überzeugungskraft und Ehrlichkeit, mit der er darum bat, man möge ihm seine Fehler verzeihen.

Ganz Amerika sah es voller Bewunderung. Seine Ärzte sagten, in vieler Hinsicht sei er der bemerkenswerteste Patient, den sie je betreut hätten.

Er legte eine Tapferkeit an den Tag, dass selbst Personen, die Menschen immer wieder unter erdrückenden Bedingungen erleben, von diesem Beispiel gerührt waren. Diesem Beispiel ist es zu verdanken, dass Amerika jetzt viel bereiter ist, Organe zu spenden. Wir haben eine warnende Geschichte gehört. Vielleicht wird sie manches Leben zum Besseren beeinflussen.

Und in unseren letzten Erinnerungen an ihn ist Mickey Mantle so heldenhaft wie in den Anfängen.

Niemand von uns, auch Mickey nicht, möchte für jeden einzelnen Moment im Leben zur Rechenschaft gezogen werden. Aber wer von uns könnte behaupten, seine besten Augenblicke im Leben wären denen von Mickey ebenbürtig?

Ich habe hier einen Comic aus der *Dallas Morning News*. Man sieht da eine Figur, ich nehme an, es ist Petrus. Er hat seinen Arm um Mickey gelegt – um diesen breiten Rücken mit der Nummer „7". Er hält ein Zugangsbuch in der Hand und sagt: „Junge, das war der mutigste neunte Inning, den ich je gesehen habe."

Das bringt mich auf eine andere Geschichte, die Mickey selbst gern erzählt hat: Er kam zur himmlischen Pforte, wo Petrus ihn erwartete. Der schüttelte bedächtig den Kopf: „Mick, wir haben uns die Statistik angesehen. Wir wissen, was los war. Es tut mir leid, aber wir können dich nicht einlassen. Aber bevor du gehst, lässt Gott fragen, ob du diese zwei Dutzend Basebälle signieren kannst."

Also ehrlich, an einigen Tagen war Mickey so gut, dass wir als Kinder überzeugt waren, selbst der liebe Gott würde sich über ein Autogramm freuen. Was den anderen Teil der Geschichte betrifft, da stimme ich dem Comic zu: Ich glaube, Mick braucht sich da keine Sorgen zu machen.

Ich hoffe, es gibt im Himmel einen Platz für ihn, wo er wieder laufen kann, wo er seinen Teamkameraden wieder Streiche spielen und wieder sein jungenhaftes Lächeln aufsetzen kann. Denn weiß Gott, niemand ist vollkommen. Und Gott weiß auch, dass Helden etwas Besonderes an sich haben.

Mach's gut, Mick. Danke.

Bob Costas

Komisch, dass du so fragst

DA LAGEN WIR ALSO AUF DEM RÜCKEN IM GRAS IM PARK NEBEN DEN Tüten, in denen unsere Hamburger gesteckt hatten, mein vierzehnjähriger Sohn und ich. Wir sahen zu, wie die Wolken über den Himmel segelten, und plötzlich fragte mein Sohn: „Dad, warum sind wir hier?"

So lautete meine Antwort:

„Darüber habe ich oft nachgedacht, mein Sohn. Ich glaube, die Antwort ist gar nicht so schwer. Vielleicht sind wir einfach hier, um einem kleinen Jungen beizubringen, wie man den Ball schießt und Sonnenblumenkerne knabbert, ohne die Hände zu benutzen."

„Wir sind hier, um auf das Steuerrad zu trommeln und zu kreischen, während wir ein Spiel im Radio verfolgen – noch zwanzig Minuten, nachdem wir in der Garage geparkt haben. Wir sind hier, um alles abzusuchen, entnervt aufzugeben und den Ball dann im Loch zu finden."

„Wir sind hier, um zumindest einmal zu erleben, wie John Elway frei kommt und der vierte Versuch klappt. Oder wie es für Mark McGwire bei besetzten Bases 3 : 1 steht und der Pitcher denkt, er hätte doch besser Medizin studiert. Oder wie eine winzige Lücke, durch die nicht einmal ein Skateboard gepasst hätte, sich plötzlich vor Jeff Gordon öffnet, und das bei minimaler Restspielzeit."

„Wir sind hier, um unsere verschwitzte Boston-Red-Sox-Lieblingsmütze aufzusetzen, das abgetragene Slippery-Rock-Sweatshirt anzuziehen und die Schuhe, in denen wir das entscheidende Rennen gewonnen haben – das alles an einem Sonntagmorgen, an dem wir nirgendwohin gehen und niemand Besonderes sein müssen."

„Wir sind hier, um endlich einen Sechsender zu erlegen, die beste Fliege an den Haken zu bringen, den besten Wurf hinzulegen, nicht einen winzigen Fischschwanz aus dem Wasser zu ziehen und trotzdem einen perfekten Morgen zu erleben."

„Wir sind hier, um aus zwanzig Meter Entfernung das Straßenschild mit einem Apfelstrunk zu treffen. Wir sind hier, damit unser Hund zum xy-ten Mal hinter dem vorgetäuschten Wurf herläuft. Wir sind hier, um den ausgestopften Bären zu gewinnen oder beim Versuch, unser gesamtes Taschengeld auszugeben."

„Ich glaube, es ist nicht Sinn des Lebens, über der Frage nach einem Leben nach dem Tode mit den Zähnen zu knirschen, sondern all die kleinen Momente davor auszukosten. Wir sind hier, um als Betreuer dabei zu sein, wenn Wendell, dessen Brillengläser immer beschlagen, endlich den einzigen perfekten Pass der Saison wirft. Wir sind hier, weil wir zusehen müssen, wenn unser Junge drei Korbwürfe und einen Assist erzielt – und vor allem, wenn er's nicht schafft."

„Wir sind hier, um zu beobachten, wie Der Große sich hinter dem Netz aufbaut und bereit ist, jedem einen Windsorknoten in den Hals zu schlagen, der dem Korb zu nahe kommt. Wir sind hier, um Rocket zu sehen: zwei Spieler aus, Bases besetzt, Karriere am Ende. Wir sind hier, um zu sehen, wie Tiger sich anschickt, mit einem unmöglichen Schlag noch zu gewinnen und dann nicht einmal sein Autogramm zu brauchen."

„Wir sind hier, um mit unseren Enkeln Ball zu spielen. Oder um an einem ganz besonders schönen Morgen auf dem Weg zu einem besonderen Ereignis diese wundervollen Worte im Radio zu hören: ‚Die Autobahn ist wegen Schneeverwehungen gesperrt.' Wir sind hier, damit die Frisbeescheibe Bewegungen ausführt, für die uns die Geistlichen im Mittelalter auf den Scheiterhaufen gebracht hätten."

„Wir sind hier, um die letzten hundert Meter zu sprinten, das Hemd durchzuschwitzen und dann so fertig zu sein, dass wir uns zum Pinkeln hinsetzen müssen."

„Ich glaube, wir sind nicht hier, um es ins *SportsCenter* zu schaffen. Die richtig guten Sachen tauchen da nie auf. Zum Beispiel, ein freier Nachmittag, an dem du dein kleines rotes Corvette-Coupé ohne Karte über die Nebenstraßen von Vermont steuerst."

„Wir sind hier, um das Dreifachsandwich zu bestellen, einen perfekt gefrosteten Getränkebecher zu leeren und den Kick-off exakt in dem Moment zu sehen, in dem deine Schwester das Telefon bis Dienstag besetzt."

„Wir werden alle nicht auf dem Sterbebett liegen und sagen: ‚Mann, hätte ich doch mehr Zeit mit der Abrechnung verbracht.' Aber wir werden sagen: ‚Diese Narbe? Die habe ich mir geholt, als ich den Consolidated Plumbers einen Homerun abgenommen habe'."

„Weißt du, Erwachsene verbringen so viel Zeit damit, wie die Blöden für das schnellere Auto, das perfekte Haus, für den großen Tag zu schuften, an dem sie endlich glücklich sind. Dabei übersehen sie, dass das Glück gerade vorbeigegangen ist, einen Fahrradhelm auf dem Kopf, der bestimmt zwei Nummern zu groß ist. Wir sind nicht hier, um den Weg zum Himmel zu finden. Der Weg selbst ist der Himmel. Beantwortet das deine Frage, mein Sohn?"

„Nicht wirklich, Dad."

„Nein?"

„Nein. Ich meine: Warum sind wir noch hier? Wir sollten Mom doch schon vor vierzig Minuten abholen."

Rick Reilly

[Anmerkung des Herausgebers: John Elway zog sich 1998 vom Sport zurück.]

Wer ist Jack Canfield?

JACK CANFIELD IST EINER DER FÜHRENDEN AMERIKANISCHEN EXPERTEN im Bereich der Entwicklung des menschlichen Potenzials und des persönlichen Wachstums. Er ist sowohl ein dynamischer, unterhaltsamer Redner als auch ein hoch geschätzter Trainer. Jack kann seine Zuhörer auf wunderbare Weise informieren und inspirieren und sie dadurch zu höherer Selbsteinschätzung und Spitzenleistung bringen.

Er gab eine Reihe von Audio- und Videokassetten heraus, die Rekordverkaufszahlen erzielten, darunter Self-Esteem and Peal-Performance (Selbstwert und Spitzenleistung), How to Build High Self-Esteem (Entwicklung eines höheren Selbstwertes), Self-Esteem in the Classroom (Selbstwert im Klassenzimmer) und Chicken Soup for the Soul – Live „Hühnersuppe für die Seele – Live). Er ist regelmäßig in Fernsehshows wie Good Morning America (Guten Morgen, Amerika), 20/20 und NBC Nightly News (NBC Spätnachrichten) zu sehen. Jack ist Co-Autor zahlreicher Bücher, einschließlich der Hühnersuppe-für-die-Seele-Reihe, Dare to Win (Wage es, zu gewinnen) und The Aladdin Factor (Der Aladdin-Faktor) (alle mit Mark Victor Hansen), 100 Ways to Build Self-Concept in the Classroom (100 Arten, sein Selbst-Konzept im Klassenzimmer zu behaupten) (mit Harold C. Wells und Heart at Work (Geben wir der Arbeit Herz und Seele zurück, Ueberreuter Verlag) (mit Jaqueline Miller).

Jack wird als Redner regelmäßig von Berufsvereinigungen, Schulbehörden, Regierungseinrichtungen, Kirchen, Krankenhäusern, Handelsorganisationen und großen Firmen eingeladen. Seine Auftraggeber waren unter anderem der amerikanische Verband der Zahnärzte (American Dental Association), der amerikanische Verband der Manager (American Management Association), die Firmen AT&T, Campbell Soup, Clairol, Domino' Pizza, GE, ITT, Hartford Insurance, Johnson & Johnson, Million Dollar Round Table, NCR, New England Telephone, Re/Max, Scott Paper, TRW und Virgin Records. Jack ist auch

Fakultätsmitglied der Income Builders International, einer Schule für Unternehmer.

Jack hält jährlich ein acht Tage dauerndes Seminar, „Training für Trainer“, in den Bereichen Selbsteinschätzung und Spitzenleistung ab. Zu den Teilnehmern gehören unter anderem Erzieher, Berater, Trainer für Eltern, Trainer für Unternehmen, professionelle Redner und Minister, die an der Ausbildung ihrer rhetorischen Fähigkeiten interessiert sind und lernen möchten, wie sie ohne Stressreaktionen ein Seminar leiten können.

Weitere Informationen zu Jacks Büchern, Kassetten und Seminaren oder darüber, wie sie ihn für einen Vortrag engagieren können, erhalten sie unter:

Self-Esteem Seminars
P. O. Box 30880, Santa Barbara, CA 93130
Telefon: 001/ 805/ 563-2935; Fax 001/805/ 563-2945
Webseite: www.chickensoup.com

Wer ist Mark Victor Hansen?

MARK VICTOR HANSEN IST KARRIEREBERATER UND HIELT IN DEN LETZTEN 20 Jahren auf über 4000 Veranstaltungen vor mehr als 2 Millionen Menschen in 32 Ländern Vorträge. Seine Veranstaltungen behandeln Themen wie Verkaufsexpertise und Verkaufsstrategien, persönliche Kraftentfaltung und Entwicklung sowie Verdreifachung des Einkommens bei Verdoppelung der Freizeit.

Mark widmet sein Leben der Absicht, seine tief greifende und positive Veränderung im Leben der Menschen in Gang zu setzen. Im Laufe seiner Karriere inspirierte er hunderttausende Menschen dazu, sich ihre Zukunft kraft- und sinnvoller zu gestalten, und regte den Verkauf von Waren und Dienstleistungen im Wert von mehreren Milliarden Dollar an.

Mark ist ein sehr produktiver Schriftsteller und Autor von Future Diary (Tagebuch der Zukunft), How to Achieve Total Prosperity (Wie sie vollkommenen Reichtum erlangen) und The Miracle of Tithing (Das Wunder der Abgabe des Zehnten). Er ist Co-Autor der Hühnersuppe-für-die Selle-Reihe, Dare to Win (Wage es, zu gewinnen), The Aladdin Factor (Der Aladdin-Faktor) (alle mit Jack Canfield) und The Master Motivator (Die Kunst der Motivation) (mit Joe Batten).

Mark brachte auch eine vollständige Reihe von Audio- und Videokassetten zum Thema persönliche Kraftentfaltung heraus, die seinen Zuhörern zeigt, wie sie ihre angeborenen Fähigkeiten erkennen und sie im Beruf und im privaten Bereich nutzen können. Seine Botschaft machte ihn zu einer beliebten Persönlichkeit im Fernsehen und im Rundfunk, mit Auftritten bei den Sendern ABC, NBC, CBS, HBO, PBS und CNN. Ausserdem schaffte er es auf die Titelseiten von verschiedenen Fachmagazine.

Mark ist ein großartiger Mann mit einem Herz und einem Geist, die ihresgleichen suchen – eine Inspiration für alle, die sich selbst verbessern möchten. Um weitere Informationen über Mark zu erhalten, schreiben sie bitte an:

MVH & Associates
P. O. Box 7665
Newport Beach, CA 92658
Telefon: (001) 714 | 759-9304 oder (001) 800 | 433-2314
Fax: (001) 714 | 722-6912
Webseite: www.chickensoup.com

Wer sind Mark und Chrissy Donelly?

CHRISSY DONELLY IST EINE BESTSELLERAUTORIN UND MODERATORIN für verschiedene Events. Als Co-Autorin des vorliegenden Buches hat sie entscheidend dabei mitgeholfen, die Faszination am Sport in allen Facetten weiter zu transportieren.

Sport gehört für Chrissy zum Leben: Sie betrieb selbst Gymnastik und Turnen und nahm Tanzstunden im Alter von vier Jahren. Mittlerweile kann sie auf mehr als 20 Jahre Erfahrung im Tanzbereich zurückblicken.

Sie arbeitete als Tänzerin und Model für NIKE, Redken und die Sportartikelmarke Columbia und war regelmäßig im Fernsehen in Werbespots und Aerobicprogrammen zu sehen. Außerdem betrieb sie Leichtathletik und ist nach wie vor eine begeisterte Golferin, betreibt Skydiving, wandert gerne und fährt Wasserski.

Die sportliche Einstellung und ihr damit verbundener Enthusiasmus haben auch ihren beruflichen Werdegang positiv beeinflusst. Nach ihrem Studium arbeitet Chrissy für verschiedene große und namhafte Konzerne.

Mark ist ebenfalls Bestsellerautor, erfolgreicher Unternehmer und Redner, so wie Fan aller Sportarten. Vor allem seine eigenen Baseball- und Basketballerfolge aus der Schulzeit haben seine sportliche Laufbahn geprägt.

Chrissy und Mark lernten sich 1994 kennen und die beiden gründeten ihre Firma „Donelly Marketing Group". Sie entwickelten verschiedene Marketing- und Promotionkonzepte, mit denen sie auch die „Chicken Soup"-Bücher weltweit bekannt machten

Das Paar leitet Seminare und Gesprächsrunden über Liebe und Partnerschaft und über den Golf-Sport als Metapher für das Leben.

Chrissy ist Co-Autorin von zahlreichen Top-Bestsellern, die Spitzenplätze auf der Liste der New York Times erreichten, so zum Beispiel von „Chicken Soup for the Couples Soul" (Januar 1999, deutscher Titel: „Hühnersuppe für die Seele. Für Paare.) und „Chicken Soup fort he Golfer's Soul (Juni 1999, deutscher Titel xxx)

Sie arbeitet mit ihrem Mann Mark an weiteren Titeln dieser Serie.

Chrissy und Mark leben in Paradise Valley, Arizona.

Mark und Chrissy Donnelly können erreicht werden unter:
Donnelly Marketing Group, LLC
3104 E. Camelback, Suite 531
Phoenix, AZ 85016
Tel.: (001) 602 | 508-8956
Fax (001) 602 | 508-8912
e-mail: soup4soul@home.com

Wer ist Jim Tunney?

DER PÄDAGOGE ARBEITETE ALS LEHRER AN EINER HIGHSCHOOL UND als Trainer.

Seine zweite Karriere ist dem Sport gewidmet. Während 31 Jahren als Offizieller der NFL, arbeitet Jim bei 29 Saisonspielen, zehn Meisterschaften, drei Super-Bowls und sechs Pro-Bowls. Von der renommierten Fachzeitschrift „Sporting News“ wurde er zum „Besten NFL Official“ gewählt. Er ist Mitglied der Ruhmeshalle seines Sports, der „Pro Football Hall of Fame“ in Canton, Ohio.

Seine dritte Karriere ist die des Moderators und Redners. Er gewann den Preis „The Cavett“, der häufig als „Oscar“ für Redner beschreiben wird.

Er gründete die „Jim Tunney Youth Foundation“, die auf lokaler Ebene Kinder und Jugendliche unterstützt. Er lebt mit seiner Frau Linda Pebble Beach, Kalifornien. Die beiden haben sechs Kinder und neun Enkelkinder.

Jim Tunney kann angeschrieben werden, unter;

Jim Tunney Associates
P. O. Box 1500
Carmel-by-the-Sea, CA 93921
e-mail: sportsfans@jimtunney.com

Abkürzungen

AAA	Amateur Athletic Association
ABC	American Broadcasting Corporation (Sportfernsehen)
AFC	American Football Conference
AFL	Arena Football League (Fußballverband)
AT&T	American Telephone and Telegraph Company
D. D. S.	Doctor of Dental Surgery (Zahnmediziner)
ERA	Earned Runs Allow (Baseball/Lauf)
ESPN	Eastern Sports News (Sportfernsehen)
MVP	Most Valuable Player (Sportauszeichnung)
NBA	National Basketball Association (Basketballverband)
NCAA	National Collegiate Athletic Association (Hochschulsportverband)
NFL	National Football League
NHL	National Hockey League (Eishockeyverband)
PGA	Professional Golfers Association (Golfverband)
UCLA	University of California, Los Angeles
YMCA	Young Men's Christian Association

Spezielle Informationen über die beliebten Sportarten der Amerikaner erhalten Sie im Internet unter:

www.usatourist.com/deutsch/inside
www.usembassy.de/usa/sport.html
www.americanet.de/sport.html

Abdruckgenehmigungen

WIR DANKEN DEN HERAUSGEBERN UND AUTOREN FÜR DIE ERLAUBNIS, das folgende Material nachzudrucken. (Anmerkung: Die Geschichten, die anonym verfasst sind, für die das Copyright abgelaufen ist oder die von Jack Canfield, Mark Viktor Hansen, Mark Donelly, Chrissy Donelly oder Jim Tunney geschrieben wurden, sind nicht in diesem Verzeichnis enthalten):

- Roger Maris und ich. Nachgedruckt mit Genehmigung von Andy Strasberg. © 2000 Andy Strasberg.
- Abends im Stadion. Nachgedruckt mit Genehmigung von Bob Greene. © 1992 Bob Greene.
- Danke, Mom! Nachgedruckt mit Genehmigung von Steve Young. © 1999 Steve Young.
- Wenn's ihn glücklich macht. Aus: Up Close and in your Face with the Greats, Near-Greats and Ingrates of Sports. © Roy Firestone, c/o Selnick & Associates, Inc., P. O. Box 56927, Sherman Oaks, CA 91413.
- Ein echter Champion. Nachgedruckt mit Genehmigung von Carole Yamaguchi und Anita Gogno. © 2000 Carol Yamaguchi und Anita Gogno.
- Mr. D's Jungen. Nachgedruckt mit Genehmigung von William G. Tapply. © 2000 William G. Tapply.
- Worum geht es beim Sport? Nachgedruckt mit Genehmigung von William Wilczewski. © 2000 William Wilczewski.
- Du warst super, Dad! Nachgedruckt mit Genehmigung von Barney Cohen. © 1987 Barney Cohen.
- Eine hochkarätige Freundschaft. Nachgedruckt mit Genehmigung des Autors, © 1991 David Wallechinsky.
- Greif' nach den Sternen. Nachgedruckt mit Genehmigung von Brian Holloway. © 2000 Brian Holloway.
- Ich werde da sein. Nachgedruckt mit Genehmigung von Zoe Koplowitz und Mike Celizic. © 1997 Zoe Koplowitz.

- Der magische Baseballschläger. Nachgedruckt mit Genehmigung von David Meanor. © 2000 David Meanor.
- Couch-Fußball. Nachgedruckt mit Genehmigung von Dave Barry. © 1998 Dave Barry.
- Der Sieger. Nachgedruckt mit Genehmigung von Sharon Jaynes. © 1998 Sharon Jaynes.
- Das große Kartoffel-Ausscheidungsspiel. Nachgedruckt mit Genehmigung von Mark Bowden. © 1988 Mark Bowden.
- Fair Play. Nachgedruckt mit Genehmigung von Ed Marion. © 2000 Ed Marion.
- Was ist ein Traum wert? Nachgedruckt mit Genehmigung von Ricky C. Hunley. © 2000 Ricky C. Hunley.
- Zum Reiten geboren. Nachgedruckt mit Genehmigung von Dave Kindred. © 1995 Dave Kindred.
- Ein Championat aus heiterem Himmel. Nachgedruckt mit Genehmigung von Jeff Kidd. © 2000 Jeff Kidd.
- Als Baseball erwachsen wurde. Nachgedruckt mit Genehmigung von Donald Honing. © 1975 Donald Honing.
- Über die Homeplate. Nachgedruckt mit Genehmigung von Sharon Landeen. © 2000 Sharon Landeen.
- Ein Unsterblicher des Baseball. Nachgedruckt mit Genehmigung von Sports Illustrated: „Truly a Baseball Immortal", Nr. 1, Craig Neff (Sports Illustrated, 23. 9. 1985). © 1985 Time, Inc. All rights reserved.
- Joe DiMaggio rettet mir den Tag. Nachgedruckt mit Genehmigung von Walter W. Laos. © 2000 Walter W. Laos.
- Lasst mich auch mal! Nachgedruckt mit Genehmigung von Gene Doherty. © 2000 Gene Doherty.
- Wohin soll ich denn sonst? Nachgedruckt mit Genehmigung von Jim Nantz. © 2000 Jim Nantz.
- Der beste Türöffner. Nachgedruckt mit Genehmigung von Lesley Visser. © 2000 Lesley Visser.
- Der Champion. Nachgedruckt mit Genehmigung von Paul Winnick. © 2000 Paul Winnick.
- Die rettende Hühnerbrühe. Nachgedruckt mit Genehmigung von Bernie Kish. © 2000 Bernie Kish.

- Sie wagt sich auf den Iditarod. Nachgedruckt mit Genehmigung von Susan Butcher und der National Geographic Image Collection. © 1983 Susan Butcher und die National Geographic Society.
- Einmal ein Cougar ... Nachgedruckt mit Genehmigung von Tim Palesky. © 2000 Tim Palesky.
- Als Lisa einen Wettkampf verlor. Nachgedruckt mit Genehmigung von Michael T. Powers. © 2000 Michael T. Powers.
- Phil Espositos wilder Ausflug. Nachgedruckt mit Genehmigung von Brian McFarlane. © 1997 Brian McFarlane. Nachdruck mit Genehmigung von Stoddart Publishing Co. Limited.
- Wie du das Spiel spielst. Nachgedruckt mit Genehmigung von Larry Baltz. © 2000 Larry Baltz.
- Einen Punkt machen. Nachgedruckt mit Genehmigung von J. Michael Key. © 2000 J. Michael Key.
- An einem Morgen im Mai. Nachgedruckt mit Genehmigung von Ellen E. Hyatt. © 2000 Ellen E. Hyatt.
- Manchmal ist Schweigen Gold. Nachgedruckt mit Genehmigung von Joey Crawford. © 2000 Joey Crawford.
- Die Abmachung gilt. Nachgedruckt mit Genehmigung von Mark H. McCormack. © 2000 Mark H. McCormack.
- Mannschaftskameraden halten ein Leben lang zusammen. Nachgedruckt mit Genehmigung von Jim Brown. © 2000 Jim Brown.
- Einsatz zahlt sich aus. Nachgedruckt mit Genehmigung von Dan Clark. © 1997 Dan Clark.
- Mein Leben als Berufssportler. Nachgedruckt mit Genehmigung von Bill Bradley. © 1976 Bill Bradley.
- Danke für alles! Nachgedruckt mit Genehmigung von Bart Starr. © 2000 Bart Starr. Angst hat auch eine gute Seite. Nachgedruckt mit Genehmigung von Joe Theismann. © 2000 Joe Theismann.
- Der Cart-Fahrer. Nachgedruckt mit Genehmigung von Lee Trevino. © 1997 Lee Trevino.
- Ganz einfach. Nachgedruckt mit Genehmigung von Dan Fouts. © 1997 Dan Fouts.
- Das war mir neu. Nachgedruckt mit Genehmigung von Chris Myers. © 1998 Chris Myers.

- Ein wichtiger Anruf. Nachgedruckt mit Genehmigung von The Philadelphia Inquirer, 17. Januar 1989. © 1989 The Philadelphia Inquirer.
- Der Kiosk. Nachgedruckt mit Genehmigung von Ernie Witham. © 2000 Ernie Witham.
- Was sollen wir klauen? Nachgedruckt mit Genehmigung von Cary McMahon. © 1996 Cary McMahon.
- Unvergesslich: Jim Valvano. Nachgedruckt mit Genehmigung von Dick Vitale. © 1994 Dick Vitale.
- Der Unterschied bist du. Nachgedruckt mit Genehmigung von Jack Hannah. © 2000 Jack Hannah.
- Lyles zweiter Versuch. Nachgedruckt mit Genehmigung von Tom Flores. © 2000 Tom Flores.
- Ein Wettlauf aus Liebe. Nachgedruckt mit Genehmigung von Richter Keith J. Leenhouts. © 1974 Keith J. Leenhouts.
- Eine perfekte Vorstellung. Nachgedruckt mit Genehmigung von Nancy W. Myer. © 2000 Nancy W. Myer.
- Die großartigste Baseballgeschichte aller Zeiten. Nachgedruckt mit Genehmigung von Mark R. Douglas und Pelican Publishing Company, Inc. © 1994 Mark R. Douglas.
- Einfach eine nette Geste. Nachgedruckt mit Genehmigung von John Gross. © 2000 John Gross.
- Die Stärke eines Albino. Nachgedruckt mit Genehmigung von John A. Walsh. © 2000 John A. Walsh.
- Ein Herz aus Gold. Nachgedruckt mit Genehmigung von Chris Tamborini. © 2000 Chris Tamborini.
- Spielregeln. Nachgedruckt mit Genehmigung von Laura Ishler. © 2000 Laura Ishler.
- Ein übler Aufsetzer. Nachgedruckt mit Genehmigung von Steve Smith. © 2000 Steve Smith.
- Die besten Plätze. Nachgedruckt mit Genehmigung von Barney Cohen. © 1993 Barney Cohen.
- Das ist die Erinnerung wert. Nachgedruckt mit Genehmigung von Gary D'Amato. © 2000 Gary D'Amato.
- Mein Sohn, mein Feind. Nachgedruckt mit Genehmigung von Leonard Pitts Jr. © 1995 Leonhard Pitts Jr.

- Baseballfieber. Nachgedruckt mit Genehmigung von Ken Swarner. © 2000 Ken Swarner.
- Aufmunternde Worte. Nachgedruckt mit Genehmigung von Barbara Johnson. © 1998 Barbara Johnson.
- Ein Lehrstück in Sachen Liebe. Nachgedruckt mit Genehmigung von William Plummer. © 1986 Time, Inc.
- Zwei Zehner. Nachgedruckt mit Genehmigung der Fellowship of Christian Athletes. © 1968 The Christian Athlete.
- Wir gingen gemeinsam vom Spielfeld. Nachgedruckt mit Genehmigung von Darlene Daniels Eisenhuth. © 2000 Darlene Daniels Eisenhuth.
- Meine liebste Baseballkarte. Nachgedruckt mit Genehmigung von Scott Nicholson. © 2000 Scott Nicholson.
- Spiel mit mir, Dad! Nachgedruckt mit Genehmigung von Tom Krause. © 2000 Tom Krause.
- Ich hol' mir eine andere. Nachgedruckt mit Genehmigung von David Wallechisky. © 2000 David Wallechisky.
- Alles zählt. Nachgedruckt mit Genehmigung von Scott Adamson. © 2000 Scott Adamson.
- Der Zauberer von Westwood. Nachgedruckt mit Genehmigung von Terry Paulson. © 2000 Terry Paulson.
- Der Volllederball nach NFL-Norm mit Autogrammen der Chicago
- Bears von 1963. Nachgedruckt mit Genehmigung von Tom Payne. © 1997 Tom Payne.
- Elternworte an ein Kind vor dessen erstem Spiel. Nachgedruckt mit Genehmigung von NTC / Contemporary Publishing Company.
- © 2000 NTC / Contemporary Publishing Company.
- Strikeout oder Homerun? Nachgedruckt mit Genehmigung von Harriet May Savitz. © 2000 Harriet May Savitz.
- Brief an einen Coach. Nachgedruckt mit Genehmigung von Anita Gogno. © 1997 Anita Gogno.
- Inspiration aus einem Football-Huddle. Nachgedruckt mit Genehmigung von Jack Kemp. © 2000 Jack Kemp.
- Ein gutes Mittel gegen Enttäuschung. Nachgedruckt mit Genehmigung von Clay Larson. © 2000 Clay Larson.

- Baseballkarten für $ 50 000. Nachgedruckt mit Genehmigung der Washington Post.
- Der schönste Tag. Nachgedruckt mit Genehmigung von Phillip M. Hoose. © 1989 Philipp M. Hoose.
- Los! Nachgedruckt mit Genehmigung von Brian D. Biro. © 1995 Brian D. Biro.
- Der Tag, an dem das Tor fiel. Nachgedruckt mit Genehmigung von Paul Henderson und Mike Leonetti. © 1992 Paul Henderson und Mike Leonetti.
- Nixon, Arizona. Nachgedruckt mit Genehmigung von Bonita Laettner. © 2000 Bonita Laettner.
- Gib dem Jungen den Ball! Nachgedruckt mit Genehmigung der New York Times. © 1984 The New York Times.
- Secretariat. Nachgedruckt mit Genehmigung der Sports Illustrated. Text von William Nack (Sports Illustrated, 19. September 1994). © 1994 Time, Inc. Alle Rechte vorbehalten.
- Am Rande des Wettbewerbs. Nachgedruckt mit Genehmigung von Meadowlark Lemon. © 2000 Meadowlark Lemon.
- Im Herzen ein Champion. Nachgedruckt mit Genehmigung von Patrick L. Busteed. © 1990 Patrick L. Busteed.
- Wie steht's? Nachgedruckt mit Genehmigung von Tommy Ehrbar. © Tommy Ehrbar. Letzte Chance für einen Cowboy. Nachgedruckt mit Genehmigung von Dirk Johnson. © 1994 Dirk Johnson.
- Ein zarter Held. Nachgedruckt mit Genehmigung von Bob Costas. © 1995 Bob Costas.
- Komisch, dass du so fragst. Nachgedruckt mit Genehmigung der Sports Illustrated. Text von Rick Reilly (Sports Illustrated, 12. April 1999). © 1999 Time, Inc. Alle Rechte vorbehalten.